课堂教学新样态丛书

丛书主编 杨四耕

课堂教学的智慧属性与意义增值

"灵动课堂"的六个关键词

王 琦◎主编

华东师范大学出版社
·上海·

图书在版编目(CIP)数据

课堂教学的智慧属性与意义增值："灵动课堂"的六个关键词/王琦主编. —上海：华东师范大学出版社，2024
（课堂教学新样态丛书）
ISBN 978-7-5760-4774-5

Ⅰ.①课… Ⅱ.①王… Ⅲ.①课堂教学-教学研究-小学 Ⅳ.①G622.421

中国国家版本馆 CIP 数据核字（2024）第 062208 号

课堂教学新样态丛书
课堂教学的智慧属性与意义增值："灵动课堂"的六个关键词

丛书主编	杨四耕
主　　编	王　琦
责任编辑	刘　佳
项目编辑	林青荻
特约审读	朱丽君
责任校对	李琳琳
装帧设计	卢晓红

出版发行	华东师范大学出版社
社　　址	上海市中山北路 3663 号　邮编 200062
网　　址	www.ecnupress.com.cn
电　　话	021-60821666　行政传真 021-62572105
客服电话	021-62865537　门市（邮购）电话 021-62869887
地　　址	上海市中山北路 3663 号华东师范大学校内先锋路口
网　　店	http://hdsdcbs.tmall.com
印刷者	上海商务联西印刷有限公司
开　　本	787 毫米×1092 毫米　1/16
印　　张	15.75
字　　数	151 千字
版　　次	2024 年 4 月第 1 版
印　　次	2024 年 4 月第 1 次
书　　号	ISBN 978-7-5760-4774-5
定　　价	52.00 元

出版人　王　焰

（如发现本版图书有印订质量问题，请寄回本社客服中心调换或电话 021-62865537 联系）

编委会

主　编

王　琦

副主编

李雪妹　郭亚男

编委成员

孙　烨　徐亚萍　陈建飞
唐艾伦　阴佳丽　王　双
苗　洪　李思雯　傅玉珍

丛书总序
被重新定义的课堂

苏联教育家赞科夫在《教学与发展》一书中指出：课堂教学必须"使班上所有的学生都得到一般发展"。也就是说，课堂教学要引导学生在认知、情感、技能等方面发生整体改变，在思维方式、情感体验、思想境界、为人处世等维度发生实质性变化；课堂教学应释放出生命感、意义感、眷注感、智慧感、美妙感、意境感、期待感……

长久以来，我们的课堂特别重视知识传承，以致许多学生能从容应对考试，却在生活中显得无能。有一位德国专家说："你们的教科书比我们的教科书厚，你们的题目比我们的题目难，但是你们得买我们的货。"这句话给我们的教育敲响了警钟，值得每一个人思考：请给知识注入生命，用经验激活知识，用智慧建构知识，用情感丰富知识，用心灵感悟知识，用想象拓展知识，让知识变得鲜活，让孩子们领悟到生命的伟岸！课堂教学是思想与思想的碰撞，是心灵与心灵的相遇，是生命与生命的对话，让我们用热情去拥抱课堂——课堂是眷注生命的地方。

我们必须清醒：如果把揭示人生的意义看作认识论的任务，我们就永远不可能把这个意义揭示出来，因为，知识的增长并不一定使生活变得完美。当认识、知识成了第一性的东西，情感和意志便成了奴仆。这样，一个人受的教育越多，他们的思想就越会被包裹在一层坚实的知识硬壳之中。其实，臻达人性完美需要"另一种"教学，这种教学与理解融合，教学本身即理解，理解本身即教学。教学是生命意义的澄明，使人不断地自我超越，"不停地'进入生活'，不停地变成一个人"。说白了，课堂里蕴涵着"人是什么"的答案。因此，在一般意义上，教学即对理解的自觉追求；在终极意义上，教学即理解。

它们共同揭示了一个深刻的道理：课堂是善解人意的地方。

俄国教育学家乌申斯基曾经说过："教育的主要目的在于使学生获得幸福，不能为任何不相干的利益而牺牲这种幸福。"诺丁斯也提过："一种好的教育就应该极大地促进个人和集体的幸福。"课堂教学是师生双边活动，没有教师幸福地教，也就没有学生幸福地学。当老师和学生积极参与到课堂教学之中，让生命释放意义感，他们就能在丰富多彩的教学活动中成长，获得生命意义上的幸福感。幸福是人类的永恒情结，课堂教学不仅应给人高品位的精神生活，而且应给人高品位的幸福体验。从一定意义上说，课堂是守望幸福的地方。人的一生能否过得幸福，很大程度上取决于他今天在课堂生活中能否获得幸福。这或许就是课堂教学的深刻意义所在。

我们的课堂善用纪律规范行为，用训练规约思想，却漠视人的情感与独特感受，课堂因此没有了盎然的生气。课堂理应是春暖花开的地方，宁静、安全、温馨、轻松。在这里，有家的感觉，不用担心"万一说错了怎么办"，孩子们敢于说"我有不同的想法"，"老师，你讲错了"；在这里，孩子们不怕"露怯"，不怕"幼稚"，能道出困惑，能露出观点，能形成质疑；在这里，有诗情画意，有奇思妙想，有思维碰撞，有情景，有灵气，课堂因此有了一种奇妙的意境感。

课堂也是为放飞梦想而存在的。孩子们充满想象，面对这个世界，他们无拘无束，内心有太多美好的期待。他们渴望走向社会，走进自然。课堂是广袤的天地，上下五千年，纵横数万里，任你穿越。课堂中心、书本中心、教师中心，多么不堪一击！课堂教学要回归曾经远离了的生活世界，穿越时间隧道，把过去、现在、未来浓缩在一起，跨越空间的界碑，让孩子们享受人类文明的成果。由此，课堂是凝视梦想的地方，这里有未来，有远方，有充满张力的诗……

怀特海说："教育只有一个主题，那就是五彩缤纷的生活。但我们没有向学生展现生活这个独特的统一体，而是教他们代数、几何、科学、历史，却毫无结果；……以上这些能说代表了生活吗？"怀特海的观点是令人深思的：知识并不代表生活，生活需要智慧。很多时候，课堂与知识无关；课堂是一种态度、一种生活。有什么样的态度，就有什么样的生活。课堂教学的核心意义在于传递生活态度，让孩子们彻底明白：生命的厚度在于拥有静谧的时光，让心灵溢满宁静与幸福。这样，课堂教学有效性就能提高，课堂就不再每一分钟都压得学生"喘不过气来"。无论如何，我们应该懂得，课堂是一个酝酿牵挂的地方。

派纳在《健全、疯狂与学校》一文的结语中说："我们毕业了，拿到了证书却没有清醒的头脑，知识渊博却只拥有人类可能性的碎片。"这多么令人深思啊！当人的需要、价值、情感被淹没在单纯的知识目标之中，生命感在这里便荡然无存。将课堂教学视为纯粹的认识活动，片面发展人的认识能力，看不到人的整体"形象"，特别是作为"在场的人"的"整体形象"被抽象；放眼世界，人之精神远遁，迷失于庞大的"静止结构"，这便是"教学认识论"的"悲剧范畴"。其实，课堂是一个意义时空，教学即谈心，学习即交心。当我们真正把学生看作活生生的人，就会发现：原来，课堂是点亮心灵的地方。

课堂教学是富含智慧和艺术的活动。只有把教师的主导性和学生的主动性都激发出来，才能算作真正的课堂教学。说白了，课堂是智慧碰撞的地方。课堂教学要善于抓住转瞬即逝的思维亮点，促成智性的提升和灵性的妙悟。如何围绕教学目标，理清教学思路，选用教学方法，驾驭教学机制，促进孩子们智性跃迁与灵性发展？如果我们只是单纯地传授知识，教师拼命讲，学生认真听、被动地接受，长此以往，学生的大脑便会"格式化"，发展便得不到真正的保障，他们只能在大脑中形成直线型知识反馈通路，无法呈现富有生命情愫的、饱满的人的形象！

对于课堂，我们可以有无穷的定义。一位哲人曾经说过："一种文化首先意味着一种眼光"，"眼光不同，对所有事情的理解就不同"。当课堂被重新定义的时候，当我们真切地回归课堂教学人文立场的时候，检视课堂教学的"眼光"便有了新的角度，课堂教学便有了新的样态。

杨四耕

2022年3月8日于上海市教育科学研究院

目录

前言　赋予课堂教学以灵性　　/ 1

第一章　灵：聚焦核心素养　　/ 1

生命本灵动，面对鲜活的孩子，课堂教学是灵性的呼唤。课堂有火花，教师要给学生广阔的思考空间，让儿童更加彰显思维的力量。方法须灵活，鼓励儿童合作交流，使每一个孩子都有所思、有所得、有所感、有所悟。灵魂为标杆，课堂教学要能够体现出深刻的思想，呈现出师生共同努力、共同探讨、共同成长进步、互相欣赏鼓励的氛围。课堂有美感，课堂有生命的律动、情感的触动，富有高雅的审美情趣。这些便是"灵动课堂"的要义。

教学智慧 1-1　迁移应用：建立习作与生活的深度关联　　/ 5

教学智慧 1-2　引导自学：打造数学专属的"灵动课堂"　　/ 11

教学智慧 1-3　价值挖掘：任务导学的意义实现　　/ 17

教学智慧 1-4　数字创境：特色项目的教学策略　　/ 21

教学智慧 1-5　主题绘本：儿童情绪管理的良好媒介　　/ 26

第二章　真：面向生活世界　　/ 31

真，是生活世界的直观。课堂教学是一种人为的和为人的存在，其存在的价值在于促进人有意义地建构生活。"灵动课堂"具有生活世界的特质，它要回归到"真"的生活世界，回归儿童当下的日常生活世界，回归具有理性表征的科学世界，回归具有儿童情感的价值世界，彰显课堂的生命价值。如此，对教师和学生而言，课堂教学是他们生命历程中的重要组成部分，是师生展示自己智慧和才华、体验生活和体现人生价值的过程。

  教学智慧2-1 问题化学习：英语绘本阅读教学的智慧 / 35
  教学智慧2-2 分角色朗读：设计富有挑战性的学习任务 / 42
  教学智慧2-3 开放阅读：运用"1+X"教学法提升语文阅读能力 / 47
  教学智慧2-4 迁移悟理：发展运算素养的关键策略 / 52
  教学智慧2-5 趣味教学：让课堂教学富有人性味道 / 58
  教学智慧2-6 音乐体验：激发儿童音乐学习热情 / 62

第三章 动：丰富学习经历 / 67

  动，是儿童的天性。激发儿童的好奇心，唤醒儿童的好问天性，是"灵动课堂"的立场。通过设计整合性学习目标、激活经历性实践任务、创造真实性探索过程、创设情境性评价方法，丰富儿童的学习经历，培育核心素养，是"灵动课堂"的使命。

  教学智慧3-1 技术赋能：让课堂教学充满灵性 / 72
  教学智慧3-2 思维品质：阅读教学的核心价值 / 78
  教学智慧3-3 自主学习：提高数学学习质量 / 85
  教学智慧3-4 任务导学：促进儿童灵动表达 / 90
  教学智慧3-5 激情引趣：打造有意思的体育课堂 / 95
  教学智慧3-6 项目学习：丰富儿童模型搭建经历 / 100

第四章 活：迈向境脉学习 / 107

  教学方法具有"育人"的主要特征，教学方法的选择和运用需要坚持素养导向，体现育人为本的理念。"灵动课堂"是活的课堂，总是处于特定情境脉络之中，强调多样的方法和方法的灵活运用，体现在生动活泼、巧妙鲜活和实学活用等方面。"灵动课堂"致力于让儿童在知识的探索、能力的发挥、发现与创造欲上达到最佳状态，使课堂教学获得最高效益。

教学智慧 4-1　支架式学习：学习准备期口语交际教学策略　/ 111

教学智慧 4-2　语言表达：可视化思维工具促进灵动表达　/ 119

教学智慧 4-3　数学游戏：让课堂教学活跃起来　/ 126

教学智慧 4-4　混合式教学：语文自主学习的推动策略　/ 131

教学智慧 4-5　动感课堂：活用资源提升学习参与感　/ 137

教学智慧 4-6　语境创设：促进儿童灵动表达的教学策略　/ 143

第五章　精：实现意义增值　/ 149

学习的本质目的不是获得知识，学习是个体意义生成的过程，学习在本质上改变着世界。课堂教学是学习者与课程文本交互的过程，是以有限的知识文本为起点，以无限的精神自由为终点的循环过程，关联学习逻辑，立足学科实践，注重个性转化，巧用增值性评价，引导儿童精神发展，实现意义增值，是"灵动课堂"的重要追求。

教学智慧 5-1　语言实践：让学习真实发生　/ 153

教学智慧 5-2　聚焦素养：让课堂教学充满活力　/ 159

教学智慧 5-3　自制教具：让课堂教学更精彩　/ 165

教学智慧 5-4　项目学习：激活数学学科素养的秘密　/ 172

教学智慧 5-5　图式学习："KWL+"阅读教学模式的妙用　/ 178

教学智慧 5-6　绘本阅读：指向主题意义的探究学习　/ 186

第六章　趣：激活主体参与　/ 195

课堂教学是创造性生成过程。"灵动课堂"要求建构由物理环境、主体环境、社会环境和技术环境四个子系统组成的具身学习环境，追求儿童与物理环境、主体环境、社会环境和技术环境的互动。情境激趣，设计虚实结合的物理环境；主体增趣，提供形式多样的学习支架；互动融趣，打造主体参与的交互场域，激活主体的参与性，才能收获智性学习的快乐。

教学智慧6-1　问题导学：提升思维品质的实践策略　/ 200
教学智慧6-2　跨科融合：提升书法启蒙教学品质　/ 205
教学智慧6-3　数学实践：让量感在课堂上真实发生　/ 211
教学智慧6-4　图景式学习：语文阅读能力培养的秘密　/ 217
教学智慧6-5　激趣教学：提升体育学习积极性的策略　/ 225

后记　/ 231

前言　赋予课堂教学以灵性

上海市嘉定区南翔小学创办于清光绪三十四年（1908年），是一所文化底蕴深厚的百年老校。学校坚持"文化育人，多元发展"的办学理念，坚定"面向未来，为每一个学生的幸福人生奠基"的办学目标。在嘉定教育"打造有质量、有温度、充满创新活力的品质教育"这一美好愿景的感召下，十年来，学校积极推进区域"品质课堂"研究行动，深深扎根以学生核心素养培育为目标的"灵动课堂"的教改探索与实践。

课堂是落实立德树人根本任务的主阵地，课堂教学是教师对课程进行再设计、再理解、再创造的过程。在新一轮深化研究的过程中，依托校长领衔的区级重点课题——指向小学生"学习品质"提升的"灵动课堂"深化研究，课题组确立了语文、数学、英语、综合、跨学科五个子项目，积极开展"灵动课堂"实践研究。学校教研团队进一步凝聚智慧，赋予"灵动课堂"核心要素以新的内涵，创设指向小学生学习品质提升的"灵动地教"和"灵动地学"和谐统一的课堂，探索基于小学生"想学""会学""乐学"学习品质提升的课堂常态化教学和实验教学，创新学习方式，更好地支持学习品质的形成和发展，促进每一个学生全面发展、幸福成长。

一、"灵动课堂"的十年探索之路

灵动，在《现代汉语词典》中的解释是"活泼不呆板，富于变化"。而课堂教学中的"灵动"指的是活用教材教法、思维要灵活，通过自动、他动、互动、群动的学习过程，实现师生身心俱动。我们的研究从三个维度释义"灵动"，一是情感的维度，"灵动"就是生动活泼；二是认知的维度，"灵动"就是思维灵活；三是互动的维度，"灵动"就是学习者自己和同伴、和老师结成"共同体"的身心活跃的学习活动。"灵动课堂"指的是在我校"求真、乐学、尚美"育人目标的引领下，围绕"真、活、趣、精"四个核心要素开展的指向小学生学习品质提升的"灵动地教"和"灵动地学"和谐统一的课堂。

学校教研团队凝聚智慧，依据区域"品质课堂"理论框架，确定了研究方向，制定"灵动课堂"核心要素新的 12 个指征和 24 个观察点，基于"真问题"，培养"活思维"，引导"趣探究"，设计"精作业"，有效提升小学生"想学、乐学、会学"等学习品质，切实推进"双减"新政下的课堂提质增效。

"灵动课堂"从教与学结构关系、评价等多方面协同变革，凸显学生的主体地位，关注学生的学习历程，注重学生个性化、多样化的学习和发展需求，经历了"开启探索——励新·启航、研究提升——扬帆·远航、深化拓展——乘风·破浪"的十年探索之路。

2013 年 6 月，以数学学科课堂转型研究课的成功开设为起点，学校开启了数学学科"灵动课堂"的先行研究。

2013 年 9 月，学校项目组主持人在"嘉定区慧雅书童阅读计划"推进会上进行了题为《趣英语，让学生插上飞向未来的翅膀》的专题发言。学校自此开启了英语、语文学科"灵动课堂"的研究。

2014 年 9 月，五项民族文化特色课程正式编入课表，学校尝试在全学科普及实施"灵动课堂"。

2014 年 12 月，学校总结提炼了实施"灵动课堂"的阶段性成果，并向全区教师代表展示了"真数学""趣英语""活语文"三堂公开课。

2018 年 6 月，汇集教师们对"灵动课堂"思考的《灵动课堂的奥秘》一书由上海教育出版社出版。

2019 年 1 月，在嘉定区"慧雅乐童"诗乐课程校本化研究成果展示活动中，学校项目组总结提炼了"精技艺"综合学科"灵动课堂"研究的阶段性成果。

2019 年 11 月，主题为"打造灵动课堂，助推教师发展"的南翔小学新优质联盟数学专场成功举办。

2021 年 5 月，由校长领衔的课题——指向小学生"学习品质提升"的"灵动课堂"深化研究立项为区级重点课题。

2021 年 9 月，小学英语"灵动课堂"的教学实践入选嘉定区"十四五"中小学、幼儿园、中职教师培训区级共享课程。

2022年5月，语文学科在全国三地六校"问题化学习小学语文同侪课堂与循证教研"活动中，成功展示了"笔尖上的美味之食在江河"的"灵动课堂"实践。

2023年3月，基于"灵动课堂"的小学生学习品质的评价体系行动研究被收入区品质课堂研究行动成果汇编。4月，课题组参与"智慧传递，美美与共"区"品质课堂"项目研讨展示活动。

总之，"灵动课堂"是学校教改的一张名片，"灵"和"动"是南翔小学师生心目中理想的生命样态，"真""活""趣""精"是南翔小学师生心目中理想的课堂生态。我们开展"灵动课堂"的研究已经走过了整整十个年头，全体教师在此期间共同探索"灵动课堂"的真谛，不断丰富对"灵动课堂"的内涵诠释。

二、"灵动课堂"的要义与特征

随着时代的不断变化，信息技术和人工智能的不断发展，以及教育形态的不断演变，未来课堂教学会是什么样子？未来课堂学习方式会有怎样的变化？我们的教研团队不断推进"灵动课堂"的研究，形成了适合我校学生学情的互动式、图景式、启发式、混合式、探究式、体验式等不同方式的课堂样态。

（一）"灵"的课堂：聚焦核心素养

让每一个孩子灵性发展，理应是"灵动课堂"追求的终极目标。面对鲜活的孩子，我们的课堂教学是灵性的呼唤。课堂上教师要给学生广阔的思考空间，让儿童更加彰显思维的力量。要鼓励儿童合作交流，通过灵活的教与学的方法，使每一个孩子都有所思、有所感、有所悟、有所得。要能够体现出深刻的思想，呈现出师生共同努力、共同探讨、共同成长、相互赏识的美好氛围，让每一个生命灵动生趣、个性彰显、全面发展。

（二）"真"的课堂：面向生活世界

具有生活世界的特质，是"灵动课堂"的本质。它要回归"真"的生活世界，回归儿童当下的日常生活世界，回归具有理性表征的科学世界，回归具有儿童情感的价值世界，从而彰显课堂的生命价值。课堂教学是一种人为的和为人的存在，其存在的价值在于促进人有意义地建构生活。真教、真学、真成长的课堂教学是教师和学生生命历程中的重要组成部分，是他们展示自己智慧和才华、体验生活和体现人生价值的真实过程。

（三）"动"的课堂：丰富学习经历

激发儿童的好奇心，唤醒儿童的好问天性，是"灵动课堂"的立场，也是"灵动课堂"的使命。儿童的天性就是活泼好动，在"动"的课堂中，教师通过设计整合性学习目标、激活经历性实践任务、创造真实性探索过程、创设情境性评价方法，丰富儿童的学习经历，培育核心素养，学生通过主动学习提升兴趣，在"动中学""动中用""动中创"，实践能力、创造能力得到充分锻炼和有效培养。

（四）"活"的课堂：迈向境脉学习

时代在改变，教育在发展，教学方法必须适应时代的发展，与时俱进是"灵动课堂"的助推器，它总是处于特定情境脉络之中，强调多样的方法和方法的灵活运用，突出新技术背景下学习环境与方式的变革。"灵动课堂"致力于让儿童在知识的探索、能力的发挥、发现与创造欲上达到最佳状态，使课堂教学获得最高效益。

（五）"精"的课堂：实现意义增值

"灵动课堂"关联学习逻辑，立足学科实践，注重个性转化，巧用增值性评价，强调"做中学"，以精准的任务驱动，引导儿童精神发展，实现意义增值，是"灵动课堂"的重要追求。课堂教学承载着从理念到行为的转变，学习的本质目的不是知识，学习是个体意义生成的过程，在这个过程中，构建专业化的精准的课堂教学评价指标体系是提升课堂教学质量的关键。

（六）"趣"的课堂：激活主体参与

"灵动课堂"是童年的欢歌，是儿童的笑语，课堂教学是创造性的生成过程。"灵动课堂"追求儿童与物理环境、主体环境、社会环境和技术环境的互动，以情境激趣，设计虚实结合的物理环境；以主体增趣，提供形式多样的学习支架；以互动融趣，打造主体参与的交互场域，激活主体的参与性，满足学生的求知欲、创造欲，提升学习幸福感。

一句话，"灵""真""动""活""精""趣"，确证了课堂教学的智慧属性，这是课堂教学意义增值的关键所在。

三、"灵动课堂"的实践成效

（一）价值体系重塑，赋能学生幸福成长

课堂教学的最终目的是促进学生的发展。学校坚持"传承、开放、创新、赋能"的发展思路，坚定高品质育人理念，致力于健全"五育融合"的学生生长生态，完善课程架构，优化教学实施，营造良好的课堂教学环境，促进学生思维发展，让学生从"要我学"逐渐转变为"我要学"，引导学生能够积极自主地参与课堂互动和独立思考，让学生想学、乐学、会学，学出品质。"面向未来，让成长更幸福"始终是我们办学的美好愿景。在"灵动课堂"探索实践中，我们注重培养学生面向未来、幸福生活的能力，使学生具有良好的道德品质和行为习惯，明礼守正，嘉言善行，成为爱祖国、有道德、守规范的人；具有想学、乐学、会学等学习品质，学会自主学习，成为会阅读、会表达、会思考、会创造的人；具有生活情趣，感恩生命，热爱生活，成为爱运动、爱艺术、爱劳动、爱探索的人。

（二）队伍梯队培育，赋能教师专业发展

教师是立教之本，兴教之源。"品质课堂"的建设离不开高水平的教师队伍，而"灵动课堂"的深化研究也助推了教师个人和团队的发展。近年来，从南翔小学陆续走出了上海市特级校长吴宝英和特级教师、正高级教师朱燕青。学校现有高级教师11人，区学科带头人1名、区骨干教师7名，先后被评为上海市优秀教师专业发展学校、上海市中小学见习教师规范化培训优秀基地校等。仅2022年，学校承办了语文、数学、英语、体育学科区级研讨活动6场，32位教师开设了区级及以上公开课（讲座），教师个人获奖共计58人次。各学科教研组均多次获评"区优秀教研组"，其中：数学组先后六次获评"区优秀教研组"和"上海市教育系统巾帼文明岗"，以及"区工人先锋号示范岗"；艺术组获评"全国三八红旗集体"。

（三）教研生态优化，赋能学校创新发展

学校牢牢树立"品质课堂"理念，深深扎根于"灵动课堂"教学改革实践。在十年深耕"灵动课堂"教学方式变革的基础上，根据《深化新时代教育评价改革总体方案》要求、结合学校《数字化转型三年行动计划》工作内容，我们在专家的引领与指导下，聚焦"活思维"，积极探索信息技术赋能的教学改

进，逐步建立了结构清晰、内容完整的校本化课堂评价体系，推动课堂教学向数据驱动的科学决策和精准改进转变。学校营造良好的研究氛围，引导教师参与开发设计基于"活思维"评价体系的评价工具和量表，进行个性化探索，定期组织典型课例研修活动。在每学期"教学节"和"学术节"活动中设置应用数字化课堂评价系统对在线直播课、线下教学实践课（展示课）进行数据分析的任务，推动教师积极开展基于"数据驱动"的教学改进的实践，以任务驱动增强文化认同，促进行动自觉。在数据驱动的教学实践中，采用"数据收集—分析判断—反馈改进"的闭环实践，帮助教师深入实施基于数据分析的教学改进。近期，阶段性研究成果《AI赋能，让思维"活"起来——信息技术赋能新优质学校发展的探索与实践》发表于《上海教育·头条》，《AI赋能，深耕"灵动课堂"》发表于《嘉定教育·校长论坛》。

  行之力则知愈进，知之深则行愈达。读这本书，正如亲临每一个"教学智慧"，真切感受南翔小学教师们在实践研究过程中生发的丰富的教学主张和独具特色的教育智慧。这些生动鲜活的课例，记录的正是老师们扎根于"灵动课堂"教学实践的串串脚印。循迹而行，我们将继续坚定地行走在课程教学改革的探究道路上，让教与学的变革有新的突破，孕育新的生机，为学校教育高质量发展夯实基础，擦亮底色。

上海市嘉定区南翔小学校长　王琦
2023 年 7 月 9 日

第一章

灵：聚焦核心素养

生命本灵动，面对鲜活的孩子，课堂教学是灵性的呼唤。课堂有火花，教师要给学生广阔的思考空间，让儿童更加彰显思维的力量。方法须灵活，鼓励儿童合作交流，使每一个孩子都有所思、有所得、有所感、有所悟。灵魂为标杆，课堂教学要能够体现出深刻的思想，呈现出师生共同努力、共同探讨、共同成长进步、互相欣赏鼓励的氛围。课堂有美感，课堂有生命的律动、情感的触动，富有高雅的审美情趣。这些便是"灵动课堂"的要义。

人本主义心理学认为，人是具有独特性、整体性、自主性的个体，学习是个人自主发起的、个人投入其中并发生全面变化的活动。人是万物之灵。中国古人说："惟天地，万物父母；惟人，万物之灵。"

随着知识经济时代的不断发展，如何培养我们的学生，让他们能应对复杂多变的社会形势，符合未来社会对人才的需求，是现代教育从业者要思考的问题。为了培养能面对未来的高素质人才，世界各国都对核心素养进行了广泛且深入的研究，各国似乎都意识到培养学生的核心素养迫在眉睫。为此，《义务教育课程方案（2022年版）》和各学科《义务教育课程标准（2022年版）》聚焦学生的核心素养培育，确定了各学科核心素养的基本构成要素。

1. 生命本灵动

生命是如此地灵动，泰戈尔说："教育的目的应当是向人传递生命的气息。"故面对鲜活的孩子，面对孩子的灵性呼唤，我们的每一次教育也应该鲜活起来，每一次教育都应该让师生在学习过程中获得成长。在教育的过程中，我们应追求生命的灵动，还原生命的本真，多一些对生命的触摸，关注孩子的灵性，保护孩子的童心。

课堂作为教师教学活动的场所和学生主要的活动场所，要成为学生生命发展的乐园。课堂上的每一分钟，都要成为师生生命历程中珍贵的一分钟。我们要让每个孩子都有自由表达的机会，尊重他们的人格，张扬他们的个性，开发他们的智力。让每一个孩子获得灵性发展，理应是"灵动课堂"追求的终极目标。

2. 课堂有火花

小学阶段是学生成长的奠基阶段，此阶段的学生除了要具备直觉思维能力、形象思维能力，还要不断掌握逻辑思维能力、辩证思维能力和创新思维能力。教师和学生都是应该受到尊重的生命个体，课堂上师生是平等的。在智慧闪光的课堂上，教师要给学生广阔的思考空间，哪怕需要一定的时间。此外教师也要设置犀利的语言交锋，多种形式的互动，让它们更加彰显思维的力量。或许课堂上的一个不经意的互动就可以触发孩子们的灵感，让他们从一朵花想象到无数的花，从一缕风想象到无数翻滚的气流。教师要像匠人一样懂得用自己的一点烛光点亮一个屋子，最大程度地激发学生思维，使学生在思维敏捷又活跃的状态下迸发出灵感，使课堂充满创造性，散发独特魅力。

3. 方法须灵活

"灵活"是指教师能依据不同教学内容，打破课内与课外、校内与校外的界限，利用现代科技，结合当下，充分挖掘课程教学资源。如为了开发更多的教学资源，学校设计自己的校本课程，引进各种社会资源，让学校和学生与时俱进，不断成长。再比如，针对不同内容、不同教学目标、不同学生，运用灵活多变的教学方法，设计课堂。把课堂的主动权分给学生，鼓励学生合作交流，放手让学生自己通过自主、合作、探究等多种方式去寻找答案，使每一个学生都有所思、有所得、有所感、有所悟。

4. 灵魂为标杆

马卡连柯说过：同样的教学方法，因为语言不同，效果可能相差20倍。为什么同样的内容、同样的教学方法带来的效果会有这么大的差别，这就涉及课堂的灵魂问题。"灵魂"是指教师组织的课堂教学活动能够体现出深刻的教学思想。课堂是思想交流的重要场所。一节课如果没有"灵魂"，就如同未经烹饪的食材，嚼之无味。一节课如果没有"灵魂"，所学只能成为零散的碎片，随着时间的流逝，在学生的心中留不下任何痕迹。

所谓有灵魂的课堂，即"活"的课堂，就是有生命、有精神的课堂。怎样将一堂课上"活"？这需要的不仅仅是教师的课堂设计的灵魂，更需要体现一种精神，即师生共同努力、共同探讨、共同成长进步、互相欣赏鼓励的一种课堂氛围，并在这种氛围下培养出有合作能力、有领袖素养、有表达技巧、有绅士淑女风范的人才。同时，这需要教师对课堂进行全面把握，在教学设计中设置出有牵引作用、有凝聚作用的灵魂思路，通过合理有效且活泼生动的课堂活动的组织将所讲授内容衔接起来。

5. 课堂有美感

一个健全的人是全面发展的人，一个健全的人也应该具有高尚的审美情趣。在以落实核心素养为主线时，课堂教学是学校进行美育的主渠道，是引导学生感受美、欣赏美、表现美、创造美的主要场所。由于课堂与学生联系紧密，时间长、机会多，其针对性、集中性、互动性都比较强，因此如果教师在课堂上注重美育，无疑会对学生认识美、爱好美、创造美的思想产生深刻的影响。

　　课堂因审美而灵动，教师在教学中必须有效地挖掘课堂中的美育因素，结合各学科特点，利用各种途径和方法，教会学生认识美、爱好美和创造美，从而树立正确的世界观、人生观和价值观。"灵动课堂"是用生命激扬生命，用心灵激动心灵的课堂。学生在课堂上能感受生命的律动、情感的触动，能让生命得到滋养，提升纯正思想和高雅审美情趣。

　　课堂一端连着学生，一端连着民族的未来。"灵动课堂"突出了学生的学习主体地位，指向学生的全面发展。

（撰稿者：梁小娟）

教学智慧1-1

迁移应用：建立习作与生活的深度关联

在语文课文教学的过程中要关注读写链接，通过巧设追问使学生领悟表达方法。在一次次的语言实践中建立语文学习与儿童生活的深度关联，动态生成语言文字的运用能力，为单元习作奠定基础，使学生在习作中，有章可循，有例可依，降低习作难度。

《义务教育语文课程标准（2022年版）》中对课程理念有这样的阐述："义务教育语文课程实施从学生语文生活实际出发，创设丰富多样的学习情境，设计富有挑战性的学习任务，激发学生的好奇心、想象力、求知欲，促进学生自主、合作、探究学习；引导学生注重积累，勤于思考，乐于实践，勇于探索，养成良好的学习习惯。"① 因此教师要在课文教学的过程中帮助学生领悟表达方法，设置语言运用情景，建立语文学习与儿童生活的深度关联，通过迁移运用，培养学生的语言运用核心素养。《海滨小城》的第二课时历经三次磨课，是如何立足单元习作，在迁移中培植"语言运用"素养的呢？

一、立足单元，关注读写链接

《义务教育语文课程标准（2022年版）》课程目标中对第二学段（3~4年级）的阅读要求是：学生能初步把握文章的主要内容，体会文章表达的思想感情，感受

---

① 中华人民共和国教育部. 义务教育语文课程标准（2022年版）[S]. 北京：北京师范大学出版社，2022：3.

作品中生动的形象和优美的语言。① 其对表达与交流方面的要求是：学生能说出自己的感受和想法，观察周围世界，能不拘形式地写下自己的见闻、感受和想象。②

《海滨小城》一课是统编版三年级语文下册第七单元的第二篇精读课文，该单元围绕"祖国山河"这一主题，编排了《古诗三首》《富饶的西沙群岛》《海滨小城》《美丽的小兴安岭》共四篇精读课文，以及习作《这儿真美》和《语文园地》，在歌颂祖国大好河山的同时，意在培养学生热爱祖国的思想感情。三篇现代文，无论在整体结构上，还是在一些具体段落的写法上，都具有相似之处，在读写目标的落实上，能够形成合力。

这个单元的重点学习目标有两条：借助关键语句理解一段话的意思；习作的时候，试着围绕一个意思写。两条目标中的一条指向"读"，一条指向"写"。显然，"读"和"写"的目标链接很紧密：习作时围绕着的"一个意思"，在文章中用一句话写出来，这句话就是"关键语句"。

《富饶的西沙群岛》为总分总的结构，全文围绕"那里风景优美，物产丰富，是个可爱的地方"这句话来写，这句话是理解全文的关键语句；《海滨小城》以小城为立足点，从远处的大海，写到近处的海滩，再集中笔墨描写了小城中的庭院、公园和街道。"小城的每一个庭院都栽了很多树"，"小城的公园更美"，"小城的街道也美"分别是第四、五、六自然段的关键语句，可以帮助学生理解各段的意思；《美丽的小兴安岭》一文也是总分总的结构，分别按照春、夏、秋、冬四个季节向读者展现了小兴安岭诱人的景色。

三篇课文后面的思考练习题，也基本都是围绕单元重点学习目标来设计的。从文本内容的理解到"小练笔"，再到单元"习作"，充分体现了读写结合、以读促写的编排设计思路。

二、巧设追问，适时语言实践

《义务教育语文课程标准（2022年版）》中指出："创设学习情境，教师应

---

① 中华人民共和国教育部. 义务教育语文课程标准（2022年版）[S]. 北京：北京师范大学出版社，2022：10.
② 中华人民共和国教育部. 义务教育语文课程标准（2022年版）[S]. 北京：北京师范大学出版社，2022：10.

利用无时不有、无处不在的语文学习资源与实践机会，引导学生关注家庭生活、校园生活、社会生活等相关经验，增强在各种场合学语文、用语文的意识，建设开放的语文学习空间，激发学生探究问题、解决问题的兴趣和热情，引导学生在多样的日常生活场景和社会实践活动中学习语言文字运用。"① 在三堂课的设计中，语言运用素养的培植随处可见。

老师为学生充分地搭建表现舞台、创造交流机会，使学生享受自由表达的乐趣。课堂 AI 智能分析平台数据显示：三堂课学生的发言时长从 11 分钟增加到 17 分钟，发言次数从 95 次增加到 209 次，学生的提问次数也从 21 次增加到 41 次。由此可见，课堂设计优化以后，学生的发言热情越来越高，发言机会也越来越多。

为了让学生感受到文本语言的魅力，感悟到表达的精妙，教师不断优化教学设计，在培养学生语感、提高学生整体把握能力以及领悟作者写法上下功夫，使得学生的追问愈发清晰有力，最终确保整堂课对词句的品读落实得非常扎实、到位。比如在理解"热闹"一词时，教师一步步引导学生体会不同开放状态的凤凰花的心理活动来感受"热闹"这个词，体会"竞相开放、争奇斗艳"的意思。在理解"石凳上坐满了人"这个短语时，我们设计了"不同年龄的人在树下会做什么？"这样的问题。通过说话练习，让学生体会不同的人在枝繁叶茂的树下做着自己喜欢的事情，是一个多么令人感到惬意、舒适的场景，从而体会公园之美。像这样的思中问、问中说，使得问题化学习和语言实践活动互为交融，学生在追问中展开想象，入情入境，做到言之有物、言之有序、言之有情，既关注了文字本身的意蕴，又关注了文字背后所营造的想象空间。

除了关注文中词句的表达形式外，教师还引导学生关注典型段落的言语表达形式。比如《海滨小城》第五自然段，在"小城的公园更美"这个关键句的引领下进行逐句赏析后，教师适时出示上海公园和海滨小城的公园图片，引发学生对树木种类不同的追问思考，从而明白作者抓住了公园最具特色的榕树，写出了"榕树多、树冠大、树叶密、是小城居民休闲娱乐的好去处"这几个特

---

① 中华人民共和国教育部. 义务教育语文课程标准（2022 年版）[S]. 北京：北京师范大学出版社，2022：45.

点，突出了公园独特的美，进而领会"抓住有特色的事物写出一个地方的美"这种写法。通过这样的设计和引导，学生很快就能掌握这种描写"场景"的方法。

同时，充分调动学生生活经验和体验，提高参与感。在引导追问时，均通过发挥想象，设置情境来使学生身临其境地感受"枝头的凤凰花会想什么，说什么？小城的居民们会在榕树下说什么，做什么？"，让学生链接自己的社会体验参与课堂学习历程。此时，从文字中想象到的场景，就会因为学生生活经验的唤醒和参与，重新获得生命的活力，很自然地沉淀为学生的言语经验。这种引导学生联系生活实际通过想象塑造场景，把一个场景写清楚的表达方式，正是本单元习作所需要的方法。

通过一次次巧设追问，学生语言文字的运用能力在一次次的语言实践中动态生成，为单元习作奠定了充分的基础。

三、优化读写问题系统，促进语言运用

在读写迁移教学设计环节，三堂课层层推进，步步精简，逐步找准单元定位。

一磨课上，教师在读写迁移部分设计了两个教学活动，首先通过情境设置，引导学生理解整段话的意思，然后补充关键句，再次强调关键句的重要作用。由课内走向课外，由阅读走向写作，根据关键句"植物园的花真美啊！"引导学生提出追问，构建写作的问题系统。有了本课清晰的问题系统呈现，学生基本可以提出追问思考，但是由于课堂时间不多，所以进行追问后，把语言运用活动安排在了课下。课堂 AI 智能分析平台数据显示，课堂读写迁移环节时长四分钟，对习作的探究止步在问题系统的构建上。

二磨课上，老师对读写迁移环节进行了改进，尝试创设语言运用情景，在课堂中进行语言实践的练习，将读写活动从两个活动精简为一个。立足本课核心问题"作者是怎样写出海滨小城的美丽和整洁的？"，拆出两个子问题"哪些地方美？"和"美体现在哪？"，由此弄清楚了作者的写作思路。之后，从学生实际生活出发，让他们介绍最熟悉的家乡的古猗园，首先设置情境："现在你能不能做一回小导游，学着作者的样子，介绍一下我们的家乡南翔美丽的古猗园呢？"通过迁移问题系统，举一反三构建新的习作问题系统。接着引导学生通过

图片回忆古猗园的美，先解决第一个子问题：确定描写对象，然后模仿课文典型段落结构，解决"美体现在哪？"这个子问题。最后指导写法：从不同的角度来描写这个地方的美。学生以荷花为例，从荷花的颜色、荷叶的形态两个角度，运用拟人、比喻的修辞手法，明确关键句，完成对荷叶美的描写。此设计旨在检测学生是否达成"能迁移本课写作思路，会围绕关键句展开描写"的写作目标。课堂 AI 智能分析平台数据显示，本节课读写迁移环节用时五分钟，实现了学生课堂上的口头表达语言训练。但这样的设计与单元习作的联系还不够紧密，且前面精讲部分，忽略了不同的写作方法和写作对象也可以呈现出小城不同的美这一点，所以学生在描写荷花的美时，角度单一，语言缺乏条理性，没有抓住景物的主要特征。

在前面两节课的基础上，三磨时，教师再次升级问题系统，实现了从内容到写法更直接的转变。学生通过本节课的学习，在老师的引导下，在问题的提出和解决中，清晰地构建了自己的问题系统："要写哪些地方？围绕关键句要写哪些有特点的景物来体现美？"有了这两个追问铺垫，习作思路就很清晰了。子问题得以解决，本课的核心问题"如何有条理地写清楚一个地方的美？"也就迎刃而解。在读写迁移部分，教师链接本单元习作"这儿真美"，通过图片呈现果园、花园、校园的美景，设置情境："如果你来写'这儿真美'，你会追问自己哪些问题？"经过前面第四、五自然段的对比追问，学生已经懂得抓住景物的特征可以有不同写法。另外，问题本身就强调了"围绕关键句"，对单元语文要素更聚焦，而学生在进行语言运用练习时，也会更加清晰，课堂真正做到了立足单元整体，培植语言运用素养。课堂 AI 智能分析平台数据分析显示，本堂课读写迁移环节用时一分钟，读写目标停留在问题系统的构建上。但在课后练笔反馈中，我们可以发现大部分学生都能非常好地达成这一教学目标。

对课堂教学进行这样的安排是基于整篇课文在单元中的定位。在《富饶的西沙群岛》这一课，学生要知道什么是关键句，能找到关键句，了解关键句有什么作用；在《海滨小城》的学习中，学生能完成"围绕关键句作者写了哪些有特点的景物来体现美？"写作思路的构建；在《美丽的小兴安岭》一课，则达成"能按照一定的顺序来完成习作，内容具体，重点突出"的目标，如此安排有助于在三篇课文的品读中有层次地落实习作目标。

三次磨课不断对读写迁移环节升级改进，一步步精简，从内容到写法的问题系统构建，教师的引导越来越精简、巧妙，学生的思路也越来越清晰，追问和语言表达也越来越灵动。

　　综上所述，在这三堂课上，我们惊喜地感受到，学生的核心素养在积极的语文实践活动中积累、建构，并在真实的语言运用情境中表现出来了。这与教师有意识地在读写之间找到彼此的对应点，对教材文本进行准确开发，精心创设富于生活化的学习情境、设计学习任务是分不开的。师生互相倾听，在真实的、富有意义的学习情境中进行追问探究，提高了学生的思辨能力、语言文字的运用能力，让学生以最自然的状态投入学习，促进了真实而有深度的学习发生。

（撰稿者：周林果）

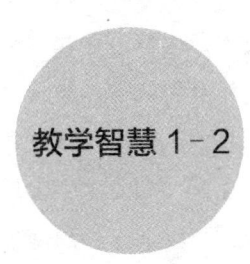

教学智慧 1-2

引导自学：打造数学专属的"灵动课堂"

培养自学能力是提高数学素养的关键。在教学过程中，教师要从营造氛围入手，唤醒学生的自学意识；从教学材料起步，创设有利于学生自学的条件；从创造条件切入，自主参与探究操作活动，打造数学专属的"灵动课堂"，实现教师专业发展与学生发展的双赢。

《义务教育数学课程标准（2022年版）》明确指出："学生的学习应是一个主动的过程，认真听讲、独立思考、动手实践、自主探索、合作交流等是学习数学的重要方式。"① 由此可见，培养学生的自学能力不仅是新课标提出的基本要求，也是提高学生数学核心素养的关键。在教学过程中，教师要注重培养学生的自学能力，让学生能积极主动地学习，并在课堂上学会自学，提高课堂教学效率。

一、营造氛围，唤醒学生自学意识

1. 建立新型师生关系

《义务教育数学课程标准（2022年版）》指出："有效的教学活动是学生学和教师教的统一，学生是学习的主体，教师是学习的组织者、引导者与合作

---

① 中华人民共和国教育部. 义务教育数学课程标准（2022年版）[S]. 北京：北京师范大学出版社，2022：3.

者。"① 为了唤醒学生的自主学习意识，建立一种积极的师生关系是至关重要的。教师应成为学生的引导者和合作伙伴，鼓励学生表达自己的想法和疑问。通过与学生进行良好的沟通和互动，教师可以更好地了解学生的学习需求和兴趣，从而针对性地提供支持和引导，在交流中实现师生互动，相互沟通，相互补充，从传统意义上的教师教、学生学逐步向师生互教互学过渡，形成一个真正的"学习共同体"。

2. 创设情境

矛盾冲突是学生学习的动力。如果不能有效地激活学生的内在需求，就很难触发真正意义上的学习活动。因此，我们要以学生已有的知识经验为出发点，精心设计一些既能让学生感到熟悉，同时又需要学生充分思考才能解决的问题，将学生置于一种"心求通而未得"的境地。情境的创设有利于学生充分体验各种矛盾，激发他们的内心困惑，调动他们寻求答案的积极性，同时激发他们自己对问题进行探索、思考、讨论和解决的欲望。例如，在教学"平行"一课时，为了让学生对平行的概念有更深入的认识，我在黑板上画了两条直线。这两条直线看似互相平行，但并没有人知道是否真的平行。这时，学生们开始了激烈的争论，有的认为这两条直线是平行的，有的认为如果经过延长，这两条直线很有可能会相交，那就不是平行了。这时，我借学生们观点互有冲突的机会，组织了一场临时辩论，让学生们自由地发表自己的观点和想法。在这场辩论中，学生们不仅能进行数学知识上的输出和交流，还能加深对平行这一概念的认识，同时他们的数学表达能力和逻辑思维能力也得到了锻炼。学生在这种带着矛盾和困惑的情境中进行自主学习探究，这样学习就成了一种发自内心的需求而不是负担。创设的情境只有在让学生心里产生疑团和矛盾，进而产生需求时才是成功的。

3. 善于激励

适当的激励是引导学生自主学习的关键因素之一。教师应该给予学生充分的鼓励和肯定，激发他们的学习动力和自信心。在小学数学课堂中，当教师及

---

① 中华人民共和国教育部. 义务教育数学课程标准（2022年版）[S]. 北京：北京师范大学出版社，2022：3.

时赞扬学生的努力和成就时，学生会感受到自己的价值和进步。对于团队合作的激励也必不可少，教师应该鼓励学生相互合作，共同解决问题，让他们感受到团队合作的力量和成功的喜悦。学生在激励中更能体验成功的滋味，而反复的成功可以促使学生产生一种内驱力——求知欲，让学生在积极、愉快的情感支配下，主动内化新知，促进学生的发展。

二、提供材料，创设自主学习条件

在日常教学中，为了确保每个学生都能够积极参与、观察、思考和获得自己的学习体验，同时能在合作交流中不断完善自己的想法和结论，教师需要精心设计一些恰到好处的自学活动。对于小学生而言，除了创设特定的情境之外，充足的材料也是不可或缺的，因为学生对于学习材料的兴趣才是最好的学习动力。因此，在日常的教学过程中，我们可以依据学生的年龄和认知特征，设计开放性、探索性问题，尽可能给予学生自主学习的机会。教师不能替代学生思考，同时教师也不能简单地依据成人的观点对学生的想法进行评判。相反，教师应该引导学生通过观察、实验、猜测、归纳、分析和整理的过程来理解问题的提出方式，概念的形成过程以及结论的归纳方法，为学生创造主动参与学习和表达自己想法的机会。

案例一：《容积单位》

我事先为每个小组准备了学具，其中包括带 500 毫升刻度的烧杯、可以容纳 1 立方分米水的玻璃槽、容量为 1 升的啤酒杯以及一个盛有清水的脸盆。

要求：通过小组合作实验的形式来探究升、毫升、立方分米、立方厘米之间的关系。（在实验开始后，每个人积极寻求解决方案，全神贯注地进行操作。在反馈、交流环节，学生们争着汇报自己的发现。）

生1：我们将 1 升水倒入 1 立方分米的玻璃槽中，得出 1 升＝1 立方分米的结论。

生2：我们小组选择把 500 毫升的水倒入 1 立方分米的玻璃槽中，倒了两次之后发现正好倒满，于是我们得出 1000 毫升＝1 立方分米的结论。

生3：我们把玻璃槽中的1升水倒回500毫升的烧杯，同样也是倒了两次，说明1立方分米＝1000毫升。

生4：我知道，1升＝1000毫升，1升＝1立方分米，以前我们学过1立方分米＝1000立方厘米，所以1毫升＝1立方厘米。

通过自主操作和实验，学生加深了对容量单位的理解。他们在学习过程中感到快乐和愉悦，并享受着成功的喜悦，这展现了他们在学习中的主导能力——他们自主地提出解决方案，以小组形式进行探究实践、操作验证和合作交流。长期坚持进行这类自学活动，调用多种感官，如学生的视觉、听觉、触觉，以及促进思考和口头表达，必然能培养和提高学生观察、比较、归纳和类推等学习能力。

基于实践经验，我们了解到每位学生都有学习数学的潜力。教师的角色在于创造情境、提供学习资源，引导学生通过自主操作、观察、讨论和思考来感知和理解知识。教师的目标是将教科书中的已有结论转变为学生自学的对象，使得知识从静态变为动态，在赋予教学材料实践性的同时培养学生的自学能力，让他们能更积极地参与解决问题的过程。

三、创设机会，自主参与学习活动

苏霍姆林斯基曾说过："人的内心有一种根深蒂固的需要——总希望自己是一个发现者、研究者、探索者，在儿童的精神世界中，这种需要特别强烈。"想要满足儿童这种强烈需要，就要让学生尽可能主动地参与课堂教学的全过程。

1. 提供操作的机会

古人云："纸上得来终觉浅，绝知此事要躬行。"这句话强调了通过亲身参与尝试、体验和实践来深入了解事物的重要性。数学作为与现实生活联系密切的学科之一，其知识源于实际生产和生活经验。因此，教师在教学中应结合具体教学内容，经常给予学生亲自参与实践活动的机会，通过实际动手操作、口头表达和思考，逐步将外部学习活动转化为内在的智力活动。只有这样，学生才能真正实现有效的自主学习。

> **案例二：《物体的形状》**
>
> 　　教学时，我要求每个学生拿出我为他们事先准备好的不同形状的积木，认真观察这些积木，引导学生看一看、摸一摸、搭一搭，逐步抽象概括出各类物体的特征。然后，让学生用这 4 个积木搭一搭，并想一想怎样摆才能让积木稳稳地摆在桌面上，如果哪个积木不听话，就用手牢牢抓住，保护好。
>
> 　　通过这三个阶段的操作，让学生在调动各个感官的同时逐步对长方体、正方体、圆柱体和球这四种形状形成认识，并能明确它们之间的共同点和不同点，有助于学生内化新知，发展空间观念。
>
> 　　在教学过程中，我们应尽量减少教师的操作演示，而应当鼓励学生主动动手参与，以促进他们思维的发展。为此，我们应多提供学生画一画、摆一摆、折一折等操作的机会，让他们通过多种感官的参与来丰富感性认知。这些自学活动通过动手操作激发学生的思维，通过亲身实践解决疑惑，从而促进学生知识和能力的协同发展。

2. 创设交流探讨机会

《义务教育数学课程标准（2022 年版）》指出："教材应为学生提供丰富的问题情境、充分的思考空间，让学生经历观察、实验、猜测、推理、交流、反思等数学活动过程，帮助学生感悟基本思想，积累基本活动经验。"[①] 当前使用的教材通常都是以陈述性的方式直接呈现知识内容，学生所见的只是思维的结论，而无法观察到知识产生和发展的过程。这种教学方式并不利于学生的自主学习。因此，我们可以重新组织和整合教材的陈述性内容，创造出更有利于学生

---

① 中华人民共和国教育部. 义务教育数学课程标准（2022 年版）[S]. 北京：北京师范大学出版社，2022：94.

展开观察、实验、推理和交流等活动的学习素材。

> **案例三：《折线统计图的认识》**
>
> 　　教学中，我出示以下要求组织学生展开自学活动：
> 　　（1）说一说：在折线统计图上，每人找两个点和一条线，说一说分别表示什么意思。
> 　　（2）想一想：怎么看每个点表示的意思？
> 　　（3）比一比：这些线有什么不同？
> 　　通过小组合作自学的形式，让学生自主探究折线统计图中点、线所表示的含义。引导学生在对条形统计图已有认知和经验的基础上，通过自主探索、自主思考、合作交流等方式逐渐完善对折线统计图的认识，由学生自己得出点表示数量的多少，线表示数量的增减变化情况这一结论。通过这样的设计，将教材中静态的知识点转化为学生的动态自学活动，让学生在活动中体会知识的产生、发展的过程。因此，把教科书中的陈述性知识加以重组与整合，创设有利于学生展开观察、实验、推理、交流等自学活动的学习素材，学习效果会更好。

　　综上所述，数学学科的教学不能仅仅追求学生学到知识，更重要的是引导学生通过自学获得学习数学的体验。打造数学专属"灵动课堂"要以培养学生自主学习意识为基础，以提升学生自主学习能力为关键，以培养学生自主学习习惯为目标，努力实现教师专业发展与学生发展的双赢。

（撰稿者：唐艾伦）

教学智慧 1-3

价值挖掘：任务导学的意义实现

教师采用任务导学的方式，通过运用听读模仿、阅读问答、朗读演读、总结表达等任务引导学生学习理解、实践体验，挖掘故事中的文化内涵和育人价值。育人价值渗透在语篇中、板书中、任务中、问题中，教师据此有效地落实学科育人。

《义务教育英语课程标准（2022年版）》提出："引导学生结合个人生活经验和社会生活需要，围绕特定主题，由真实的问题或任务驱动，综合运用其他相关课程的知识自主开展项目学习。"[1] 此外还提出："明确主题意义，提炼语篇中的结构化知识，建立文体特征、语言特点等与主题意义的关联，多层次、多角度分析语篇传递的意义，挖掘文化内涵和育人价值，把握教学主线。"[2] 因此教师在语篇教学的设计与实施时，要深度挖掘语篇的文化内涵和育人价值，通过任务导学的方式逐步引导学生感知理解语篇的核心价值，并最终能够自主输出表达正确的情感价值观。在牛津英语（沪教版）小学五年级上册"The emperor's new clothes"一课中，教师采用任务导学的方式，设计了四个任务：泛读故事、精读活动、头脑风暴和角色扮演，通过四个任务的推进，

---

[1] 中华人民共和国教育部. 义务教育英语课程标准（2022年版）[S]. 北京：北京师范大学出版社，2022：41.
[2] 中华人民共和国教育部. 义务教育英语课程标准（2022年版）[S]. 北京：北京师范大学出版社，2022：48.

引导学生在了解故事内容的同时，挖掘出故事中所蕴含的文化内涵和育人价值。

一、泛读故事，厘清故事脉络

《义务教育英语课程标准（2022年版）》提出：5～6年级学生学业质量标准包含"在阅读相关主题的语篇材料时，能梳理人物、场景、情节等信息，独立思考，提出个人见解"。① 在"The emperor's new clothes"一课中，教师运用任务read and tick，引导学生利用泛读故事的阅读策略，了解故事梗概、梳理故事人物。同时，教师还利用语言支架"In the story, there is an emperor, ... The story is about ..."作为学生输出内容，帮助学生厘清故事脉络，为接下来挖掘人物性格和故事内涵做铺垫。

二、精读故事，了解人物性格

《义务教育英语课程标准（2022年版）》提出："引导学生在探究主题意义的活动中，利用多种工具和手段，如思维导图、信息结构图等，学会在零散的信息和新旧知识之间建立关联，自主建构基于语篇的结构化新知。"② 在"The emperor's new clothes"一课中，教师设计问题"What does the emperor like?"，"Why does he want new clothes?"，"How is the emperor?"，"What does the man bring?"，"What does the man want？"等一系列问题引导学生进行精读活动，并在解决问题的同时完成思维导图的构建。学生借助思维导图，将散落在故事中的信息串联起来，充分了解了故事的脉络以及人物的性格特点。学生在完成任务的过程中，提高了处理信息的能力和高阶思维能力。

三、头脑风暴，挖掘内涵价值

《义务教育英语课程标准（2022年版）》指出："思维品质的提升有助于学生学会发现问题、分析问题和解决问题，对事物作出正确的价值判断。"③

---

① 中华人民共和国教育部. 义务教育英语课程标准（2022年版）[S]. 北京：北京师范大学出版社，2022：44.

② 中华人民共和国教育部. 义务教育英语课程标准（2022年版）[S]. 北京：北京师范大学出版社，2022：40.

③ 中华人民共和国教育部. 义务教育英语课程标准（2022年版）[S]. 北京：北京师范大学出版社，2022：5.

教师要"指导学生自主建构和内化新知，发展独立思考和合作解决问题的能力"。① 教师需要"设计和提出指向不同思维层次的问题，引导学生独立思考，促进他们的思维从低阶向高阶稳步发展，逐渐形成对问题的认识和态度"。② 在"The emperor's new clothes"一课中，教师设计"read, ask and answer"这一任务：先精读故事，提出对故事情节有疑惑的问题，同学之间再互相解答。在提问期间，学生会问及诸如"Does the man bring new clothes?" "Is the emperor really happy?"以及"Why does the emperor nod with a big smile?"等充满趣味且有意义的问题，同时学生之间也展开了激烈的讨论。此任务让学生在强化阅读能力的同时，进一步激活思维，培养了表达能力，在"头脑风暴"的过程中擦出智慧的火花，从而提升了思维品质。通过"读—问—答"这三个步骤，学生的思维得到了锻炼，对于故事的内涵有了进一步的认识；在任务结尾，教师通过板书引导学生表达皇帝与我们在穿衣观念及价值观方面的差异，从而引出故事所蕴含的价值观，即我们应该形成正确的穿衣观念和消费价值观，做诚实的人，不贪慕虚荣，最终达到育人的目的。

四、角色扮演，输出情感价值

《义务教育英语课程标准（2022年版）》提出："围绕语篇主题意义设计逻辑关联的语言实践活动。在教学中，围绕主题，依托语篇，设计体验、模仿、理解、应用等体现逻辑关联的语言实践活动。"③ "通过小组讨论、制作展板或海报、创编故事，以及表演等活动，用英语交流和表达新的认知，体现对主题的理解。"④ 在"The emperor's new clothes"一课中，教师在带领学生集体朗读完故事后，按小组组织学生进行角色扮演，并让学生挑选印象最深刻的场景去演绎。学生们都十分踊跃地参与，并演绎得惟妙惟肖。有的演出了皇帝的爱

---

① 中华人民共和国教育部. 义务教育英语课程标准（2022年版）[S]. 北京：北京师范大学出版社，2022：40.
② 中华人民共和国教育部. 义务教育英语课程标准（2022年版）[S]. 北京：北京师范大学出版社，2022：40.
③ 中华人民共和国教育部. 义务教育英语课程标准（2022年版）[S]. 北京：北京师范大学出版社，2022：36.
④ 中华人民共和国教育部. 义务教育英语课程标准（2022年版）[S]. 北京：北京师范大学出版社，2022：36.

慕虚荣，有的演出了骗子的奸诈狡猾，有的演出了仆人和大臣的阿谀奉承，还有的演出了男孩的诚实勇敢。这些精彩的演出都是基于教师对故事内涵的挖掘以及学生对故事内涵的充分理解。学生的表演就是对教师落实学科育人理念的最好体现。此外，教师通过布置"完成课后阅读并做阅读笔记"这一作业，让阅读延伸，促进学生进行知识梳理和小结，巩固语言学习、强化情感体验。

综上所述，教师采用任务导学，运用听读模仿、阅读问答、朗读演读、总结表达等方式引导学生学习理解、实践体验，挖掘故事中的文化内涵和育人价值。育人价值渗透在语篇中、任务中、板书中，甚至是评价中，有效地达到学科育人的目的。通过将任务有效地与学科育人相结合，让任务本身不再单独指向语言能力的提升，而是更多地为挖掘文本背后的文化价值和育人价值而服务，正是这堂课的实际价值。

（撰稿者：苏浩）

教学智慧 1-4

数字创境：特色项目的教学策略

学生学习兴趣的浓厚程度直接影响着学习的效果。良好的情境能够增加教学过程的趣味性。体育教师可以创设数字化教学情境，通过问题引入，对意境、真境、趣境、佳境的创设，引导学生不断地走进、欣赏、体验、感悟特色项目，进而激发他们练习的动力与热情，培养他们的审美情趣，提升他们的自信心与荣誉感，帮助他们形成良好的体育意识，养成良好的体育运动习惯。

《义务教育体育与健康课程标准（2022 年版）》指出："创设丰富多彩、生动有趣的教学情境……激发学生的学习热情，帮助学生理解和掌握知识与技能，提高解决体育与健康实际问题的综合能力。"[1] 通过信息技术与体育教学相结合的方式进行教学，不仅迎合了小学生的思维发展特点，还弥补了传统体育教学的不足，为小学体育课堂增加了趣味性与实效性；而情境的创设与引入，也能够增加教学过程的趣味性，从而有效激发学生的情感及自我探究欲望，有助于学生通过积极的行为体验，主动理解知识，自觉进行意义建构，助力学习目标的达成。

因此，在特定情况下，体育教师通过线上数字化教学的方式创设丰富有趣的教学情境，从学生的兴趣出发，引导学生认识、欣赏、体验各个运动项目，

---

[1] 中华人民共和国教育部. 义务教育体育与健康课程标准（2022 年版）[S]. 北京：北京师范大学出版社，2022：3.

并对冰雪项目进行延伸，培养学生的审美能力，增强他们的民族自豪感以及集体荣誉感，激发他们练习动力与热情，进而帮助他们养成良好的体育运动习惯，形成良好的体育意识。

一、创问境，"引入"特色项目

低年级段的学生活泼好动，因此，在线上教学这一特定情况下，学生注意力不集中的现象尤其明显；同时，他们又有很强的好奇心和表现欲，教师充分利用学生的这一特性，在课前导入部分，通过运用"答题卡"这一软件资源，设置与教学内容相关的问题，把学生的注意力迅速从空中课堂吸引到直播互动中，为接下来顺利上课提供了良好的开端。

教学片段 1 如下：

师：同学们，上午好。直播间的小朋友们，想一想我们今天学习了什么内容呢？　A．奥林匹克运动会　B．运动项目介绍与欣赏

学生在答题卡中回答问题：　12%的学生回答 A，　88%回答 B。

师：回答正确的小朋友们，表扬你们，说明你们上课很认真！

为了提高学生课上参与度，满足学生的表现欲，教师在课程一开始通过课前提问（答题卡）来调动学生学习兴趣，并对空中课堂内容进行回顾，进一步强调了本节课的教学内容是"运动项目介绍与欣赏"，从而为接下来课的内容做好铺垫。

二、创意境，"走进"特色项目

《义务教育体育与健康课程标准（2022 年版）》对水平一的学业质量描述为："能说出移动性、非移动性和操控性技能的练习方法和动作名称。"[①] 这是学生学习体育与健康课程的第一步。教师通过对运动项目图片进行展示与讲解，带领同学们有效地巩固学习空中课堂中的四个项目（田径项目、球类项目、体操项目、民间体育项目），引导学生根据图片尝试说一说运动项目名称并进行分类、连一连图片对应的名称等活动。例如：教师在讲解田径项目时，根据计算成绩方式不同将田径项目分为田赛和径赛，用尺子和时钟的图片让同学

[①] 中华人民共和国教育部. 义务教育体育与健康课程标准（2022 年版）[S]. 北京：北京师范大学出版社，2022：107.

们直观地感受到：以距离或高度计算成绩和决定名次的是田赛，而以时间决定胜负和计算成绩的是径赛。紧接着教师出"考题"（即项目图片，例如：掷铅球），让学生说一说项目名称，并进行分类（铅球属于田径里的田赛项目）。教师还通过幻灯片以展示项目图片的形式，向同学们拓展介绍了冰雪项目。它是指滑冰、滑雪、冰壶等借助冰雪及冰上工具来完成运动的运动形式。在滑冰、滑雪的基础上，人们还发展出了速度滑冰、花样滑冰、冰球、短跑道速度滑冰、高山滑雪、自由式滑雪、越野滑雪、北欧两项、跳台滑雪等运动。这样可以使低年级段的学生对体育运动项目有系统认识，为他们学好体育与健康课程奠定良好的基础。

三、创真境，"欣赏"特色项目

《义务教育体育与健康课程标准（2022年版）》指出："经常观看体育比赛，并能简要分析体育比赛中的现象与问题。"① 因小学生自身运动能力有限，他们对许多运动项目认识不够全面，特别是对不常接触的运动项目更是懵懵懂懂，这时教师可以通过引导学生观看国际赛事视频来初步解决这个问题。就如教学片段2所示：

师：2022年立春伊始，双奥之城北京为大家奉献了一场精彩绝伦的体育盛宴，相信同学们肯定记忆犹新！那现在就让我们到北京冬奥会的比赛现场，欣赏一下谷爱凌的自由式滑雪女子大跳台比赛吧！（播放视频）

生：哇！谷爱凌滑雪的动作好厉害！她为我们中国拿到了金牌！

师：是啊，谷爱凌在比赛中不断挑战自己，是我们学习的榜样！看到中国队员拼搏进取，并且最终赢得了比赛，大家有没有感觉非常自豪呢？

生：非常自豪，我也想像她一样参加冰雪项目！

师：老师鼓励你们多多尝试哦！

教师通过引导学生欣赏各个项目的国际赛事，培养学生的审美能力，增强学生民族自豪感以及集体荣誉感，提高学生参与运动的兴趣。

四、创趣境，"体验"特色项目

低年级段的学生活泼好动、自我约束能力弱，同时模仿能力强、好奇心

---

① 中华人民共和国教育部. 义务教育体育与健康课程标准（2022年版）[S]. 北京：北京师范大学出版社，2022：6.

强，对体育活动有一种新鲜感，但对体育课的认识不足，因此他们在体育课中较易兴奋，精神不易集中；对于说教过多、技术要求过多的教学，因其理性思维还不完善而不易接受，也不感兴趣；相反，对于直观的、易于模仿的感性思维的体育课比较喜欢，学习兴趣较高。例如：通过"做一做"运动项目模仿操，强化学习空中课堂内容中的田径项目、球类项目、体操项目与民间体育项目；在对冰雪运动项目进行延伸学习时，加入"滑雪大冒险"体能练习，让学生在全面了解运动项目的同时能够增强参加体育锻炼的兴趣，为其养成终身体育运动的习惯打下良好的基础。

教学片段3如下：

师：今天的天气有些炎热，你们想不想也去雪地里试一试，降降温呢？老师带大家来玩一玩滑雪大冒险吧！游戏规则是：运动员滑雪的时候，我们原地慢跑；他从跳台上冲下去或者空翻的时候，我们原地开合跳3次；运动员陷在雪里，我们深蹲一次。明白了吗？跟着老师一起来玩一玩吧！

接下来，教师和学生一起进行体能练习。

生：真是不一样的滑雪体验呢！

视频资源的运用，较好地辅助了教师的教学，提高了学生练习的兴趣，成功引导学生进行高效的体育锻炼，增强了学生上下肢力量、协调性和灵敏性。

五、创佳境，"感悟"特色项目

《义务教育体育与健康课程标准（2022年版）》指出："重视学习评价的激励和反馈功能。"[1] 关于小学体育课堂评价，教师可以借助互联网的优势作用，鼓励学生形成有效的自我评价。自我评价有助于自我诊断、自我反思、自我调节，能够帮助学生把握课堂重点，提高学习能力。

我们再来看教学片段4：

师：同学们，我们在2022年立春伊始举办的北京冬奥会上认识了可爱的冰墩墩，大家想不想也拥有一个呢？回答问题积极、练习认真的小朋友，会获得老师送出的冰墩墩奖章，让我们看看，在一节课中你能获得几枚奖章。

---

[1] 中华人民共和国教育部. 义务教育体育与健康课程标准（2022年版）[S]. 北京：北京师范大学出版社，2022：3.

……

老师：调整呼吸，我们来做一下自我评价，拥有5枚奖章的同学获得运动小超人称号，拥有3枚奖章的同学获得小达人称号，拥有1枚奖章的同学获得小能人称号，获得小能人称号的同学不要气馁，继续努力哦！

教师通过设置"冬奥会"情境，运用"冰墩墩奖章"这一资源进行课堂评价，很好地提高了学生的学习兴趣与参与度，还培养了学生的自信心与荣誉感。

综上所述，教师通过合理地运用互联网创造了丰富的课堂情境，创设了和谐、宽松的学习氛围，进而培养了学生的自我锻炼能力和创新精神，使学生能够习得运动的技能，获得运动的乐趣，形成健康的行为习惯，养成良好的体育品德。

（撰稿者：尚文秀）

教学智慧 1-5

主题绘本：儿童情绪管理的良好媒介

主题绘本具有图文并茂、内容丰富、情节多样的特点，十分适合小学生阅读，其中情绪主题绘本可以帮助学生实施情绪管理。在《我的情绪小怪兽》绘本心理课中，教师可以从感知体验、活动导行、学以致用等方面入手，充分发挥绘本在情绪管理教育中的作用，让学生觉察和体验不同情绪，学会合理表达情绪。

《中小学心理健康教育指导纲要（2012年修订）》指出，要"帮助小学生学会体验情绪并表达自己的情绪"。[①] 三年级是小学生从低年级向高年级的过渡期，生理和心理都有明显变化，是形成情绪管理能力的最佳时期，但该阶段学生心智发育不成熟并且生活经验不足，对情绪缺乏理性认知，更欠缺情绪管理的基本能力，从而会对他们的学习和生活产生不良影响。

主题绘本具有图文并茂、内容丰富、情节多样的特点，十分适合小学生阅读。而情绪主题绘本主要是指围绕情绪主题展开的图画故事，帮助学生实施情绪管理。因此，在绘本心理课中，教师可借助著名绘本《我的情绪小怪兽》，通过书中活泼生动的形象引导三年级小学生觉察和体验不同情绪，学会合理表达情绪。

---

① 中华人民共和国教育部. 中小学心理健康教育指导纲要（2012年修订）[M]. 北京：北京师范大学出版社，2013：4—6.

一、感知体验：绘本阅读，觉察不同情绪

教师先通过绘本所呈现的丰富的画面和简单的文字，引领三年级学生开启绘本阅读之旅。基于三年级学生的注意力和控制力都比较弱的现状，可以运用多种方式引导学生进行阅读，比如配上动听的音乐，教师和学生分角色朗读，边读边做动作，开启眼、耳、手甚至全身参与的绘本阅读之旅。

教学片段1：

师：有一个情绪小怪兽，他今天起床后感觉很糟糕，心情怪怪的，乱乱的。我们一起来看看，发生了什么事？原来，他把所有的情绪都混在了一起。你要把它们一个个分好，放进不同的罐子里。我们一起来整理一下吧！

生1：快乐，就像太阳一样明亮，和星星一样闪耀，很容易感染身边的人。

生2：伤心，像湿答答的下雨天，让人变得无精打采。

生3：生气，像燃烧的火焰，烧起来以后，就很难被扑灭了。生气的时候，你想大吼大叫，想对别人发脾气。

生4：害怕像个胆小鬼，总是待在黑漆漆的地方，不敢出来。

生5：平静，像植物一样安安静静的，风来的时候，叶子轻轻摇摆。

要想控制情绪、调节情绪，首先要做的是了解情绪。三年级学生往往不能正确认识情绪，也不知道如何有效处理负面情绪，很多学生会选择大吵大闹大哭，有的则会选择压抑情绪，这些都不是正确的情绪管理方式。教师通过绘本《我的情绪小怪兽》，带领学生快速进入主人公小怪兽的情绪体验。此绘本巧妙地运用了恰当的绘画语言和丰富细腻的色彩，将那些抽象的、看不见的情绪转化为可以看见和感受到的视觉体验，黄色代表快乐，蓝色代表忧伤，红色代表愤怒，绿色代表平静，黑色代表害怕。教师带领学生对具象化为呆萌可爱、有着各种颜色的情绪小怪兽进行阅读体验，对五种情绪小怪兽的自我介绍"语言"进行仔细揣摩，引导学生更好地认识高兴、伤心、生气、害怕等情绪。

二、活动导行：角色扮演，体验不同情绪

教师引导三年级学生正确觉察情绪后，开始带领学生体验五种情绪带来的心理和行为变化，从而在情景交融中提高三年级学生的情绪识别能力。对于三年级学生而言，绘本阅读是自己和角色情感共鸣的牵引，是一场奇妙的情绪体

验，跟随绘本内容进行角色扮演，仿佛自己也在体验绘本中情绪角色的不同心理和行为表现。

教学片段2：

师：这五种不同颜色的情绪小怪兽，分别有什么特点呢？他们出现的时候会有什么样的心理感受和行为表现呢？只要你能分清楚这些情绪的特点，也就能够辨别他们了，让我们分小组演一演！

师：嘿，平静小怪兽，跟大家打个招呼吧！

生：大家好，我是平静小怪兽。

师：嘿，小怪兽，当你平静时会有哪些表现，会去做什么呢?

生1：平静，像植物一样安安静静的，当我觉得平静时，呼吸会变得慢慢的，身体觉得很轻松、很自在。

生2：我在玩玩具时很开心，我开心的表现是蹦蹦跳跳的，还面带微笑。

生3：我在睡觉的时候心情是平静的，平静情绪下的我是这样的……

《我的情绪小怪兽》围绕一只混杂着红色、黄色、蓝色、绿色和黑色的小怪兽展开。小怪兽感觉非常糟糕和混乱，就去向朋友求助。朋友告诉他应该先把各种颜色的情绪分开，于是他就变成了不同颜色的小怪兽。黄色代表快乐，快乐的时候我们哈哈大笑；蓝色代表伤心，伤心像湿答答的下雨天，让人无精打采；红色代表愤怒，这时你会大喊大叫，发脾气；黑色代表害怕，害怕的时候你会觉得自己很没用，很渺小；绿色代表平静，这时你会觉得世界都很安静，非常舒心。通过演绎五种情绪小怪兽在不同场景中的表现，引导学生正确认识情绪，认识到各种情绪都是正常的反应，不同的情绪下会有哪些反应，帮助学生以正常的心态去接受它们。同时，学生在情绪角色体验中感知，在生活中人们会碰到很多令人不开心或者难过、生气的事情，意识到整理自己情绪的重要性，从而为后续如何整理情绪的活动做好铺垫。

三、学以致用：绘本延伸，合理表达情绪

教师立足绘本内容，结合三年级学生的兴趣，设计趣味化活动——绘制我的情绪分类瓶，让学生和绘本角色一起整理情绪，从而学会合理表达情绪。学生在活动体验中尝试觉察和表达情绪后，才能做好情绪管理的第一步，并且能在实际生活中学以致用。

教学片段3：

师：我们和情绪小怪兽一起整理了他的情绪，把情绪放在了不同的瓶子里，现在老师邀请大家整理自己的情绪。最近一周，你感受到了哪些情绪？请你用喜欢的方式把它们装进对应的瓶子，装得越多，代表这个情绪感受就越多。

生1：我最近很开心，开心瓶装得最满，装了很多开心的事。

生2：最近我的情绪都比较平静，每一天都差不多，所以平静瓶最满。

生3：我的生气瓶子最满，因为我和好朋友吵架了，一直没有和好。

师：通过大家的作品，老师知晓了每位学生近期的情绪状态，我们能从小瓶子里看到自己最近的情绪是愤怒的、悲伤的，还是其他的。下课的时候我们可以互相问一问发生了什么事，彼此分享一下。

体验完绘本后，同学们都表现出了浓厚的兴趣，也想亲手画一画自己的情绪小瓶子，因此课堂采用了三年级学生喜欢的艺术性表达方式——涂鸦绘画，再一次帮助他们学会觉察与表达情绪，同时又使绘本内容得以延伸。教师精心准备形状各异的瓶子，每个瓶子代表着不同的事件。大家展开想象的翅膀，给情绪小瓶涂上各种颜色、画上精美的图案，来描绘自己对情绪事件的感受。活动中，学生的情绪被充分调动，大家真切地体验到每个人都有情绪，每个人内心都有一个属于自己的"情绪小怪兽"以及背后的情绪故事，而情绪小瓶子可以帮助自己整理好情绪。

绘本心理课对三年级学生情绪管理教育有独特的价值。选择恰当的绘本故事，引出不同的情绪，利用绘本基本要素，为学生直接具象化情绪，让学生在体验中学会觉察和整理自己的情绪，同时为后续学习如何调节情绪的内容做铺垫，如此一来，我们充分发挥了绘本在情绪管理教育中的作用。绘本让心理课变得丰富活泼，让学生在积极参与中获得良好体验。

（撰稿者：史菊芳）

第二章

真：面向生活世界

真，是生活世界的直观。课堂教学是一种人为的和为人的存在，其存在的价值在于促进人有意义地建构生活。"灵动课堂"具有生活世界的特质，它要回归到"真"的生活世界，回归儿童当下的日常生活世界，回归具有理性表征的科学世界，回归具有儿童情感的价值世界，彰显课堂的生命价值。如此，对教师和学生而言，课堂教学是他们生命历程中的重要组成部分，是师生展示自己智慧和才华、体验生活和体现人生价值的过程。

真是生活世界的直观。哈贝马斯认为："生活世界，作为交往行动者'一直已经'在其中运动的视野，通过社会的结构变化整个地受到约束和变化。"① 在哈贝马斯看来，生活世界是作为交往行动的背景而存在的，离开了生活世界，交往也就不可能发生。

课堂教学是一种人为的和为人的存在，其存在的价值在于促进人有意义地建构生活。毋庸置疑，"灵动课堂"具有生活世界的特质，它要回归到"真"的生活世界。"真"的生活世界具有三重意义：一是当下的日常生活世界，二是具有理性表征的科学世界，三是具有儿童情感的价值世界。教学回归学生的生命世界，意味着教学在科学世界的引导下，超越儿童当下的日常生活世界，从而实现学生的可持续发展。

1."灵动课堂"回归儿童当下的日常生活世界

"灵动课堂"拥有日常生活情境。《义务教育语文课程标准（2022年版）》指出：应紧密结合课堂所学，关注学生校内外个人生活和社会发展中的热点问题，培养学习的能力。② 设置生活中的实际问题情境，既可以触发学生的求知渴望，又可以激发学生的探究热情，既易于理解，又便于反复体验。教学中我们要联系生活实际，结合生活实际，尽量选取生活中的素材，贴近学生熟悉的现实生活，进行"生活化"教学，加强教学与生活的联系，使教学内容、活动方式贴近学生生活，提高课堂教学实效。

"灵动课堂"拥有日常生活问题。"学起于思，思源于疑。"在课堂教学中，教师根据教学内容选取生活中的实际情境作为载体，让学生自主思考、发

---

① 李文阁. 回归现实生活世界 [M]. 北京：中国社会科学出版社，2002：112.
② 中华人民共和国教育部. 义务教育语文课程标准（2022年版）[S]. 北京：北京师范大学出版社，2022：48.

现问题，充分调动学生学习的积极性，激发学生学习的兴趣和活跃学生的思维，发挥学生学习的主体地位，提高学生的学科素养。《义务教育语文课程标准（2022 年版）》要求："学生能提出学习和生活中的问题，有目的地搜集资料，共同讨论，尝试运用语文并结合其他学科知识解决问题。"①《义务教育英语课程标准（2022 年版）》强调："引导学生结合个人生活经验和社会生活需要，围绕特定主题，由真实的问题或任务驱动，综合运用其他相关课程的知识自主开展学习。"② 通过创设具有挑战性和探索性的生活问题，教师能有效促进学生科学思考、合作探究，亲身体验知识的构建过程，提高分析问题和解决问题的能力，体会到成功的喜悦，进而优化课堂教学效果，我们的课堂也能从传统的模式转变为灵动的课堂。

2."灵动课堂"回归具有理性表征的科学世界

"灵动课堂"回归具有理性表征的科学世界，让儿童真探究，经历核心素养发展的具体过程。在课堂上教师应提取出学生大脑中的存在，调动他们已有的感性认识，将其与课本知识牢牢联系起来，经过不断的讨论、不断的探索，让学生升华为理性的知识加以掌握。

德国教育家第斯多惠说："教学艺术的本质不在于传授，而在于激发、唤醒和鼓舞。"学生的认识要遵循从感性到理性的过程，从感性认识出发，回归理性认识。课堂教学是一种师生双边参与的动态变化的过程，教师在课前必须熟悉学生的实际感知，关注学情，要选准感性材料的切入点；教师要善于将感性材料进行取舍，做深加工；师生要勇于实践，通过社会实践活动、研究性学习等方式不断获取丰富和合乎实际的感性知识，搭好由感性知识向理性知识飞跃的桥梁。

如在数学教学中，教师应该站在学生发展的高度，有意识地给学生提供探索交流的时间和空间，组织、引导学生经历观察、实验、猜想、验证等数学活动过程，让学生进行实践操作，亲历知识的形成和发展过程，并积极思考，有效反思，使认知从感性上升到理性，从而促进学生基本活动经验的积累，提升

---

① 中华人民共和国教育部. 义务教育语文课程标准（2022 年版）[S]. 北京：北京师范大学出版社，2022：11.
② 中华人民共和国教育部. 义务教育英语课程标准（2022 年版）[S]. 北京：北京师范大学出版社，2022：41.

学生的数学核心素养。

3."灵动课堂"回归具有儿童情感的价值世界

"灵动课堂"是教人求真，孕育高尚人格的课堂。"千教万教教人求真，千学万学学做真人"，体现到课堂教学中来，就是彰显课堂的生命价值。《义务教育英语课程标准（2022年版）》指出："学习和运用英语有助于学生了解不同文化，比较文化异同，汲取文化精华，逐步形成跨文化沟通与交流的意识和能力，学会客观、理性看待世界，树立国际视野，涵养家国情怀，坚定文化自信，形成正确的世界观、人生观和价值观，为学生终身学习、适应未来社会发展奠定基础。"[1]《义务教育数学课程标准（2022年版）》指出：数学活动可以从不同的视角聚焦主题，提出研究问题，体现育人价值。用数学的眼光观察现实世界，用数学和跨学科思维分析问题，了解中华优秀传统文化的历史渊源、发展脉络、精神内涵及人文景观和地理地貌，增强文化自觉和文化自信，养成热爱劳动、自主自立、意志坚强的生活态度。[2]

"灵动课堂"是充满人性化的课堂，学生的价值世界从不同的学科教学中获得多方面的滋养，学生在发展对外部世界的感受、体验、认识、欣赏、改变和创造等能力的同时，不断丰富和完善自己的生命世界，体验丰富的学习人生，满足生命的成长需要，认识自我，发展自我意识与能力。

总之，"灵动课堂"回归生活世界，还原教育的自然样态，追求教育活动真实发生的课堂。要让学生经历真实的学习过程，教师就要注重打造"求真课堂"，让学生积极主动地参与教学过程，引导学生真正建构知识，以实现教学过程的最优化、教学方法的科学化、教学效果的最大化。"灵动课堂"追求小学课堂中教与学的真谛，将追寻生命的意义作为教学的起点和归宿，回归教与学的本真，实现真教、真学、真成长。

（撰稿者：陈建飞）

---

[1] 中华人民共和国教育部. 义务教育英语课程标准（2022年版）[S]. 北京：北京师范大学出版社，2022：1.

[2] 中华人民共和国教育部. 义务教育数学课程标准（2022年版）[S]. 北京：北京师范大学出版社，2022. 172.

教学智慧 2-1

问题化学习：英语绘本阅读教学的智慧

通过系列问题引发持续性学习行为是问题化学习最显著的特征。问题化学习背景下的绘本阅读活动由系列问题推动：读前，学生根据封面提出自己的问题并猜测可能的答案，提升阅读兴趣；读中，带着问题开展阅读，找寻问题的答案，求证自己的猜想，教师适时引导学生进一步追问探究，深化理解，提升思维品质；读后，由教师提出一连串精心设计的问题，引导学生评价交流，分享心得，引发学生的思考和共鸣。

《义务教育英语课程标准（2022年版）》指出：思维品质是英语学科素养的重要维度，要提升学生思维品质，使学生"能够在语言学习中发展思维，在思维发展中推进语言学习"。[1] 从古至今，思维品质的重要性一直被教育者们强调和推崇。子曰："不愤不启，不悱不发。"这句话说的是：教导学生，不到他冥思苦想仍不得其解的时候，不去开导他，不到他想说却说不出来的时候，不去启发他，强调在学生进行充分思考后，再对他们进行启发、开导。这正与问题化学习的观点相契合。问题化学习的倡导者王天蓉老师认为，"如果一个孩子没有提出他自己想要解决的问题，真正的学习就没有发生，至少可以说没有

---

[1] 中华人民共和国教育部. 义务教育英语课程标准（2022年版）[S]. 北京：北京师范大学出版社，2022：6.

主动发生"。① 在问题化学习如火如荼地进行的背景下，我们尝试把问题导学运用到自己的英语绘本阅读教学实践当中。

上海版牛津教材 3AM2U1 的主题是 my friends。学生对这一主题比较熟悉，通过课本内容的学习，他们已经能熟练运用核心句型和词汇来描绘朋友的外貌特征和能力喜好，但在情感体验方面稍显不足。因此，可以适当补充绘本资源进行拓展阅读，丰富语言表达，增进情感体验。

本课选取了《丽声北极星分级绘本》第二级（上）的一个故事：*Tortoise and His Friends*。故事主要讲述了不擅长游泳的陆龟在朋友们的帮助下过河的故事。绘本语言简洁生动，活泼有趣，好朋友对陆龟不离不弃、温暖相助的故事情节让孩子们深深地体会到了友情的温暖和珍贵。在绘本阅读活动中，问题化学习贯穿了读前、读中以及读后三环节，提升了学生的阅读兴趣和思维品质，最后实现了思想升华和德育渗透。

一、读前活动：提出猜想

在读前活动中，教师引导学生仔细阅读封面（如下图所示），提出问题并猜测答案，教师适时引导学生对问题进行梳理分类并部分解答。

对于一些封面常识问题，如书名、作者、插画者信息等，教师及时进行解答；对于故事情节方面的问题，则引导学生进行预测，然后开展自主阅读，找寻答案，求证自己的猜测。

学生提出的封面常识问题有：（1）为什么书名中 tortoise，his，friends 首字母要大写，而 and 首字母不用大写？（2）作者和插画者名字怎么读？（3）tortoise 和 turtle 的区别是什么？教师表扬了学生细致的观察、积极的思考和高质量的提问，并一一进行了解答，之后引导学生进一步了解书所属的系列和出版社的相关信息等，完成了绘本封面的解读。

《义务教育英语课程标准（2022 年版）》指出：提升学生思维品质，要培

---

① 孙习涵. 中国故事 | 问题化学习研究 18 年：一群人的探索，解决学习的中国之路 [EB/OL].（2021－05－19）[2023－11－13]. http://edu.China.com.cn/2021-05/19/content_77510831.htm.

养学生"初步从多角度观察和认识世界、看待事物"。[①] 问题化学习鼓励学生提问，而学生的问题往往视角独特，出其不意。这对于教师是个很大的挑战。教师须在课前做充分的准备工作。除了平时要储备丰富的专业知识和百科知识，还要对学生可能提出的问题进行充分的预估和准备。比如封面解读环节，学生对书名中字母大小写提出疑问，教师能够运用专业知识进行解答。学生问turtle 和 tortoise 的区别，涉及百科知识，教师也能胸有成竹，及时解答。

学生还提出故事情节相关的问题，师生对话如下：

S1： How many friends does Tortoise have? Who are they?

T： Can you read the cover and have a guess?

S2： From the cover, I guess Tortoise has three friends. They are Tiger, Monkey and Elephant.

T： Maybe. Later we'll read and find out.

[①] 中华人民共和国教育部. 义务教育英语课程标准（2022 年版）[S]. 北京：北京师范大学出版社，2022：6.

S3: What do they want to do?

T: Can you guess? Maybe ...

S4: Maybe they want to play in the river.

S5: Maybe they want to drink water.

S6: Maybe they want to have a bath in the river.

T: Good guessing. Now let's read the story and find out the answer.

通过封面解读和读前预测，学生学习了与绘本有关的文本信息常识，思维得到了激活和发散，对绘本阅读的兴趣得到了激发。学生在互相提问、解答的过程中，培养了注意倾听、乐于交流、大胆尝试、自主探究和合作互助的学习能力。①

二、读中活动：求证猜想

《义务教育英语课程标准（2022年版）》指出：提升学生思维品质，要使学生"有理有据、有条有理地表达观点；逐步发展逻辑思维、辩证思维和创新思维"。② 学生带着问题开展阅读，找寻问题的答案，求证自己的猜想，教师适时引导，适时提问，注重阅读技巧的指导。学生进一步通过追问、探究、解答，深化理解阅读内容，提升思维品质。

首先，教师引导学生用 skimming 的阅读技巧快速阅读，找到"How many friends does the tortoise have? Who are they? What do they want to do?"这三个问题的答案。引导学生追问和猜测："Can the tortoise cross the river? Can his friends cross the river? How do they cross the river?"在追问和猜测的过程中，学生的逻辑思维得到了锻炼。

然后，引导学生用 scanning 的阅读技巧定位问题答案所在页，仔细阅读，找寻追问问题的答案，进一步理解故事。教师追问 "How can the tortoise cross the river?"，并提供语言支架 "Maybe he can _____ with _____."，引导学生有理有据、有条有理地表达自己的观点。学生根据已掌握的信息和背景知

---

① 中华人民共和国教育部. 义务教育英语课程标准（2022年版）[S]. 北京：北京师范大学出版社，2022：6.
② 中华人民共和国教育部. 义务教育英语课程标准（2022年版）[S]. 北京：北京师范大学出版社，2022：6.

识，对故事后续情节进行猜测和想象，培养了他们的逻辑思维和创新思维，让课堂碰撞出了灵动的思维火花。

学生带着这些猜想继续读故事的后半部分，了解到陆龟的朋友们悄悄地给他搭了一个桥。老师追问"How do they build a bridge?"，引导学生继续阅读，获取问题答案，并学习动物们造桥的一系列动作表达，引领学生在思维发展中推进语言学习。

三、读后活动：分享心得

在读后活动中，教师带领学生回顾故事，评价交流绘本故事中的人物或情节，分享心得。教师通过适时引导提问，引发学生延伸思考，实现德育渗透。

首先，教师引导学生借助板书回顾故事，然后用一连串精心设计的问题引导学生进行深度思考，进一步在思维发展中推进语言表达。

T: Tortoise can't swim well. He can't cross the river. He can't wade or jump with his friends either. He's scared. Do his friends laugh at him?（陆龟不擅游泳，过不了河，也不敢跟着他们淌水或者跳过去，他的朋友们嘲笑他了吗？）

Ss: No.

T: Do they give him up?（他们放弃他了吗？）

Ss: No.

T: Do they complain about him?（他们抱怨他了吗？）

Ss: No.

T: What do they do?

S7: They secretly make a bridge for him.

T: How sweet! If you were Tortoise, how would you feel? Or what would you say? What would you do?（如果你是陆龟，你会是什么感受？你会说什么？你会怎么做？）由于涉及还没学过的虚拟语气，教师提供回答的语言支架：I would feel... I would say... I would...

S8: I would feel warm. I would say: thank you very much.

S9: I would cry and hug my friends. They are so warm.

T: What do you think of his friends?

S10: They are so nice.

S11： They are very helpful.

S12： They are very warm.

S13： They are clever.

（教师将学生答案一一板书）

T： Tortoise's friends are so nice, helpful, warm and clever. Do you want sweet friends like them?

S14： Yes, yes, very much.

S15： Yes, I do.

T： How can we have sweet friends like them? We should be ...（同样提供回答的语言支架和 word bank 给予支持）

S16： We should be friendly.

S17： We should be nice.

S18： We should be warm and helpful.

S19： We should be sweet.

S20： We should be kind.

...

T： Yes. I agree with you all. Birds of a feather flock together. If you want sweet friends like them, you should be sweet first. Then naturally you'll have sweet friends.（物以类聚，人以群分。如果你们想要这样的朋友，你们自己先要友善体贴，自然而然，你就会交到这样的好朋友了。）

《义务教育英语课程标准（2022年版）》提到，英语课程的总目标之一是：学生通过本课程的学习，发展语言能力，"能够在感知、体验、积累和运用等语言实践活动中，认识英语与汉语的异同，逐步形成语言意识，积累语言经验，进行有意义的沟通与交流"。[①] 在读后环节，教师用契合话题的中英文名句引申主题，可以让学生在语言实践过程中，认识英语与汉语的异同，学习中外智慧的结晶，获得语言经验积累，深化跨文化意识。

---

① 中华人民共和国教育部. 义务教育英语课程标准（2022年版）[S]. 北京：北京师范大学出版社，2022：5.

四、总结

在本次绘本阅读教学中，在读前活动，教师引导学生提问，并梳理分类，适时解答了常识问题，又把与故事情节相关的问题抛给学生进行预测和猜测，激发了学生的思维与阅读兴趣；在读中活动，通过提问和追问，运用阅读技巧找寻答案，学生积极思考，理解故事，逐步提升思维能力和语篇理解能力；在读后环节，教师通过一连串高质量的提问引导学生进行深度思考，评价交流故事人物和情节，使学生深深体会到友情的美好与珍贵，并且心生向往。教师进一步发问引申，引发了学生们的共鸣，实现了德育渗透。

（撰稿者：梅秋莉）

教学智慧 2-2

分角色朗读：设计富有挑战性的学习任务

分角色朗读是朗读的一种形式，有利于让学生进入文本角色，有助于学生的知识积累、想象丰富、思维发展和语感形成。低年级语文教材中的插图十分形象，可以通过设计富有挑战性的学习任务，采取图文对照，想象画面意境；对比品读，体悟人物情感；揣摩推敲，读懂人物内心；再创语境，促进迁移应用等策略，让学生分角色朗读，教学效果就会事半功倍。

《义务教育语文课程标准（2022年版）》中指出，小学低年级学生要"学习用普通话正确、流利、有感情地朗读课文"，[①]"在朗读时要注意用语气、语调和节奏表现出对文本的理解和感受"。[②] 朗读训练在小学语文的教学过程中非常重要，作为朗读训练中常用的教学形式，分角色朗读深受学生喜爱。对小学低年级儿童来说，分角色朗读也是极具挑战性的学习任务。在分角色朗读的过程中，通过图文对照、对比品读、揣摩推敲、再创语境等方法，有助于学生的知识积累、想象丰富、思维发展和语感形成。

一、图文对照，想象画面意境

《义务教育语文课程标准（2022年版）》针对低年级阅读与鉴赏目标指

[①] 中华人民共和国教育部. 义务教育语文课程标准（2022年版）[S]. 北京：北京师范大学出版社，2022：8.
[②] 中华人民共和国教育部. 义务教育语文课程标准（2022年版）[S]. 北京：北京师范大学出版社，2022：38.

出："借助读物中的图画阅读。"① 插图是小学语文教材中的重要组成部分。语文书上的插图十分形象，教师在教学过程中充分运用插图可以帮助学生想象画面意境。

例如，《要下雨了》这篇课文中配有三幅插图，分别是"燕子和小白兔""小鱼和小白兔"以及"蚂蚁和小白兔"。教学过程中，为了让学生分角色朗读好燕子和小白兔的对话，我先引导学生仔细观察第一幅插图中小白兔探着脑袋，一脸疑惑的表情，再观察插图中小白兔与燕子的距离，学生可以得出燕子低飞的现象与生活中看到的画面是不一样的结论。接着，我引导学生进一步思考，在日常生活中，当我们心生疑惑却又非常急切地想向别人询问清楚一些事情时，经常会直呼其名。这样，同学们在读到小白兔问燕子的话时，就可以急切且连贯地读出两个"燕子"，在问"你怎么飞得那么低啊？"时，也能轻而易举地读出着急、疑惑不解的语气。

《义务教育语文课程标准（2022年版）》中指出，小学低年级学段要能"结合上下文和生活实际了解课文中词句的意思"。② 在指导学生朗读小鱼和小白兔的对话前，我引导学生理解关键词"闷得很"，让他们回忆在夏季炎热的疫情防控期间不得不戴口罩时"不透气"的体验，感受小鱼游出水面是因为下雨前在水里感到憋闷，想要浮出水面透透气。有了以上观察插图和联系生活体验理解词语的铺垫，学生在分角色朗读时，就能自然而然地读出小白兔和小动物们说话时的语气。

小学生喜欢形象化的事物，有效地运用插图，展开合理的想象，能帮助学生更好地理解课文所要表达的意思。在进行分角色朗读时，学生能更有把握地将对话读得音准句顺，在朗读能力提高的同时，观察和想象能力也得到了提升。

二、对比品读，体悟人物情感

《义务教育语文课程标准（2022年版）》指出，小学低年级学生应"根据

---

① 中华人民共和国教育部. 义务教育语文课程标准（2022年版）[S]. 北京：北京师范大学出版社，2022：8.
② 中华人民共和国教育部. 义务教育语文课程标准（2022年版）[S]. 北京：北京师范大学出版社，2022：8.

表达的需要，学习使用逗号、句号、问号、感叹号"。① 教学时，教师可以适当渗透一些语气词与标点符号的相关知识，并加入对比品读的环节，有助于学生体悟文中人物的情感。

例如，《要下雨了》这篇课文中出现了许多语气词。在指导学生朗读第一组对话前，我让学生观察小白兔问话的句尾是语气词"呀"和"？"这一标点符号。观察后，学生能够理解小白兔的内心充满了好奇。我提醒学生在读疑问句时想要读出询问的语气，句末语调应当上扬，按要求读好疑问句才能进一步体会到小白兔充满疑惑的心情。文中燕子在回答小白兔的问题时，以"呢"和感叹号结尾。在教学过程中，我让学生对比朗读"我忙着抓虫子。"和"我忙着抓虫子呢！"这两句话，感受燕子此时非常着急的心情，进而帮助学生理解小白兔与燕子的对话内容。

又如，学习《小公鸡和小鸭子》这篇课文时，我出示了"不行，不行，你不会游泳，会淹死的。"和"不行，不行，你不会游泳，会淹死的！"这两句话。学生关注到第二句话句尾是感叹号，于是在朗读时借助重音的变化，读出了小公鸡和小鸭子对话时的不同语气，感受到了小鸭子对小公鸡的担心。

在分角色朗读教学中，对比品读有助于对文本意蕴及其所包含情感的感知。学生可以逐步完成对文本的知识认知与积累、情感感知与体味，进而准确把握课文主旨。

三、揣摩推敲，读懂人物内心

《义务教育语文课程标准（2022年版）》指出："学会运用多种阅读方法，具有独立阅读能力。"② 课文的提示语是简单实用的教学抓手，一般出现在人物对话内容的前后或中间，是起提示和说明作用的文字，包含了对人物动作、神态、心理的描写。分角色朗读时要学会读懂提示语，学生运用这种阅读方法，能够揣摩推敲人物特点，读懂人物内心。

例如，《要下雨了》这一课中，小白兔和其他小动物的对话内容占了大量的

---

① 中华人民共和国教育部. 义务教育语文课程标准（2022年版）[S]. 北京：北京师范大学出版社，2022：8.
② 中华人民共和国教育部. 义务教育语文课程标准（2022年版）[S]. 北京：北京师范大学出版社，2022：6.

篇幅，因此在分角色朗读前，必须读懂对话内容前的提示语。我们以小白兔和燕子的对话为例：小白兔问燕子为什么飞得这么低时，燕子"边飞边说"，这就呼应了燕子回答的那句"我忙着捉虫子呢"。学生分角色朗读这部分对话时，语速要稍快，这样才可以把燕子着急捉虫，没时间与小白兔继续对话的内心活动表达出来。文末，小白兔已经确定马上要下雨了，他加快脚步往家里跑，"一边跑一边喊"，提示语中的"跑"和"喊"两个字，充分体现了小白兔这时已经从半信半疑到完全相信"要下雨了"这件事，才会心急如焚地边跑边喊，在指导学生分角色朗读这部分内容时，要用响亮的声音和稍快的语速读出小白兔这种着急的心情。

又如，在《寒号鸟》一课中，喜鹊一直劝寒号鸟赶快做窝，而寒号鸟却一直得过且过，根本不听劝。喜鹊最后"来到崖缝前"劝告寒号鸟，寒号鸟依然"不听劝告，伸伸懒腰"对喜鹊说："傻喜鹊，不要吵。天气暖和，得过且过。"我指导学生分角色朗读这部分内容，先引导学生根据提示语揣摩角色的性格特点，进而引导学生在读喜鹊说的话时语气要真诚、中肯，语速要稍微慢一点，读出语重心长的感觉；而寒号鸟的语气则要漫不经心、不以为然，还要有一点儿傲慢，读时语调稍高一点，读出不爱理睬的感觉来。

分角色朗读时可以通过提示语，帮助学生厘清说话对象，揣摩推敲人物对话时的内心活动，进而读好人物说话时的语气。

四、再创语境，促进迁移应用

《义务教育语文课程标准（2022年版）》指出："义务教育语文课程实施从学生语文生活实际出发，创设丰富多样的学习情境，设计富有挑战性的学习任务，激发学生的好奇心、想象力、求知欲，促进学生自主、合作、探究学习。"[1] 意即创设丰富的学习情境是设计富有挑战性学习任务的前提。也就是说，创设吸引学生的学习情境是设计学习任务的重要组成部分，是学习任务的关键要素，也是让学生积淀核心素养的关键场域。

在《要下雨了》一文中，学生学完三组对话后，老师可以创设语境，让学

---

[1] 中华人民共和国教育部. 义务教育语文课程标准（2022年版）[S]. 北京：北京师范大学出版社，2022：3.

生续编故事，说一说小白兔跑回家的路上遇见蜘蛛，他们之间的对话内容会是什么。老师和同学们一起续编了情境和对话：小白兔心急如焚地往家跑，碰到了正在屋檐下收网的蜘蛛，小白兔说道："蜘蛛，蜘蛛，要下雨了，你赶快回家吧。"蜘蛛回答："是要下雨了，我正忙着收网呢！"这样的对话，不仅抓住了小白兔已经完全相信要下雨了这一事实，也使故事的发展更加合理。

在再创语境的学习过程中，学生将课文中学到的对话句式加以运用，模仿迁移到续编故事的表述中，最后学会了自主表达。

总之，分角色朗读有益于提升学生的知情意行，教师在教学过程应当有意识地采用分角色朗读法，极大程度地调动学生学习的积极性。在实际教学过程中，还需要根据课文内容、学生学情等方面的内容适当、适时地加以采用。作为教师，首先，需要厘清分角色朗读的各类策略。其次，要能站在儿童的视角，帮助学生解读文本，夯实语用的基础，这才是儿童真正需要的语文课。

（撰稿者：阴佳丽）

教学智慧 2-3

开放阅读：运用"1+X"教学法提升语文阅读能力

"1+X"教学方法是对群文阅读教学、整本书阅读教学、海量阅读等教学实践思想的整合。"1+X"教法在实际操作中，通过对比学习、组合学习、自主学习，让学生提升阅读素养，增加阅读量，激发思维想象。课内课外阅读相结合，明确课外读什么，让学生体会阅读的乐趣，进一步培养学生的审美鉴赏能力和阅读理解能力，发展学生核心素养，树立文化自信。

《义务教育语文课程标准（2022年版）》中指出："学会运用多种阅读方法，具有独立阅读能力。"[1] 阅读教学一直是教师研究教学的难点之一，并且学生在高学段阅读学习面临的要求相对于低学段更高。面对变长的课文，增大的阅读数量，倘若再进行传统的阅读教学，难以调动学生的兴趣。如何改变学生阅读量少的现状，我们可以结合现在统编语文教材，开放阅读，最大限度地促使学生去读，使阅读成为一种良好的学习习惯，在教学中提倡运用"1+X"阅读教学方法，提升学生的阅读能力，提高综合素养。

一、开放阅读中的"1"和"X"

"1+X"教法近几年来比较受关注，它是拓展阅读教学的一种新形式，更加强调学生阅读体系的横向以及纵深的延伸。但是，此方法在统编版小学高年

---

[1] 中华人民共和国教育部. 义务教育语文课程标准（2022年版）[S]. 北京：北京师范大学出版社，2022：6.

级实际阅读教学中并没有被广泛运用，也没有深入的教学实践研究。将阅读教学与"1+X"教法相结合，在丰富小学生课外阅读的基础上，让学生对阅读形成一个系统的认识，从而培养学生的审美鉴赏能力和阅读理解能力，进而发展学生核心素养，树立文化自信。

《义务教育语文课程标准（2022年版）》中指出："阅读整本书，初步理解主要内容，主动和同学分享自己的阅读感受。"①"1+X"教学方法是对群文阅读教学、整本书阅读教学、海量阅读等教学实践思想的整合。"1+X"教法是在统编版教材编排思想上得到的启发，借鉴了群文阅读，单元整合阅读、整本书阅读等概念的内核。"1+X"中的"1"就是统编版的某篇课文或某个板块，它以教材为依据、以课堂为中心。"X"的方式具有灵活性与开放性，可根据学生、教师、学校的不同情况而有不同，可以是相同的主题、作者、体裁、写作方法等。

二、"1+X"阅读教学策略

"1+X"阅读有效提升学生阅读能力，在教学经典文学等作品时，更应使用此方式展开教学，所以教师应加强对"1+X"阅读教学的课堂研究，总结出合理的教学策略，发挥"1+X"阅读教学的价值。

（一）对比学习，建立知识间的关联

对比学习就是将两篇文章或两个语段放在一起去理解、分析，教师可以从作者的写作手法、行文思路或内容主题出发，设置一系列问题，引领学生将多种文本进行对比学习。学生对于文本中的内容加以比较、分析、归纳，辨别出两篇文章的共同点和相异点，从而达到加深理解的目的。这个策略就是教师立足整体，设计比较性的问题，发挥教师的引导作用来激发学生思想间的碰撞，让学生在对比学习中探索文章写作的不同思路和方法，比较相同点、不同点……让学生更加充分地进行阅读理解和分享交流。如在学习五年级上册的《珍珠鸟》课文时，拓展阅读沈石溪的《给大象拔刺》一文，引导设置关键议题"信赖"，巧妙地把两文中人与动物之间如何相处以及如何建立信任的思考放

---

① 中华人民共和国教育部. 义务教育语文课程标准（2022年版）[S]. 北京：北京师范大学出版社，2022：10.

在一起进行组合阅读，对比性地去学习书本对和不同动物相处的描写，在组合阅读中围绕异同点进行分析，让学生分别找到文中的相同点和不同点并进行讨论。在对比和联系中，学生能更加全面地理解"信赖"的内涵，加强对于这类文章的阅读理解和心得感受。或者从课本中比较经典的话题，如成长的体会以及爱的教育等话题入手，建立起不同课本之间的对比学习，在教师的引领下建立起知识间的关联和系统知识学习的整体框架。

（二）组合学习，促进深度理解和感悟

结合课堂教学目标和学生实际情况，开展精读、任务式阅读相结合的组合教学，将不同的文本联系起来，突出教学重点，促进学生对文本获得深度理解和感悟，得到独特的感知和认识。在教学当中以组合阅读模式，引导教学更多地关注学生学科思维的发展和综合能力的提高，同时以文本阅读和学科思维加强学生不同文本求同存异能力和同类文本整合分析能力。

如在教学五年级上册《圆明园的毁灭》这一课中，为了让学生更加能够体会文中"毁灭""统统"以及"任意破坏"等词汇的深刻内涵，拓展当时一位参与掠夺士兵写下的"有的搬走景泰蓝瓷瓶，有的抢走绣花长袍……"等典型语句，课后拓展《圆明园残简》《哭泣的圆明园》以及《七子之歌》等篇目。课堂上，我先让学生重点精读圆明园被破坏的部分，让学生关注重点语句的表达，再结合补充历史知识和拓展介绍有关史实资料，让学生在拓展阅读中感受英法联军的贪婪，感受圆明园遭受的磨难。通过"1＋X"组合阅读教学，让学生更加了解历史，深入体会历史人物和文化瑰宝在历史发展中对于国家和社会的重要精神价值，在丰富学生文学积累和社会认知的同时，为后续历史教学和学科德育的渗透埋下伏笔。

（三）自主学习，整合内容构建知识体系

通过不同内容组合阅读建立起不同文本知识之间的连接和补充配合，以课外阅读拓展激发学生的学习兴趣，让学生更多地以自主学习的模式建立起不同文章之间的沟通桥梁和关系，发挥主观能动性去自觉地整合知识以更好地充实学科知识体系，完善框架构建。在不同文本之中，可以以同一主题为线索进行组合，引导学生开展学习迁移，在具体主题内容中掌握这一类主题的阅读方法和技巧，并对这一主题的不同题材呈现进行整体分析。课后，我们可以把《盘

古开天地》这一神话传说与希腊创世神话故事、壮族创世神话故事等进行组合阅读学习，激发学生深入学习神话这一体裁，感受其表达特点和语言风格，并通过设置任务驱动型问题引导学生不断学习同系列的创世神话传说，激发学生的阅读兴趣和广泛的思考，从而进一步提升阅读能力。我们还可以在课后设置学习单，学生自主阅读拓展篇目后，先思考"世界最初的样子像什么？谁创造了世界？怎么创造的？"这几个问题，再想想这几篇神话的共同特点是什么，感受尽管不同国家的神话对世界起源看法不同，但是都充满了神奇的色彩和丰富的想象。课堂时间有限，拓展"X"可以用来引领学生在课余时间进行多篇及长篇文章的阅读。通过学习单的引领和教师阅读方法的指导，学生不仅可以整合知识体系，还可以在自主学习中提高语文阅读水平，包括默读、扫读、快速浏览等阅读策略和提取信息、处理信息的能力。

三、"1+X"阅读教学的意义

"1+X"阅读教学运用在小学语文课堂上，有助于培养学生的默读、比较阅读、整本书阅读等多种阅读习惯和阅读能力，有助于提升学生的自主阅读力，发展学生的阅读核心素养。

（一）增加文本阅读量，提升学生阅读效率

温儒敏教授提出"1+X"群文阅读的目的是让学生增加阅读量。在"1+X"组合阅读教学中，发挥阅读教学的重要作用在于结合海量的课外阅读资源，以多样化的呈现方式丰富课堂教学模式，以更加多样化的教学形式打通课堂边界，以精读和问题形式突出重点、突破难点教学。在课堂上安排学生拓展阅读，在有限的时间内学生必须快速阅读，通过阅读抓住主要信息，形成解决问题甚至举一反三的能力。同时，课后拓展同类型文本。这种有意识的练习，在提升学生阅读速度的过程中，可以增加阅读长度与深度，有效地提高学生的阅读效率。囫囵吞枣、泛泛而读、读得不精就很难形成深刻的理解与记忆，无法灵活运用。

高中语文新课标明确要求整本书阅读，在小学到初中的义务教育阶段，学生必然要为整本书阅读做准备。"1+X"组合教学开展中通过不同形式的组合方法，针对不同教学侧重点和目标实现对学生的多方面培养，既提高了学生的课外阅读数量与质量，又在课外阅读中增加了学生的见识，拓宽了思想深度，并

反馈到课堂内的阅读学习中。结合核心素养的要求激发学生对于阅读学习的兴趣，让学生在多样的组合阅读教学课堂中养成良好的语文阅读习惯和学习技巧，为后续学习打下基础。

（二）拓展同主题文本，提升学生阅读素养

国际阅读素养进展研究认为，"阅读素养是学生从小学开始就应该掌握的最重要的能力"。这节课将同一主题的文本整合在一起，可以使主题更加突出，学习目的更加明确，学生能够更加深入地体验文本。例如在教学《珍珠鸟》及其拓展篇目《给大象拔刺》时，两篇文章的主题都是"信赖"，一篇是从和小珍珠鸟的相处出发，一篇是讲了给大象拔刺的过程。虽然故事内容不同，但学生最终的感受是一样的，都感受到了人与动物之间的和谐相处，对"信赖"的理解更加深刻，从而提升了自身阅读理解能力。

（三）整合单元阅读，激发学生思维想象

"1+X"教法结合课堂教材和课内外的补充阅读拓展，让学生在基础知识学习中进行深入探索和迁移转化，通过知识联想和再创造活跃思维，以"1+X"的形式启发学生发散思维，进而更富创造性地进行阅读和学习，在进行迁移学习时进行主动学习和探索思考，主动构建思维框架和知识体系，让学生能在更多课后生活具体场景中去开展阅读组合学习，体会知识和方法在实际生活中的灵活运用。

四、"1+X"阅读教学的成效

"1+X"阅读教学的有效实施，让学生知道了课外阅读读什么，怎么读，学生的阅读量得到了极大的拓宽，形成了浓郁的阅读氛围，充分感受到了阅读带来的乐趣，体会到了成功的喜悦。"1+X"阅读教学的实践研究，让教师不再一味地讲评课文，而是更多地关注学生对课文内容多元的理解。

总而言之，小学语文"1+X"阅读教学对学生的语文阅读能力提升有重要的价值，教师应认真分析、探索、实践研究"1+X"阅读教学策略，选择合适的"X"文本与教学内容，设计精心的教学活动以激发学生的阅读兴趣，确保各阶段的学生都能在"1+X"阅读教学活动中得到全面发展。

（撰稿者：蒋雅婷）

教学智慧 2-4

迁移悟理：发展运算素养的关键策略

运算能力是小学数学核心素养之一。"两位数减两位数（退位）"，是数与代数领域的内容，属于运算能力的教学。从"旧知"到"新知"，经验激活；从"算理"和"算法"，方法迁移；从"加法"到"减法"，格式对比，有利于引导学生迁移悟理，理解和掌握数学知识，提高数学计算能力，发展运算素养。

运算能力是小学阶段的数学核心素养之一。《义务教育数学课程标准（2022年版）》指出，运算能力主要是指根据法则和运算律进行正确运算的能力。其内涵是：能够明晰运算的对象和意义，理解算理和算法之间的关系；能够理解运算的问题，选择合理简洁的运算策略解决问题；能够通过运算促进数学推理能力的发展。运算能力有助于形成规范化思考问题的品质，养成一丝不苟、严谨求实的科学态度。[1] 一年级下册数学课本的"两位数减两位数（退位）"，是数与代数领域的内容，属于运算能力的教学。在这节课上，我通过三座桥梁——从"旧知"到"新知"来激活经验，从"算理"和"算法"实现算法迁移，从"加法"到"减法"进行对比格式，引导学生迁移悟理，理解和掌握数学知识，提高数学计算能力，发展运算素养，体会智慧的力量。"迁移"是指在解决新问题时，将已经学过的知识、技能或方法应用于新问题的过程。"悟理"则是

---

[1] 中华人民共和国教育部. 义务教育数学课程标准（2022年版）[S]. 北京：北京师范大学出版社，2022：8.

指在学习数学时，理解数学概念的本质、规律和内在联系，从而能够用所学的知识解决新的问题。悟理通常是一个由浅入深的过程，需要学生通过不断地实践和思考，逐渐理解数学概念的本质和规律。下面，我将结合这节课的教学实践，具体地谈谈在计算教学中，如何引导学生迁移悟理，帮助其发展运算素养。

一、经验激活：让"旧知"和"新知"自然衔接

《义务教育数学课程标准（2022年版）》对于课程内容呈现有这样的要求："注重数学知识与方法的层次性和多样性……根据学生的年龄特征和认知规律，适当采取螺旋式的方式，适当体现选择性，逐渐拓展和加深课程内容，适应学生的发展需求。"[1] 新课标强调了数学教学的渐进性和系统性，建议数学教学应该由浅入深、由易到难，从学生已有的知识和技能出发，渐进地引入新的概念和方法，以便学生更好地理解和掌握数学知识，逐步提高学生的数学能力和素养。

"两位数减两位数（退位减法）"是学生在掌握了两位数减一位数、两位数减整十数、两位数减两位数（不退位减法）的计算方法的基础上学习的内容，也是以后学习多位数减法的基础。因此，我在组织教学时，引导学生基于理解不退位减法的概念和方法，来学习退位减法的概念和方法，从而从不退位减法过渡到退位减法。

教学过程如下：

我出示36－12，要求学生笔算出结果，再指导学生汇报计算步骤。

学生的答案如下：

36－12＝24

第一步： 6－2＝4

第二步： 30－10＝20

第三步： 20＋4＝24

我小结不退位减法的横式计算方法："个位上的数减个位上的数，十位上的

---

[1] 中华人民共和国教育部. 义务教育数学课程标准（2022年版）[S]. 北京：北京师范大学出版社，2022：3.

数减十位上的数，最后把两次相减的差加起来。"然后我再出示 36－19， 并提问"被减数的个位比减数的个位小，该怎么办？"，以此引导学生思考。

学生通过用小圆片在位值图上摆一摆的实践活动，发现可以向十位借 1，将被减数的十位借出 1 个十给个位，变成 10 个一后，再进行计算。

我要求学生用这个方法试着写出计算步骤。

学生独立思考，用笔算出结果，我指导学生汇报、核对答案。

$$36－19＝17$$
第一步： $16－9＝7$
第二步： $20－10＝10$
第三步： $10＋7＝17$

我小结退位减法的横式计算方法："个位上的数减个位上的数，十位上的数减十位上的数，最后把两次相减的差加起来。"

然后我马上追问学生："两位数减两位数的不退位减法和退位减法的横式计算方法，有什么相同之处？"学生通过对比，发现不退位减法和退位减法的横式计算方法是相同的，都是把相同数位相减，最后合并起来。我再马上追问："两位数减两位数的不退位减法和退位减法的横式计算方法，有什么不同之处？"学生发现：退位减法的关键是被减数的个位比减数的个位小，不够减时，要从十位退一作十。

我在学生发现的基础上再次总结不退位减法和退位减法的区别和联系，并表扬学生能够通过已经掌握的不退位减法的横式方法，发现还未学习的退位减法的横式方法，实现了从"旧知"到"新知"的自然衔接。

通过这样的教学方式，学生把已经学到的知识迁移到本课的新知识中，因此从不退位减法到退位减法的过渡得以顺利进行。学生能够理解不退位减法和退位减法的概念和方法，掌握如何从不退位减法到退位减法的转换方法，以及在实际计算中如何根据具体情况选择不同的减法方法。这种渐进式的教学方法，有助于学生逐步掌握数学知识，建立完整的数学概念体系。

二、方法迁移：让"算理"和"算法"无缝对接

《义务教育数学课程标准（2022 年版）》强调算理和算法的关系，指出："数的运算重点在于理解算理、掌握算法。……体会数的运算本质上的一致性，

形成运算能力和推理意识。"[1] "在教学中，一方面了解数学知识的产生与来源、结构与关联、价值与意义；……另一方面强化对数学本质的理解，关注数学概念的现实背景，引导学生从数学概念、原理及法则之间的联系出发，建立起有意义的知识结构。"[2]

"算理"是指数学运算的本质和规律，是数学的理论体系；"算法"是数学运算的具体方法和步骤，是数学的实际应用。算理和算法是密不可分的，算理是算法的理论依据，算法是算理的具体体现。新课标旨在帮助学生理解算理和算法之间的关系，掌握数学运算的本质和规律，建立完整的数学概念体系。

学生已经学习了百以内减法的计算方法，知道了把相同数位相减，最后合并起来的算理，在学习两位数减一位数的横式计算方法时也接触过"退一作十"的概念，因此在学习本课的竖式计算方法时，可以通过建立横式与竖式的联系，引导学生感受"退一作十"在减法中的通用含义。

教学过程如下：

我出示 43－18，要求学生写出横式计算步骤。

学生的答案如下：

43－18＝25

第一步： 13－8＝5

第二步： 30－10＝20

第三步： 20＋5＝25

我问道："横式计算时，要分拆被减数和减数，把相同数位相减，最后把两次减得的差合并，那竖式计算怎么做？"

学生经过讨论，汇报：从个位算起，个位不够减，从十位退一作十，13－8＝5。十位上，4－1－1＝2，写 2。最后，写上答案 25。

我追问道："仔细观察横式计算方法和竖式计算方法，它们有什么相同之处？"学生回答：都是先个位减个位，再十位减十位。我最后进行小结："横式

---

[1] 中华人民共和国教育部. 义务教育数学课程标准（2022 年版）[S]. 北京：北京师范大学出版社，2022：18.

[2] 中华人民共和国教育部. 义务教育数学课程标准（2022 年版）[S]. 北京：北京师范大学出版社，2022：85.

计算方法和竖式计算方法是相通的，都是先从个位算起，个位不够减，向十位退一作十。再把十位相减，不要忘记减去退位的1。"

接着，我又追问道："仔细观察横式计算方法和竖式计算方法，它们有什么不相同之处？"学生回答：计算的格式不一样。

所谓"悟理"，就是要让学生自己悟出道理，只有学生明白知识之间的联系，才能更好地进行数学学习。在本课之前的学习中，学生已经学会了两位数减两位数的退位减法的横式计算，感受到了退位减法计算的算理，知道个位不够减时，从十位退一作十，并能正确进行分步计算。在这个教学环节，通过类比横式计算方法和竖式计算方法，学生理解了减法计算的本质、横式和竖式的内在联系，从而能够用所学的知识解决新的问题，实现了让"算理"和"算法"无缝对接，进一步掌握了竖式的算法。

三、格式对比：让"加法"和"减法"火花碰撞

《义务教育数学课程标准（2022年版）》指出："数的运算教学应让学生感知数的加减运算要在相同数位上进行，体会简单的推理过程。引导学生通过具体操作活动，利用对应的方法理解加法的意义，感悟减法是加法的逆运算。在教学活动中，始终关注学生运算能力和推理意识的形成与发展。"[①] 可见，加法和减法是密切相关的，教师在教学中需要注重它们的相互作用和相互促进。

学生在之前的学习中已经接触过加法竖式，并能比较熟练地进行计算，因此，我认为引导学生对减法竖式和加法竖式进行对比，也可以帮助学生更快地掌握减法竖式的格式和理解减法竖式的运算顺序。

教学过程如下：

我出示38＋24的竖式和43－18的竖式，要求学生比较两个竖式的不同。

经过观察，有的学生说："一个是进位加法的竖式，一个是退位减法的竖式。"还有的学生在观察的基础上进行思考后指出："进位加法计算时，要把相同数位上的数相加，个位满10，向十位进1。而退位减法计算时，要把相同数位上的数相减，个位不够减时，从十位退一作十。进位和退位的标记和含义都是

---

① 中华人民共和国教育部. 义务教育数学课程标准（2022年版）[S]. 北京：北京师范大学出版社，2022：20.

不一样的。"

我做了一个小结:"加法竖式和减法竖式有着不同的计算规则,大家做题时要看清运算符号。"接着,我又马上追问:"请你们再仔细观察38+24的竖式计算和43-18的竖式计算,两个竖式又有什么相同之处?"

有的学生发现:写竖式时,都要先把相同数位对齐,再去计算。还有的发现:都是先从个位算起,再算十位。

我在学生发言的基础上做了小结:"不论哪个竖式,格式都是相同的,要先把相同数位对齐,运算顺序也相同,都是先从个位算起,只不过运算符号不同,运算规则也不同。这也说明了两位数加减法之间相互联系,是可以相互借鉴的。希望你们能够在今后的学习中,继续发现数学知识之间的联系,不断丰富自己的数学思维。"

在这个环节,通过引导学生对比加减法竖式的格式,让学生发现它们的共同点:格式与运算顺序相同;不同点:运算规则、进退位符号不同,从而使学生更容易掌握竖式的计算方法,提升运算素养。

综上所述,在"两位数减两位数(退位)"这一课中,要引导学生迁移悟理,提高数学计算能力,发展运算素养,其中有三个方面要特别注意:第一、学习数学知识时,要把旧知与新知相结合,形成知识的网络。可以引导学生通过运用已有的知识,推导出新的结论,这样有助于学生深入理解数学知识,掌握更多的数学技能。第二、数学计算重在理解算理和掌握算法,算理是数学的基础概念、定理和证明,算法则是数学的计算和应用方法。在学习数学时,我们需要将算理和算法相结合,掌握数学知识的本质和应用方法。第三、加法竖式和减法竖式是学习加减法的基础,通过对比加法竖式和减法竖式,可以更好地理解加减法的运算规律,提高学生的计算能力和思维能力。

总的来说,迁移悟理,就是在数学教学中,应注重将旧知与新知相结合,将算理与算法相结合,对比加法竖式和减法竖式等基本运算方法,引导学生掌握数学知识的本质和应用方法,使学生理解和掌握数学知识,提高数学计算能力,发展运算素养,体会智慧的力量。

(撰稿者:刘瑶)

教学智慧 2-5

趣味教学：让课堂教学富有人性味道

培养学生坚强的意志、顽强的毅力和坚持到底勇于克服困难的精神，是体育教学的重要追求。采用趣味教学模式，将定向运动引入课堂进行耐久跑教学，采用比赛手段、游戏形式，以情激趣；运用自主合作学习方式，讨论生趣，让学生学有所乐；课后反思，回顾生趣，让学生真正体验运动的乐趣，有利于激发学生参与体育活动的热情，培养良好的意志品质。

《义务教育体育与健康课程标准（2022年版）》指出："体育与健康课程以习近平新时代中国特色社会主义思想为指导，全面贯彻党的教育方针，落实立德树人根本任务，坚持'健康第一'教育理念，以中国学生发展核心素养为引领，重视育体与育心、体育与健康教育相融合，充分体现健身育人本质特征，引导学生形成健康与安全的意识及良好的生活方式，促进学生身心健康、体魄强健、全面发展。"[1] 耐久跑能发展学生的有氧耐力，促进学生的身心发展，培养学生坚强的意志、顽强的毅力和坚持到底勇于克服困难的精神。根据学生的生理特点，选择耐久跑为教学内容。在以往的耐久跑教学中，由于教法手段单一、枯燥，学生的学习兴趣和积极性不高。教师在授课过程中采用趣味教学模式，将定向运动引入课堂，运用比赛手段、游戏形式和自主、合作学练方

---

[1] 中华人民共和国教育部. 义务教育体育与健康课程标准（2022年版）[S]. 北京：北京师范大学出版社，2022：2.

式，让学生学有兴趣、学有所乐、学有所获。

一、以情激趣

《义务教育体育与健康课程标准（2022年版）》指出："根据学习目标、教学进度等引导学生在对抗练习、体育展示或比赛等真实、复杂的运动情境中获得丰富的运动体验和认知，提高技战术水平和体能水平，培养学生良好的体育精神、体育道德和体育品格。"[①]

教师将定向运动引入耐久跑教学中，首先将学生编为人数相等、男女生比例相同的四组（10人一组），然后选出组长，给每组组长分发五张任务卡并布置好各组的任务。组长根据任务再将队员分为5人一小组并安排好每位队员的任务。接下来，队员们在组长的带领下斗志昂扬地准备比赛。

比赛伊始，教师在一个40米×30米的场地四周分布了10个标志点，听到信号后，各组的第一小组先出发，按照各自任务卡上的任务依次跑向5个标志点，到达各个点后进行打卡（用彩色笔在任务卡上相应的标志点上画一斜杠）。"加油、加油……"，助威声此起彼伏，学生们个个奋勇争先，为各组队员加油助威。紧张激烈的比赛气氛充分激发了学生的潜能，锻炼学生耐力素质的同时让学生充分体验运动的乐趣。

二、讨论生趣

《义务教育体育与健康课程标准（2022年版）》指出："在教学中，要将教师示范讲解与学生自主学练、合作学练和探究学练有机结合，将集体学练、分组学练和个体学练相结合，引导学生积极思考，主动探索，自觉实践，培养学生分析问题和解决问题的能力及创新意识。"[②]

各组未跑的5人也开始讨论等一下应该怎样跑才好。有几个组已经有两三位同学完成任务回到了起点，把任务卡交给了第二小组的队员，并介绍了经验和技巧。各组第一小组全部回来后，第二小组立即出发，"加油、加油"，刚完成任务的第一小组的队员好像忘记了疲劳，也加入呐喊队伍中。

---

① 中华人民共和国教育部. 义务教育体育与健康课程标准（2022年版）[S]. 北京：北京师范大学出版社，2022：123—124.
② 中华人民共和国教育部. 义务教育体育与健康课程标准（2022年版）[S]. 北京：北京师范大学出版社，2022：124.

第一轮比赛结束后，有的学生为取得胜利而手舞足蹈，有的学生因失败而沮丧不已，他们个个都满头大汗。教师抓住这一时机，提出问题：怎样才能跑得快并且花时间最少，完成任务的效率最高。学生在组长的带领下开始讨论，有的认为自己没先找好标志点导致多跑了一段距离；有的认为前面速度太快导致后程就没力气跑了；有的认为……，学生讨论的气氛很热烈，教学效果非常好。

讨论完后，学生都发表了自己的意见。同学 A 说："跑的时候先不要太快，不然最后就没力气了，最好是匀速跑，这样用时应该最短。"教师及时认可说："耐久跑要匀速跑，还要注意耐久跑的方法和技巧，同时也要根据自己的能力控制好速度。"学生 B 说："跑前还应该先看清标志点在哪个位置，事先要规划路线，这样就不会多跑没必要的路了。"这个时候，更多的学生发表想法，有的说"要团结合作"；有的说"打卡速度要快"。

教师此时总结提炼耐久跑方法：在跑的过程中，要不断地去思考，判断方向和方位，只有每个人都把自己的任务完成好了，全队的任务才能完成。所以需要团结合作，而且打卡的时候速度要快。然后，教师提出几个建议，激发学生思考改进。

第二轮比赛开始了，各组重新调整了每位队员的出场顺序，队员们都有各自的方法和技巧，各组的实力相当，不像第一轮实力相差那么大了。学生体验到了耐久跑的乐趣，课堂气氛非常活跃。

第二轮比赛结束后，教师引导学生思考："到底要怎样跑好耐久跑？如果在现实中遇到相似的任务，我们如何去完成？"

勇于创新、敢于思考，学生在学练、展示或比赛中养成了良好的体育品德。

三、回顾升趣

《义务教育体育与健康课程标准（2022年版）》指出："通过体育与健康课程的学习，学生能理解体育锻炼对健康的重要性，积极参加校内外体育锻炼，逐步形成体育锻炼意识和习惯。"[1] 本案例将定向运动引入课堂，进行耐久跑

---

[1] 中华人民共和国教育部. 义务教育体育与健康课程标准（2022年版）[S]. 北京：北京师范大学出版社，2022：6—7.

的教学，改变跑的形式，注重激发学生的学习兴趣，发挥学生的主体地位，转变学生的学习方式，拓展体育课程资源，将枯燥、无趣的耐久跑教材变得主题鲜明、形式新颖。

　　本案例教学过程充分体现了"以学生发展为本"的教学思想，通过充分利用场地、器材的变化，采用情境教学模式、比赛手段和自主、合作学习的方式，活跃了课堂气氛，使学生以情入境、以境乐练，真正体验了运动的乐趣，又激起了学生参与体育活动的热情，改善了耐久跑教学的效果。本教学案例教法新颖，简便实效，有效地激发了学生的学习兴趣和热情，培养了学生良好的意志品质，发展了学生的耐力素质。

　　教师要改变以往只注重传授知识技能的思想，在教学中要采用多种教法和手段，激发学生的学习兴趣，营造愉快、和谐、宽松的教学气氛，重视学生在学习过程中的探究与分析，确保学生的主体地位，让学生真正成为课堂的主人。教师在教学中应想方设法为学生提供独立思考和合作学习的机会，同时也要重视学生的实际需要和情感体验，使学生在教师的引导和启发下，身心得到健康的发展，学习习惯和合作意识也得以养成。

（撰稿者：刘洋）

教学智慧 2-6

音乐体验：激发儿童音乐学习热情

重视音乐体验，形成丰富、健康的审美情趣，是音乐教学的重要维度。通过情境表演，形成初步的审美联觉；通过生活经验，搭建沟通联觉与表现的桥梁；通过感受变化，探究音乐要素的价值；通过搭建舞台，获得知识输入的有效表现，在表现性音乐创作实践过程中获得成功体验，有利于激发儿童音乐学习热情。

《义务教育艺术课程标准（2022年版）》中指出："重视学生在学习过程中的艺术感知及情感体验，激发学生参与艺术活动的兴趣和热情，使学生在欣赏、表现、创造、联系/融合的过程中，形成丰富、健康的审美情趣；强调艺术课程的实践导向，使学生在以艺术体验为核心的多样化实践中，提高艺术素养和创造力。"[1] 在一年级第一学期进行的小微单元设计实践过程中，学生围绕音乐主线的体验活动，在"体验—输出—创意"中逐层深入地了解音乐知识，其音乐表现能力也有了递进式提升。在该小微单元中，教师首先设计了一个贯穿始终的情境：动物王国音乐之旅。在有趣的情境中，教师与儿童将一起展开三个课时的音乐体验之旅，同学们在前两个课时初步了解作曲家如何通过玩转各种音乐要素描绘动物形象，在最后一个课时以师生合作的方式一起完成一个有

---

[1] 中华人民共和国教育部. 义务教育艺术课程标准（2022年版）[S]. 北京：北京师范大学出版社，2022：2.

趣的任务：音响小品《新龟兔赛跑》。情境化、充满趣味性的音乐体验充分激发了儿童对音乐活动的参与热情。

一、情境表演，形成初步的审美联觉

《义务教育艺术课程标准（2022年版）》中提到："情境表演是指根据一定的情境和主题，综合运用多种手段进行角色扮演、形象塑造、生活场景再现等。"[1] 因此，第一课时是整个小微单元的导入，教师在第一课时引导儿童进入贯穿整课的情境中："今天，动物乐园有一场精彩的音乐会，想邀请小动物们参加，让我们听着音乐扮演你喜欢的小动物，一起去动物乐园吧！"同学们听着时而低沉（敲击鼓面）、节奏宽舒，时而明亮（敲击鼓边）、节奏密集的鼓声，模仿动物的动作进教室。学生在这一环节通过直观的听觉和联觉经验，将声音低沉、节奏宽舒的声音与大动物的形象建立起了联系；而声音明亮、节奏密集的声音则与小动物的形象建立起了联系。

来到"动物乐园"后，教师创设了在去往动物乐园的路上的情境："我们来到了小树林里，听，这是什么动物向我们走来了？"这时引导学生欣赏《可爱的动物》选段——《兔子》和《乌龟》，教师引导学生在之前建立的联觉基础上总结这两首作品的旋律、情绪特点，进一步建立了音乐要素和动物形象塑造之间的初步联系。

二、生活经验，沟通联觉与表现的桥梁

《义务教育艺术课程标准（2022年版）》指出："发现身边的音乐旨在引导学生从关注身边的声音和音乐开始，萌生探究愿望，逐步发现、关注更多的音乐和相关现象。"[2]

第一课时中有一个有趣的突发情景表演《大雨和小雨》，这是儿童结合生活经验，听到音乐后进行的表演，也是儿童对已知知识的创造性表现。教师引导学生："呀，天空中突然响起了惊雷，发生什么事情了？"学生用打击乐器合作表演音响小品《大雨和小雨》。在这样的沉浸式表演中，儿童在了解音乐要素与

---

[1] 中华人民共和国教育部. 义务教育艺术课程标准（2022年版）[S]. 北京：北京师范大学出版社，2022：19.
[2] 中华人民共和国教育部. 义务教育艺术课程标准（2022年版）[S]. 北京：北京师范大学出版社，2022：21.

音乐形象表现之间关联的基础上，又有了进一步运用已知知识进行情境表现的热情。

《义务教育艺术课程标准（2022年版）》还提到："探索自然界和生活中声音的高低、强弱、长短和音色特点，探究音乐与日常生活、自然现象的联系。"① 儿童从生活经验出发，形成了音乐要素与音乐形象之间的联觉通道，逐步将生活经验转化为音乐经验，从了解到运用知识并进行表现，这极大地鼓励了儿童的创作热情，为之后的音乐剧表现与创作建立了联觉纽带，创设了认知桥梁。

三、感受变化，探究音乐要素的价值

《义务教育艺术课程标准（2022年版）》指出："对音乐有好奇心和探究欲，能在探究声音和音乐的过程中表达自己的想法和感受。"②

本小微单元的第二课时是欣赏乐曲《狮王进行曲》。在第二课时中，基于第一课时的相对单一的音响效果与音乐形象之间的联觉关系的基础，教师将引导儿童继续体验比较复杂的、有变化的音效与音乐形象变化之间的联觉关系。于是，教师在情境贯穿中继续欣赏："雨过天晴，听，小动物们又快乐地出发了。呀！去音乐会的路上，谁出现了？"初听主题A乐段，听辨音乐形象，引导儿童展开联想，让大家各抒己见，表达自己脑海中浮现的音乐形象。之后，教师介绍曲名《狮王进行曲》以及演奏乐器：弦乐和钢琴。接着，同学们跟着主题A乐段，进行模仿动物形象的律动，模唱主题旋律，再加上歌词唱主题旋律。一系列的体验性活动，让学生沉浸其中，感受到音乐与其塑造的动物形象之间的联觉想象。

在欣赏主题B乐段时，教师问："听，狮子发出了什么声音？"在这一乐段，旋律由点状特点变为线性特点。音乐的旋律特点变化后，音乐形象也自然发生了变化。"狮子在干什么？你能用动作表现出来吗？""注意，狮子吼叫了几次？请你用动作表现出来。"从威严的狮王行进的形象到威猛的狮吼形象，同

---

① 中华人民共和国教育部. 义务教育艺术课程标准（2022年版）[S]. 北京：北京师范大学出版社，2022：21.
② 中华人民共和国教育部. 义务教育艺术课程标准（2022年版）[S]. 北京：北京师范大学出版社，2022：8.

学们在"点状"和"线性"两种不同特点的旋律体验中，进一步感受到旋律特点变化与音乐形象变化之间的关联。儿童在听辨出音乐变化后，自然就会进行有变化的音乐形象表演，感受有变化的音乐体验活动带来的快乐。

在最后的 A 段再现段的欣赏中，教师继续引导儿童感受音乐的变化："狮子不愧是万兽之王，它的威严无人能敌，同学们的神态真是威风极了！接下来请你们听一听这段音乐，你们觉得这是在描绘什么动物呢？"这一次同学们在相似旋律的不同演奏形式（器乐音色音区的变化）中又一次感受到了音乐形象的变化。这让同学们更加深入地感受到了比第一课时中更为有趣的、具象且不断变化的音乐联觉想象。不同旋律特点形成的音乐形象变化、相同旋律不同音色形成的音乐形象变化，这些有趣的体验让儿童感受到了音乐神奇的塑造能力，在探索音乐要素价值的过程中，激发了儿童对音乐的好奇心和探究欲。

四、搭建舞台，获得知识输入的有效表现

《义务教育艺术课程标准（2022 年版）》指出："低年级学生的情境表演活动应体现生活化、趣味性等特点，以音乐表现形式为主，有机融入其他艺术表现形式，开展简单的综合性表演。"①

作为输出性表现性活动，第三课时的音响小品《新龟兔赛跑》是同学们将所学知识予以应用的舞台。老师担任剧本旁白，串联起整个音乐剧。同学们分组认领剧情任务，分别模拟不同的动物角色。之后，大家分组选择合适的打击乐器，选择合适的节奏、力度进行演奏，再加上模拟动物的律动等方式，跟着《龟》《兔》《鸟》《大象》《狮王进行曲》这几段音乐分组合作进行表演。在这个分工合作的音响小品表演中，同学们将本单元习得知识进行了表现性输出，从了解到运用，他们对音乐的神奇表现力有了更深入的感知！

在这个小微单元中，教师以"音乐中的动物形象"为主题展开设计，选取的都是具有鲜明特征的描述动物形象的音乐片段，这符合低年段儿童学习需求。《义务教育艺术课程标准（2022 年版）》指出："低年级学生聆听的曲目，应以形象鲜明、主题突出、结构短小的标题音乐为主。情境创设应联系学生的

---

① 中华人民共和国教育部. 义务教育艺术课程标准（2022 年版）[S]. 北京：北京师范大学出版社，2022：19—20.

生活，将生活中各种声音的高低、快慢、强弱、长短、音色与相关音乐要素建立联系，引导学生将已有的生活经验迁移到音乐相关学习内容上，逐步将生活经验转化为音乐经验。"[1] 通过这个小微单元的学习，教师引导学生展开对音乐形象的想象，让学生在这一过程中逐步了解音乐要素（速度、力度和节奏特点等）与音乐形象之间的联系，进而让学生在树立一定经验的基础上运用打击乐器，以《可爱的动物》和《狮王进行曲》两个乐曲为主要素材进行了打击乐器音乐剧《新龟兔赛跑》的创作性表演。这让一年级的儿童在树立规范的音乐语汇体系、听觉体系和活动习惯的过程中，可以尝试简单的创作，获得成功体验。这种以音乐本体为线索的小微单元教学，让儿童对音乐知识的"细化"认知得以强化，可谓"知灼见"。这种以知识递进式学习为主线的小微单元设计，虽然考验教师的重组教材的能力，但是学生能在科学合理的微单元中学习知识、巩固技能、提升素养，这确实是值得教师们努力的一个有效教学途径！

（撰稿者：肖敏）

---

[1] 中华人民共和国教育部. 义务教育艺术课程标准（2022年版）[S]. 北京：北京师范大学出版社，2022：19.

第三章

动：丰富学习经历

　　动，是儿童的天性。激发儿童的好奇心，唤醒儿童的好问天性，是"灵动课堂"的立场。通过设计整合性学习目标、激活经历性实践任务、创造真实性探索过程、创设情境性评价方法，丰富儿童的学习经历，培育核心素养，是"灵动课堂"的使命。

让课堂教学的面貌发生根本性的改观不是一件容易的事。因此，自主、合作、探究的学习方式至今都没有成为课堂学习的主流方式，即使有些相关的尝试，也常常存在形式化、表面化等问题，学生学习被动、兴趣不足，学习内容脱离现实生活，实践能力、创造能力得不到充分锻炼和有效培养。①

动，是儿童的天性。通过设计整合性学习目标、激活经历性实践任务、创造真实性探索过程、创设情境性评价方法，丰富儿童的学习经历，培育核心素养，是"灵动课堂"的使命。

1. 设计整合性学习目标

"灵动课堂"追求的是整合的教学目标，它不但要使学生获得知识、观念等，还要使学生同时获得各种现代社会学习、生活必需的一般性技能。"灵动课堂"强调知识目标与一般性技能目标的整合，其中一般性技能目标包含"学习和创造技能""信息、媒体和技术技能""生活和生涯技能"等三方面。它们实质上标示了现代社会所有成功的学习、工作所共同需要的行为特征，也是体现于行为中的非常直观的行为特征。

"灵动课堂"的教学目标系统全面、直观地表征了现代社会所需人才的素质结构，即既要掌握内容性的知识、观念，又要具有各种学习、做事的一般性技能。不仅如此，"灵动课堂"还强调不同类型教学目标落实的整合性：课堂教学所设计的学习活动既要落实特定学科或跨学科的知识目标，又要落实交流和合作、批判性思考和问题解决、创造和创新、信息素养、媒体素养、灵活性、主动性、领导技能等一般性技能目标。②

---

① 刘华. 课堂教学的新范式：以整合性"类实践"学习活动为中心——来自美国课堂教学改革的启示［J］. 教育发展研究，2014，33（8）：6—12.

② 刘华. 课堂教学的新范式：以整合性"类实践"学习活动为中心——来自美国课堂教学改革的启示［J］. 教育发展研究，2014，33（8）：6—12.

2. 激活经历性实践任务

实践情境对学生而言是新颖的、疑难的，需要学生探索、运用特定的学科知识。在这一过程中，学生不但能够学习和掌握知识，而且锻炼了批判性思考、解决问题、创造和创新等技能。

"提出一个问题往往比解决一个问题更重要。"问题从哪里来？来源于生活、来源于社会，与学生的现实生活息息相关。为此，在开展学科实践活动前，教师可以通过创设合适的教学情境，作为连接课堂与生活的桥梁，唤醒学生发现问题、提出问题的欲望。"教育的艺术不在于传授，而在于鼓舞和唤醒。"对学生提出的问题，教师要采取积极的态度，认可学生提出的每一个问题，肯定其价值所在。针对学生提出的问题，教师还可以开展项目化学科实践活动。

《义务教育课程方案（2022年版）》提出："设立跨学科主题学习活动，加强学科间相互关联，带动课程综合化实施，强化实践性要求。"[①]

"灵动课堂"强调学生综合运用各种学科知识，认识、分析和解决实际问题，提升综合素质，着力发展核心素养。项目化学习是基于问题的学习、基于学生视角开展项目活动、基于本地资源挖掘活动价值、基于社会实际，聚焦本地区问题，探索综合实践活动项目化实施的有效路径，培养学生解决问题、合作与沟通等关键能力，让学生在实践中自然学习、健康成长。[②] 项目化学习与学科实践活动在理念上高度一致，教师应根据学生的现实生活经验，自主选择学科实践活动，制定项目化学习的实施方案，落实学科实践和项目学习过程，促使多学科融合，从而提高学科实践效果，逐步实现项目化学习的目标，解决问题，完成项目。

3. 创造真实性探索过程

应对新颖、疑难的实践情境，需要借助相关知识信息。要充分锻炼和发展学生的批判性思维能力、问题解决能力以及信息、媒体素养等。《义务教育课程

[①] 中华人民共和国教育部. 义务教育课程方案（2022年版）[S]. 北京：北京师范大学出版社，2022：4.

[②] 钱建新. 小学综合实践活动课程中项目化学习的实施 [J]. 教学与管理，2023（5）：19—22.

标准（2022年版）》提出："强化课程综合性和实践性，推动育人方式变革，着力发展学生核心素养。凸显学生主体地位，关注学生个性化、多样化的学习和发展需求，增强课程适宜性。坚持与时俱进，反映经济社会发展新变化、科学技术进步新成果，更新课程内容，体现课程时代性。"① 这就意味着要加强学生的全面、多元、立体化的学习。

"灵动课堂"立体化学习是以"学—导多元立体化互动"的开放式学习为基础，通过探索与实践，形成的"学生学习主动化、资源整合多元化、课程讲授多样化、学习支持立体化"的多元立体化新型教学模式。面对智能时代的挑战，立体化学习教学模式也对教师提出了新的要求：通过更新智能观念，全面了解每个学生的智能特征；针对不同智能的特征，设计相应的课程和教学活动；不断完善智能结构。在提倡启发式教学，注重因材施教的同时，多元立体化教学模式还要求不断优化课程结构，逐步构建学科交叉与融合的课程体系；以此来提高学生的学习能力、创新能力和实践能力。

4. 创设情境性评价方法

传统教学中的学习评价是外在于学习过程的，是学习结束后对学习效果的检测和价值判断。《义务教育科学课程标准（2022年版）》提出："强化过程评价，重视'教—学—评'一体化，关注学生在探究和实践过程中的真实表现与思维活动。"②《义务教育数学课程标准（2022年版）》强调："采用多元的评价主体和多样的评价方式，鼓励学生自我监控学习的过程和结果。"③《义务教育语文课程标准（2022年版）》也强调："注重评价主体的多元与互动，以及多种评价方式的综合运用，充分利用现代化信息技术促进评价方式的变革。"④

"灵动课堂"整合性学习活动中的学习评价是内在于学习活动的。学习评

---

① 中华人民共和国教育部. 义务教育课程方案（2022年版）[S]. 北京：北京师范大学出版社，2022：3.
② 中华人民共和国教育部. 义务教育科学课程方案（2022年版）[S]. 北京：北京师范大学出版社，2022：3.
③ 中华人民共和国教育部. 义务教育数学课程方案（2022年版）[S]. 北京：北京师范大学出版社，2022：4.
④ 中华人民共和国教育部. 义务教育语文课程方案（2022年版）[S]. 北京：北京师范大学出版社，2022：3.

价中列出的指标与评分标准对学生解决问题、完成任务具有重要的指导作用。学生往往在明确问题或任务后，就获得评价工具，进而借此展开自主解决问题、完成任务的过程。评价引导学习，自我评价与自主学习始终相伴相随。① 正因为学习评价工具起到了细化的教学指导的作用，其设计也就是"灵动课堂"整合性学习活动设计中的核心部分。

"灵动课堂"整合性学习活动是以学生中心的，通过评价工具，复杂的任务得以分解，学生的学习获得定向指导，从而能在很大程度上保证学习的有效性。而且，在师生合作或学生独立制定评价标准、开发评价工具的情况下，学生的批判性思维和问题解决、主动性和自我导向等技能都会得到有效锻炼和发展。

总而言之，"灵动课堂"提倡通过丰富的学习经历，逐步提升学生的关键能力。教育是一方期望的田野，最忌讳根浮叶衰、揠苗助长。只要耕耘不辍，加之以丝丝甘霖，就会有春之繁华、秋之收获。相信在"灵动课堂"的浸润下，每个孩子都会成长为一个灵动的人！

（撰稿者：王双）

---

① 刘华. 课堂教学的新范式：以整合性"类实践"学习活动为中心——来自美国课堂教学改革的启示 [J]. 教育发展研究，2014，33（8）：6—12.

教学智慧 3-1

技术赋能：让课堂教学充满灵性

数字化教学方式是未来的发展方向。语文教学与信息技术深度融合可以让课堂教学充满灵性。在教学实践中，教师可以用可见的数据，呈现"真问题"；用可见的指导，创设"趣探究"；用可见的交流，激起"活思维"；用可见的评价，形成"精作业"等策略，创设丰富多样的学习情境，设计富有挑战性的学习任务，让学生学习的参与面扩大化，让学习思维过程可视化，打造灵动飞扬的课堂，提升课堂教学品质。

随着信息技术的不断发展，数字化教学方式将成为未来的发展方向。《义务教育语文课程标准（2022年版）》指出："教师要关注互联网时代日常生活中语言文字运用的新现象和新特点，认识信息技术对学生阅读和表达交流等带来的深刻影响，把握信息技术与语文教学深度融合的趋势，充分发挥信息技术在语文教学变革中的价值与功能。"[1] 如何将语文教学与信息技术深度融合，让课堂教学充满灵性呢？

我们开发了"笔尖上的美味"智慧共享系列课程，下设"食在田野""食在山林""食在江河"三个专题。在教育数字化转型的背景下，该课程以价值引领和技术赋能为驱动理念，解决了学生在真实的生活情境中遇到的"真问题"，通

---

[1] 中华人民共和国教育部. 义务教育语文课程标准（2022年版）[S]. 北京：北京师范大学出版社，2022：46.

过多课时的进阶式整体推进、信息技术的赋能，如线上小组讨论、共享共学、实时互动等，领着学生走进汪曾祺、周作人、林清玄等大师的美文，在大量的阅读与有趣的探究中习得写作之法（图3-1），促进学生文化自信、语言运用、思维能力和审美创造四个语文核心素养的整体发展。

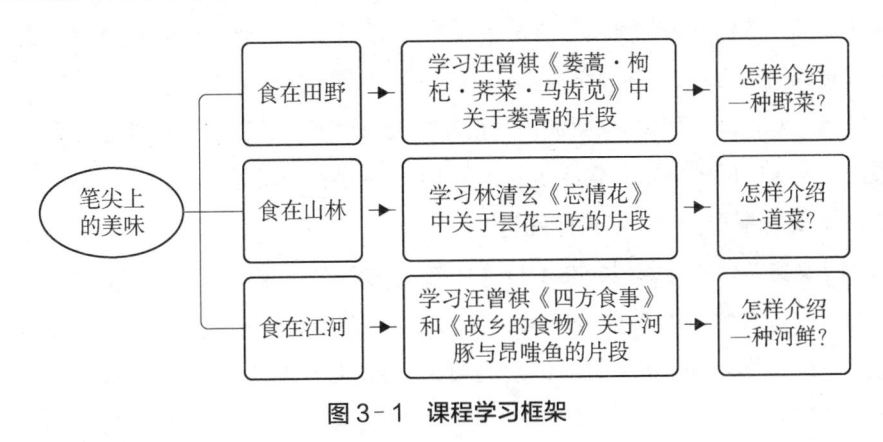

```
                    ┌── 食在田野 ──→ 学习汪曾祺《蒌蒿·枸杞·荠菜·马齿苋》中关于蒌蒿的片段 ──→ 怎样介绍一种野菜？
笔尖上的美味 ───────┼── 食在山林 ──→ 学习林清玄《忘情花》中关于昙花三吃的片段 ──→ 怎样介绍一道菜？
                    └── 食在江河 ──→ 学习汪曾祺《四方食事》和《故乡的食物》关于河豚与昂嗤鱼的片段 ──→ 怎样介绍一种河鲜？
```

图3-1　课程学习框架

一、可见的数据，呈现"真问题"

《义务教育语文课程标准（2022年版）》提到："义务教育语文课程实施从学生语文生活实际出发，创设丰富多样的学习情境，设计富有挑战性的学习任务，激发学生的好奇心、想象力、求知欲。"[①] 可见，创设好的学习情境，能提高学生言语表达的能力。我们要在真实的情境对话中，以学生的问题为起点，促使学生能用自己的语言表达自己遇到的生活问题。

例如，在《食在江河》一课中，每个孩子都有自己喜欢吃的河鲜，在这种真实的情境下，学生就会有冲动在课前收集自己爱吃的河鲜的信息，完成"河鲜信息卡"，教师引导学生根据问题查找信息，并整合有关信息，收集自己感兴趣的问题，并且借助信息卡追问习作任务来构建习作问题系统。

在传统教学课堂中，发言的参与面有限，有些学生就像旁观者似的无法融入其中；在ClassIn在线教学平台上，当教师收集学生"河鲜信息卡"上的问题时，每个学生都要操作选择，表达自己的看法，这就迫使学生进行思考。当学

[①] 中华人民共和国教育部. 义务教育语文课程标准（2022年版）[S]. 北京：北京师范大学出版社，2022：3.

生做出选择后，系统会立刻形成数据汇总归类，喜爱相同河鲜和提出类似问题的学生就会自动通过高频词汇组成共学小组。教师在课堂中了解到，学生普遍感兴趣的问题有"我最想吃的河鲜盛产时节是什么时候？它通常分布在哪里？它可以有哪些做法？它的味道怎么样？……"。教师引发学生思考：如果解决了这些问题，我们是否就可以写清楚自己最爱吃的一种河鲜了？进而自然地引出了本堂课的核心问题"如何写清楚一种我最爱吃的河鲜"。

通过ClassIn平台的数据统计，教师能快速收集到学生普遍感兴趣的话题，进而从学生的问题出发，激发学生的内在动机和探究欲望。

二、可见的指导，创设"趣探究"

《义务教育语文课程标准（2022年版）》指出："能从作品中找出值得借鉴的地方，对照他人的语言表达反思自己的语言实践；能通过对阅读过程的梳理、反思，总结不同类型文学作品的阅读经验和方法。"[①] 因此，教师可以建起"读写链"，引导孩子从阅读中习得表达的策略。

例如，如何让学生去解决这个核心问题——"如何写清楚一种我最爱吃的河鲜"呢？学生通过阅读比较汪曾祺在《四方食事》和《故乡的食物》中写到的河豚和昂嗤鱼两种河鲜，在名篇比较中明晰可以从外形和活动两方面来写清楚一种自己爱吃的河鲜。

《义务教育语文课程标准（2022年版）》提到："学习情境的设置要符合核心素养整体提升和螺旋发展的一般规律。"[②] 因此，学写这两方面内容就是对前两个专题内容的延续与传承。《食在田野》一课是教会学生抓住主要特点来介绍一种野菜，《食在山林》一课是让学生学会用恰当的动词来写清楚一种山林美食的烹饪过程，并且通过评价清单帮助学生修改自己的习作。那么《食在江河》就是迁移运用抓住主要部位写清楚一种河鲜的外形特点，以及用上恰当动词写清楚"我"与河鲜互动的过程。在不断地提问和追问中将名家介绍河鲜的方法迁移到学生的写作中，从而指导学生习得写作方法。

---

① 中华人民共和国教育部. 义务教育语文课程标准（2022年版）[S]. 北京：北京师范大学出版社，2022：43.

② 中华人民共和国教育部. 义务教育语文课程标准（2022年版）[S]. 北京：北京师范大学出版社，2022：45.

课堂上，为了让学生有真实的体验，教师指导线下的孩子们尝试摸泥鳅，逗弄龙虾，以有趣的探究活动来激发学生表达的欲望，同时也实现了如同面对面授课一般的高效学习效果。线上的学生可能无法进行尝试，但是屏幕中共学伙伴的尝试同样也给他们的习作带来新的思考。他们可以在互动面板上与老师进行及时交流，从而激发写作的热情。通过读写结合，多课时的进阶式整体推进，以及真实的实践体验，学生的学习过程有迹可循，他们还获得了有效的互动体验。

三、可见的交流，激起"活思维"

《义务教育语文课程标准（2022年版）》指出："思维能力是指学生在语文学习过程中的联想想象、分析比较、归纳判断等认知表现。有好奇心、求知欲，崇尚真知，勇于探索创新，养成积极思考的习惯。"[1] 培养学生的思维能力需要给予学生相对自由的空间，创设与他们实际生活经验密切关联的交际语境，才能让学生通过联想想象、分析归纳等进行思考、创新。

例如，在《食在江河》一课中，通过ClassIn平台中"分组讨论"的功能，共学学习伙伴进入同一个"学习房间"。他们采用"思维乒乓球"问问答答的形式讨论"如何写一种河鲜的外形？"。其中，同样写"螃蟹"的云小组里，学生们畅所欲言，在不断追问中碰撞出了"活的思维"。以下是"分组讨论"时的生生问答片段：

生1：你想介绍螃蟹外形的哪个特点？

生2：我想介绍它的八条腿，可我不知道怎么来介绍。

生3：它的八条腿怎么样呢？

生2：它的八条腿又细又长。

生4：像什么呢？

生2：螃蟹的八条腿尖尖的，像镰刀一样。

生3：还像尖刀似的，特别锋利。

---

[1] 中华人民共和国教育部. 义务教育语文课程标准（2022年版）[S]. 北京：北京师范大学出版社，2022：5.

> 师：生 2，你要感谢你的小伙伴们，通过大家对你的追问，你讲出了螃蟹的腿细细的、长长的特点，学会了抓住主要部位来写清楚螃蟹外形的特点。

在整个"分组讨论"环节中，学习伙伴之间不断问答，体现了以教师为主导、学生为主体的课堂理念。教师创设真实语境，引导学生积极参与讨论，厘清习作的思路，同时也提升了学生表达与交流的能力。

四、可见的评价，形成"精作业"

《义务教育语文课程标准（2022 年版）》提到："在小组合作、汇报展示过程中，教师应提前设计评价量表、告知评价标准，引导学生合理使用评价工具，形成评价结果。组织学生互相评价时，教师要对同伴评价进行再评价，提出指导意见，引导学生内化评价标准、把握评价尺度，在评价中学会评价。"[1] 在习作教学中遵循"教写评"一体化原则，将教学评价前置，设计基于教学目标的学习评价单，将课堂评价贯穿于教学活动之中，以促进教师和学生高效完成教与学的任务，促使习作教学质量提升。

例如，在《食在江河》一课中，教师已经呈现了学生共性化的习作问题系统，随后，通过 ClassIn 互动面板的交流，师生协商研制对应的习作评价清单。课堂中的板书既是习作教学过程中形成的问题系统，也是在问题系统基础上生成的习作评价清单（图 3-2）。

在研制好评价清单后，让学生再次进行云小组讨论，勾选个性化评价标准，自主选择自己最熟悉、印象最深刻的两三个方面来写清楚自己最爱吃的河鲜，真正做到《义务教育语文课程标准（2022 年版）》所提到的要求："把自己觉得新奇有趣或印象深刻、最受感动的内容写清楚。"[2] 学生可以个性化地选择

---

[1] 中华人民共和国教育部. 义务教育语文课程标准（2022 年版）[S]. 北京：北京师范大学出版社，2022：48.

[2] 中华人民共和国教育部. 义务教育语文课程标准（2022 年版）[S]. 北京：北京师范大学出版社，2022：10.

核心问题：如何写清楚一种你最想吃/最爱吃的河鲜？

内容	评价标准
1. 名称？	名称写正确了吗？
2. 外形？	抓住主要部位写清楚特点了吗？
3. 互动？	用上动词（至少3个）写清楚互动过程了吗？
4. 做法？	用上动词（至少3个）写清楚烧菜的过程了吗？
5. 味道？	用上合适的词语写出味道了吗？
6. 分布地区？	分布地区写正确了吗？
……	

图3-2 《食在江河》课堂板书

自己最熟悉、印象最深刻的方面来写清楚自己最爱吃的河鲜。随后借助个性化的评价标准，开展追问式的自评和师生互评，实现线上线下学生的实时互动，形成一篇篇符合评价清单要求的"精作业"。

在习作的讲评与修改中，学生对评价过程全面参与，通过ClassIn线上评分功能，阅读学习伙伴的习作，并给习作打分。借助评价清单，以评促改，使学生在评改完善中不断提升习作兴趣与能力。

综上所述，通过ClassIn平台，采用线上线下共学的教学模式打破了地域与时空限制，促进了课堂互动，打造了异地同步的线上线下融合式教学的新形态。在教学和研究的过程中，我们深切地感受到，真正的信息化不是一项项技术、一个个设备的生硬叠加，而是要回归课堂，运用云空间、数据分析，精准有效地教学，以促进教学改革、变革教与学模式为指引，实现信息化应用与教学改革深度融合，创建符合学生认知特点、激发学习兴趣、支持知识建构、促进思维发展的课堂。

（撰稿者：孙烨）

教学智慧 3-2

思维品质：阅读教学的核心价值

思维品质是英语学科核心素养的要素之一。在小学英语阅读教学过程中，教师关注有效提问，激发学生思维的主动性，创设丰富的情境，促成有效的问题，借助思维导图，激发学生思维的主动性，发展学生思维的逻辑性，培养学生英语阅读的综合能力，从而实现阅读教学的核心价值，促进学生思维能力的整体提升。

《义务教育英语课程标准（2022年版）》指出，"核心素养是课程育人价值的集中体现"，"英语课程要培养的学生核心素养包括语言能力、文化意识、思维品质、学习能力"。[1] 对于小学英语阅读教学而言，就是要基于学生核心素养，聚焦学生思维能力的培养。因为思维品质的提升有助于学生学会发现问题、分析问题和解决问题，从而掌握科学的学习方法，提高英语学习能力。因此，教师在设计阅读教学时，不能仅仅停留于跟读、背诵、复述等低层次思维活动，更要灵活结合思维能力的培养目标和具体的阅读任务，通过设计具有思维含量的阅读活动及提问方式，有意识地发展学生的思维能力，培养学生的思维品质，进一步促进他们思维能力的发展和英语素养的养成。

一、关注有效提问，激发学生思维的主动性

《义务教育英语课程标准（2022年版）》指出：围绕语篇主题意义设计逻

---

[1] 中华人民共和国教育部. 义务教育英语课程标准（2022年版）[S]. 北京：北京师范大学出版社，2022：4.

辑关联的语言实践活动，围绕主题，采用问答、描述和表演等活动内化所学语言和文化知识。① 在小学中高年级阅读教学中，我们主要通过创设适切情境，以问题为载体，发展学生的思维，而有效提问无论对学生思维的发展还是语言运用能力的提升都具有重要意义。教师通过设计启发性问题进行点拨，引导学生积极主动地多角度思考，调动学生的积极性。以牛津英语教材中 5AM2U1 "Jim and Matt"一课为例，我运用了以下提问策略。

（一）概括归纳式提问，促进思维的推进性

在义务教育阶段英语课程中，培养和发展学生的思维品质意味着要引导学生观察、比较、识别关键信息及异同，发现、分析和判断各种信息之间的关联，归纳概括特征及规律。而概括归纳式问题主要是用于检测对文本的初步理解，可出现在话题的导入、人物形象分析、预测下文的环节中。学生带着疑问主动走进语篇文本，探寻信息。

在话题引入时，通过听对话导入问题"Who are they?"，引出主人公 Jim 和 Matt。

文本一：通过视听方式感知，首先出示概括性问题"How are Jim and Matt?"，通过外形特征以及感知文本回答问题。

文本二：通过提出归纳性问题"Why is Matt so fat?"引发学生思考，再去阅读文本，自我总结原因。

文本三：通过问题一引导学生思考"What do Jim and Matt do when the cat is coming?"，学生根据图片与简单文字获取信息。

概括归纳式问题很好地总结了每段文本的内容，同时让学生带着问题去感知学习文本，引发思考，激发他们学习英语故事的热情，也促进学生的语言表达。

（二）深度理解式提问，促进思维的连续性

英语学习活动观具有层次性，层次性是指教师围绕要解决的问题从学习理解到应用实践，帮助学生构建意义和内化知识，再迁移创新。在小学英语阅读

---

① 中华人民共和国教育部. 义务教育英语课程标准（2022年版）[S]. 北京：北京师范大学出版社，2022：36.

教学中，我们应该遵循学生认知的发展规律，对学生思维能力的培养循序渐进地与教学结合，如层层设问，带动学生思考，活动环环相扣，训练学生逻辑，只有这样才能取得较好的效果。因此，保持思维能力培养的层次性与连续性是非常必要的。有效的连环提问有利于促进学生基于内容的预测、理解和表达。这种深度理解式的问题让语言的表达也层层递进，从而促进了语言运用能力的提高。

文本一：在文本感知结束后，教师提问 "Where do they live? What does Matt do every day and how is he? What does Matt do and never do?"，学生通过这些连环递进的问题对文本有了更深的理解。学生通过回答 "They live … they do … He always … he never …" 提升了语言表达能力。

文本二：对 Matt 一日饮食表格反映出的情况提问 "What did you have for breakfast/lunch/dinner, Matt? From the diagram, what do we know?"，学生自然表达 "He eats too much and doesn't follow Jim's advice."。

文本三：通过图片感知，由学生提问 "Where are Jim and Matt now? What are they doing? Who is coming? What can they do? Who is safe now?"，推进式问题的提出能帮助学生更好地理解文本，同时明确 safe 与 dangerous 的概念。

文本四：通过观看动画的方式，提问 "Did Matt run to the hole? Why can't Matt run fast?"，强调 Matt 的咎由自取，也加深了学生对 Matt 生活饮食习惯的看法。

在理解文本的层面上，教师借助有效的提问引导，培养学生的问题意识，帮助他们提出自己的想法，并对事物做出正确的判断。这样有效的观察、分析、比较能让学生对语篇的主题意义及观点做出正确的理解。

（三）发散思维性问题，促进思维的创新性

所有生活中有利于思维的事物都可以在教学活动中成为思维灵感的激发点，这就需要教师通过创设多元的思维性语言实践活动，发挥学生想象力，培养学生的创新能力。学生基于生活经验及情感体验，从不同角度思考，借助语言支架，综合运用语言，真实地进行自我表达，达到了语言运用的个性化。在本节课中，为了更好地启发学生思维，在教学过程中我大胆地提问，并给予学生一些引导，让学生思考，课堂气氛非常活跃，学生们纷纷表达了自己的想

法，用目标语段输出语言。

在文本二中，Jim 想要给 Matt 提出一些建议，我提问"If you are Jim, what do you want to say to Matt? If you are Matt, what would you answer?"学生在小组内思考后踊跃表达。

Group1： A： Don't eat too much food. It's bad for your health.

　　　　　B： But I am always hungry. I want to eat more.

Group 2： A： You should do some exercises and eat healthy food.

　　　　　B： Just go away, it's none of your business.

Group3： A： Oh, look at you! Let's do some exercise together, OK?

　　　　　B： No, no, no. That won't happen.

在文本三中，cat 的出现吸引了学生的注意，于是教师让学生思考"If you are the cat, you see two lovely mice, and what would you say?"。

学生1： Wow, I want to eat you! I am hungry now!

学生2： You look so yummy! I will catch you!

学生3： Aha, honey! Come into my bowl! Miao...Miao...

学生4： Hey! You two little mice! You look so yummy.

学生的想象力就被这样被一个个问题激发出来，新旧知识的整合能力也由此得到锻炼。学生能够整合信息，独立思考，交流感受或创造性地解决问题。

在文本四中运用开放性提问，延伸学习"Finally, what happens to Matt?"。

学生 1： Finally, Matt runs too slowly. The cat catches it. And Jim feels sad.

学生 2： Luckily, Jim pulls him in. Matt feels very happy. After that, he does exercises with Jim every day.

学生 3： Finally, the cat lets him go, but Matt has to look for food for the cat every day.

如果说在故事进行中的提问主要促进学生学习新知，那么故事后的提问就意在推动学生新旧知识的整合、进行语言输出实践。开放性提问没有唯一答案，因此对于学生的思维锻炼和语言表达有明显的促进作用。

以上问题层层递进、环环相扣，有的问题与文本事实性信息相关，学生可以直接从文本中找到答案，而有的问题则具有一定的开放性，要求学生从不同的角度去理解故事后给出答案。因此，教师应结合阅读材料的特点、学生的英语水平和生活实际设计问题，既要通过低层次问题帮助学生再现和巩固知识，也要设计高层次问题激发学生的思维和表达，从而让学生得到多维立体式思维训练。

因此，在小学英语阅读教学中应当注重基于核心素养，对学生思维品质的能力的培养。在设计阅读教学时，教师要优化阅读教学任务，关注课堂提问质量，引导学生梳理文本的逻辑关系，同时还可以借助思维导图为学生提供思维训练的机会，搭建思维训练的平台，结合思维能力的培养目标发展学生的思维品质。

二、借助思维导图，提高学生思维的逻辑性

《义务教育英语课程标准（2022）》指出，认知策略有助于学生采用适宜的学习方式、方法和技术加工语言信息，提高学习效率。义务教育英语课程内容二级中，认知策略的内容要求为借助图表、思维导图等工具归纳、整理所学内容。① 思维导图是依据记忆和思维的规律，把形象思维和抽象思维结合，用图式的方式将关系表现出来，在关键词和图像之间建立记忆链接。在小学英语阅读教学中，思维导图成为培养学生思维品质的有效工具，它不仅可以有效地展示文本脉络大意，表明目标词汇和句型，而且可以帮助学生构建清晰的思维模型，将所学内容进行更深层次的加工，使得学生的思维和知识结构图像化，同时也可以提高学生思维的逻辑性。

（一）引入思维导图，构建思维的整体性

思维导图不仅可以帮助学生清晰地了解文本大意，还可以有效地激活学生的背景知识，帮助他们建立旧知识与新知识之间的联系，形成新的判断思维。以牛津英语 5BM1U2 "How do silkworms grow?" 为例加以阐述。在本节课的教学过程中，我首先出示了一张图，让学生猜测："What is it？"。学生根据头

---

① 中华人民共和国教育部. 义务教育英语课程标准（2022年版）[S]. 北京：北京师范大学出版社，2022：31—32.

脑中相关的背景知识和生活经验，回答"It is a white egg."（egg 意为卵、蛋）。紧接着，我出示图片，学生根据图片复习上两课时中学过的蝴蝶和动物的生长过程。

在以上的教学中，教师借助了关键词及其联系的提示，结合了思维导图中的流程图以及树状图，简洁地展示语言运用的方法，促进学生对已有知识进行主动应用，从先后顺序的角度去分析事物的发展和内在逻辑，整理归纳知识，拓宽学生的思路。在复习旧知的同时，我对照着图片又留下一个问题："It is also small and white, what else can it be？"预设答案为 cocoon。在学生猜测的同时，教师没有急着给出答案，而是让他们带着好奇心走入今天即将学习的新知。以上思维导图的运用已为发展学生思维的逻辑性打下了基础。

（二）运用思维导图，丰富思维的逻辑性

小学高年级的英语教材以语篇阅读为主，阅读教材篇幅较中年级变长了，而思维导图在呈现时将思维转化为一种具体的行为方式，借助生动的图片资料以及将文本转化为可视化的图表，有利于学生梳理对文本的理解，锻炼逻辑思维能力，也有助于教师及时发现学生理解方面的偏差。同样以牛津英语5BM1U2 "How do silkworms grow？"一课为例。在本节课学习新知阶段，教师带领学生一起学习思维导图，学生通过阅读片段能够简单填入所获取的信息，根据文本及图示，能够依据外形特征、行为、能力有逻辑地进行语言输出。

以上文图转化一方面以图画的形式来表达信息，其本身就是一种信息转换方式，这会大大加深学生对学习材料的加工深度，进而会大大增加学生将其纳入长期记忆的可能性；另一方面，学生在画图过程中形成清晰的思维过程，有利于信息的提取。例如在学习完 silkworm/big silkworms 后，学生通过讨论自学，自我总结并画图，学习后两个过程的外形及能力的变化。

在学习完整个文本后，要求学生对之前四个树状思维导图进行整合。此时，学生不仅要回顾本课内容，还要结合以前学过的知识如生长变化过程、颜色变化、能力等，按照逻辑顺序进行整合和总结，这一点非常重要。

在文本的解读过程中，教师要引导学生思考文本的逻辑线索及事件内在的逻辑关系，引领学生自主探究，并结合学生已有的知识和生活经验，分析、判断和推理，进而归纳提炼，从而读通、读透文本，帮助学生在思维导图的指导下形成良好的阅读习惯，掌握有效的阅读策略，这一过程就是学生逻辑思维能力的训练过程。

　　因此，在小学英语阅读教学中应当注重基于核心素养，提升学生的思维品质。在设计阅读教学时，教师要结合思维能力的培养目标，优化阅读教学任务，关注课堂有效提问，引导学生梳理文本的逻辑关系，借助思维导图为学生提供思维训练的机会，搭建思维训练的平台，全方面提升学生的思维品质。

（撰稿者：周珊珊）

教学智慧 3-3

自主学习：提高数学学习质量

教和学是相互依存的，教师和学生是交互的主体，既要关注教师"如何教"，更要关注学生"如何学"，课堂教学应引导学生发挥主观能动性，激发学习动力；巧用教学艺术，发展自主学习能力；设计丰富多样的作业，点燃自主学习热情；优化家校合作，提升自主学习能力，让学生积极主动地去学习，完成被动的"要我学"到主动的"我要学"的转变，提高学生的数学学习质量。

一、发挥主观能动性，激发自主学习动力

《义务教育数学课程标准（2022年版）》指出："学生的学习应该是一个主动的过程，独立思考、动手实践、自主探索、合作交流是学习数学的重要方式。"[1] 在新课程标准下，素质教育强调在教学过程中发挥学生的主观能动性，新课程标准倡导的自主学习、探究性学习、合作学习也是以学生的积极参与为前提的。基础教育阶段，教师要格外重视学生的学习动力，而最好的动力来源于学生对所学知识的内部兴趣。对小学生来说，他们正处于养成习惯的关键期，因此，抓住关键期，运用多种不同的手段激发学生的学习动力，是培养小学生自主学习能力的有效手段。

例如，在教学《轻与重》一课时，当教师提出"有什么好方法能让我们既

---

[1] 中华人民共和国教育部. 义务教育数学课程标准（2022年版）[S]. 北京：北京师范大学出版社，2022：3.

方便又快速地知道剪刀、铅笔、橡皮、尺以及胶棒的轻重"这一问题时，很多学生都说可以用天平，课前很多小朋友自己制作了简易天平，并用自己制作的天平比较出了不少物体的轻与重。在课前布置自己动手制作一个简易天平的任务后，班中学生各显神通，纷纷发挥自己的聪明才智，有的用直尺和一次性塑料杯制作出了简易天平，比较出了两块积木的轻与重，有的用纸制材料制作出了天平，比较了发绳和塑料盖的轻与重……

小朋友们动力很足，想法也都很精彩，在这种情况下，学生的自主学习能力得以充分发挥。因此在教学过程中，教师要处理好讲授与学生自主学习的关系，引导学生独立思考，发挥出他们的主观能动性，从而激发出学生的内在学习动力，提高数学学习的质量。

二、巧用教学艺术，提高自主学习能力

《义务教育数学课程标准（2022年版）》指出：教师要选择能引发学生思考的教学方式，要丰富教学方式，改变单一讲授式教学方式，注重启发式、探究式、参与式、互动式等，选择合适的教学方式或多种教学方式相结合，组织开展教学。① "教师可以利用信息技术对文本、图像、声音、动画等进行综合处理，丰富教学场景。"② 因此，教师要巧用教学艺术，在潜移默化中发展学生的自主学习能力。首先，要让学生体验到学习是一件快乐的事，有趣的事，从而激发学习的热情，树立学习的信心，增强自我效能感，从而发展学生的自主学习能力。③ 此外，主动探究是自主学习的重中之重。自学是主动探究的动力，教师在教学中主动引导学生自主设疑，能锻炼学生的逻辑思维能力。教师还可以组织学生开展自主探究和合作探究活动，培养学生的创造性思维。这就要求师生之间、生生之间充分互动，根据教学内容开展自主探究和合作探究活动。根据学生的心理特点和年龄特征来选择探究内容，增加学生的知识储备，利用各类数字化学习资源，让学生在探究问题的过程中学习知识、训练思维。

---

① 中华人民共和国教育部. 义务教育数学课程标准（2022年版）[S]. 北京：北京师范大学出版社，2022：86.
② 中华人民共和国教育部. 义务教育数学课程标准（2022年版）[S]. 北京：北京师范大学出版社，2022：89.
③ 陈华. 核心素养视角下小学数学生本课堂的构建［J］. 天津教育，2022，（25）：101—103.

例如在教学《时、分、秒》时，我们要考虑到小学生对时间的认识和理解需要相当长的时间，因为时间单位不像长度、重量那样容易用具体的物体表现出来，它比较抽象，不容易被理解和掌握。所以在课堂教学中，我先以游戏开始：闭眼趴在桌上，尝试用自己的方法估计1分钟，看看谁估计的1分钟最精确，借此来激发学生的兴趣。虽然很多小朋友估计得不是很准确，但是他们的积极性都很高，并且对1分钟已经有了初步的感知。接着，他们通过1分钟能计算多少道口算题或者写多少个汉字进一步感知了1分钟。最后我展示查阅到的资料：银行的点钞机1分钟能数1500张人民币；喷气式客机1分钟能飞行18千米；三峡水电站1分钟可以发电70000度，如果以每月用100度电计算，这些电可供一个家庭用58年等内容，学生因此对1分钟的感知更深刻了。很多学生主动在课后实践1分钟还能做些什么事，比如一分钟可以走多少米，一分钟可以整理几本书等。《时、分、秒》一课的难点是初步建立1分钟、1秒的量感。在课堂教学中，只有让学生通过各种操作活动去亲身感受，他们对时间的理解才会水到渠成。

教学中，教师需要巧用教学艺术，巧设教学环节，比如在探究新知环节主动引导学生自主设立疑问，锻炼学生的逻辑思维能力，组织学生开展自主探究和合作探究活动，培养学生的创造性思维。在课堂上，教师通过开展一些自主探究活动，根据学生的心理特点和年龄特征来选择探究内容，增加学生的知识储备，利用各类学习资源让学生在探究问题的过程中学习知识、训练思维。这些充满教学艺术的小技巧都可以充分调动学生的学习积极性，激发学生的学习动力，发展学生的自主学习能力。

三、设计丰富多样的作业，点燃自主学习热情

《义务教育数学课程标准（2022年版）》指出：优化习题设计，注重发展素养。设计丰富多样的习题，满足巩固、复习、应用、拓展的学习需要。[1] 因此，教师应设计形式多样、新颖、内容丰富、富有趣味性的作业，以此凸显学生的主体地位，点燃学生自主学习的热情，打破对知识的重复记忆和机械练

---

[1] 中华人民共和国教育部. 义务教育数学课程标准（2022年版）[S]. 北京：北京师范大学出版社，2022：94.

习，由学生被动完成作业到主动地自主完成，从而实现数学学习质量的提高。教学中教师要充分发挥引导作用，主动促进学生的独立自主学习，比如课前让学生做好自主预习工作。在传统的教学模式下，教师很难在学生课前预习的时候给予指导，而利用多媒体技术融"微课视频"于视频作业中，可以有效地突破空间与时间的限制。

例如，在教学《七巧板》一课时，我录制了一段七巧板的来历以及如何制作七巧板的视频，学生可以通过课前观看视频对七巧板有一定的了解，并且自己根据视频制作七巧板，进一步加深对七巧板的认识。面对这样具有动态性、趣味性的预习作业，学生的预习兴趣自然高涨。而且，微课视频是可以反复播放的，能力较弱的学生可以多次观看，进行高效预习，这就兼顾了学生的个体差异。又如，在学习《轻与重》这一课之前，我让学生找出身边常见的两样物体进行比较，在没有测量工具的情况下可以用掂一掂的办法来估计物体的轻重，并用规范的语言表述两种物体比较的结果，学生很乐意去完成这类操作性强的实践作业。通过课前自主的动手操作，比一比、说一说物体的轻重，学生对轻与重有了初步的感知。此外，我让学生自主选择生活中的两样物品，比较轻重，并说一说是怎样比的，学生根据已有的生活经验，纷纷在课堂上分享自己的比较结果。这样的课前预习作业不仅能够激发学生的学习兴趣和动机，还可以让他们感受到数学与日常生活的密切联系。此外，还可以设计一些制作类作业，比如学生在学习《时、分、秒》后，动手制作一些小报，可以剪一剪、画一画等，在动手操作中深化对时间的理解。

随着课程改革的不断深入和《义务教育数学课程标准（2022年版）》的发布和实施，对数学作业的要求也越来越高。小学生的作业不应该是单一的习题，而应该是设计新颖、内容丰富、形式多样、富有趣味的综合体。这样不仅能激发学生自主学习的热情，更能够帮助他们更好地掌握所学的数学知识，从而提高数学学习质量。

四、优化家校合作，提升自主学习能力

在由家校以及社会构成的教育网络中，学校教育的重要性不言而喻，而家庭教育也是至关重要的，将会对学校教育的效果产生影响。《义务教育数学课程标准（2022年版）》也指出："家校协同，建立监控、指导、评价、激励机制，适时交流和开展个性化指导，营造自主学习的良好环境。"① 良好的家校环境可以为学生形成独立思考、自主学习、善于创新等学习习惯提供适宜的环境和氛围。首先，孩子的主要学习空间除了学校就是家庭，父母在家中创造清静、安宁的学习环境，不仅能使学生聚精会神、思路清晰，还有利于学生增强对学习的兴趣，为自主学习提供动力。

例如在学习完一个单元的内容后，我布置了基于单元学习内容制作思维导图的亲子活动。孩子们纷纷响应，有的利用电子设备如电脑、iPad、手机制作出内容详尽、形式多样的思维导图，有的通过小报的方式绘出思维导图，在与家长的通力合作下，孩子们的最终成果让人惊喜。

学生乐于学习，有良好的自主学习能力是一种理想的学习状态，而对学生自主学习能力的培养并不是一朝一夕就能够完成的，需要教师精心准备每一节课，精心设计每一个教学环节。只有坚持培养学生的独立思考、自主学习能力，重视家校合作，给予学生自由成长、自主学习的空间，让学生在长期的锻炼中学会进行探究式学习，学会独立思考，最终学生的自主学习能力才能够逐渐得到提高，数学学习质量才能得到有效提高。

（撰稿者：张迎迎）

---

[1] 中华人民共和国教育部. 义务教育数学课程标准（2022年版）[S]. 北京：北京师范大学出版社，2022：89.

教学智慧 3-4

任务导学：促进儿童灵动表达

围绕语篇主题意义设计逻辑关联的语言实践活动，是义务教育英语课程的重要理念，任务导学是这一理念的落实方式之一。任务导学在小学英语教学中包括课前目标导学、课上任务导学、高频互动导学和课后评价导学。通过目标导学，培养良好学习习惯；通过任务导学，促进儿童语言实践；通过高频互动导学和课后评价导学，能够让儿童增强自信、获得成就感，最终促进儿童英语灵动表达。

《义务教育英语课程标准（2022年版）》提出了"围绕语篇主题意义设计逻辑关联的语言实践活动"[①] 这一教学理念，任务导学是这一理念的落实方式之一。任务导学是一种基于任务的教学模式，它将学习者置于真实的情境中，通过完成某项任务来达成特定的学习目标。任务导学注重儿童自主学习和合作学习，倡导让儿童成为课堂的主角，激发儿童的学习兴趣和动力。任务导学有助于使儿童更好地掌握英语语言应用能力，增强跨文化交流的能力，提升实际运用水平。同时，任务导学也有助于提高儿童的自主学习和合作学习能力，培养他们的创新思维和实践能力，符合《义务教育英语课程标准（2022年版）》对儿童全面发展的要求。任务导学的应用更能促进英语教育课程改革，推动教

[①] 中华人民共和国教育部. 义务教育英语课程标准（2022年版）[S]. 北京：北京师范大学出版社，2022：36.

育教学方式的转变，为儿童的全面发展提供更多可能性，并符合未来社会和经济发展的需要。

基于此，本文尝试运用任务导学教学策略，促进儿童英语灵动表达。任务导学在小学英语教学中可分为以下四个部分：课前目标导学、课上任务导学、高频互动导学、课后评价导学。本文以牛津英语2BM3U1"The four seasons"一课的教学为例，阐述笔者运用任务导学教学策略，将收集花朵、完成儿歌、阅读故事书、自绘故事书这四个任务有机结合，鼓励二年级儿童积极思考，灵动表达，提高儿童对英语学习的主动性和参与度。

一、目标导学：培养良好学习习惯

《义务教育英语课程标准（2022年版）》提出：课堂上要创设良好的学习氛围。引导学生注意倾听、乐于模仿、大胆表达。[①] 根据《义务教育英语课程标准（2022年版）》对预备级儿童的英语教学提示，教师应该通过任务导学，提供自然、地道的视听语言输入，帮助儿童理解学习内容的意义。

例如，在"The four seasons"一课的教学中，教师设计了达成学习要求可收集花朵的目标（任务1），用收集花朵的目标激励儿童完成各项学习要求。上课之前，向儿童明确本节课如果他们能够注意倾听、乐于模仿、大胆表达，达成学习要求，就能在学习环节收集花朵。

通过目标导学，在收集花朵目标的引导下，儿童能积极积累听说词汇，并能积极开展简单的交流会话，养成良好的学习习惯。

二、任务导学：促进语言实践

《义务教育英语课程标准（2022年版）》提出："注重学生的体验、感知和实践，激发低年级学生的英语学习兴趣，保持他们学习的注意力"，"带领学生声情并茂地朗读故事"，"引导他们积极投入语言学习和实践"。[②] 根据《义务教育英语课程标准（2022年版）》的教学提示，教师应该选取贴近儿童日常生活的主题，如在"The four seasons"一课的教学中，选取一年四季家庭生活的

[①] 中华人民共和国教育部. 义务教育英语课程标准（2022年版）[S]. 北京：北京师范大学出版社，2022：34.
[②] 中华人民共和国教育部. 义务教育英语课程标准（2022年版）[S]. 北京：北京师范大学出版社，2022：34.

主题，激发儿童的学习兴趣。

教师在主题中设置儿童完成儿歌的学习任务（任务2），通过Kitty和Ben在去动物园的路上、在动物园参观、在动物园野餐的三个故事情节，将儿童带入Kitty和Ben的故事情节中，复习巩固本单元的语音学习内容：s和z在单词中的发音，这也是为下一个故事阅读的任务做铺垫。

儿童在贴近日常生活的情景中充分体验、感知和实践，积极投入语言学习和实践。

教师将课本的故事进行改编，开展阅读故事书的任务（任务3）。在Kitty和Ben的故事前增加了Ben的单人故事，突出了单数主语到复数主语的转变，对本单元教学难点（把句子从单数主语I like转变成复数主语we like，并对句子中其他由单数到复数的转变进行相应变化）进行了强化。

通过任务导学，儿童积极投入语言学习，在声情并茂的故事朗读中保持了学习的注意力，英语表达更流畅、灵动。

在完成任务3中的阅读故事书和练习册涂色复述故事之后，儿童尝试完成分层作业。能够流利输出的儿童，尝试完成自绘故事书的任务，即任务4，绘制并利用核心词汇、句型展示故事；输出有困难的儿童可以选择完成朗读课文的作业。分层作业确保学习困难的儿童也能完成学习任务。

在任务导学的教学策略下，儿童能在图片以及词组、句型结构的帮助下介绍自己喜欢的季节，包括气候特征、该季节能看到的景物、自己在该季节里喜欢做的事情等。儿童通过对自己喜爱的季节和喜欢做的事进行描述，进一步形成热爱季节、热爱大自然、热爱美好生活的情感体验，体会家人的陪伴带来的快乐，也就是达到了《义务教育英语课程标准（2022年版）》所要求的"发展语言能力、培育文化意识、提升思维品质、提高学习能力"[1]的学习目标。

三、互动导学：增强自信

《义务教育英语课程标准（2022年版）》提出：教师应"采用以激励为主

---

[1] 中华人民共和国教育部. 义务教育英语课程标准（2022年版）[S]. 北京：北京师范大学出版社，2022：5—6.

的评价方式，鼓励学生大胆开口、乐于参与学习活动。"① 根据《义务教育英语课程标准（2022年版）》的教学提示，教师应该重点关注儿童的课堂表现和参与程度。

教师可以通过高频互动的方式来引导儿童的学习。教师通过提问回答的方式进行互动，让儿童参与课堂讨论和思考。例如，在介绍一个新概念或知识点时，教师可以询问儿童对此有何了解或想法，并鼓励他们表达自己的看法。

教师还可以设计小组讨论、角色扮演等活动，促进儿童之间的互动和交流。通过小组讨论，儿童可以更好地理解课程内容，同时提升团队合作能力和口语表达能力。在角色扮演中，儿童可以身临其境地体验到不同角色的情感和行为，从而更深入地理解相关概念和知识。

教师可以利用多媒体设备和互动工具来增加课堂互动性。例如，使用投影仪展示相关图片或视频，让儿童更加直观地了解课堂内容；在线上教学时，通过在线问答，让儿童及时参与课堂互动，提出问题并得到回答，增强他们的学习兴趣和积极性。例如，在"The four seasons"一课的教学中，教师请儿童上台朗读、回答问题，并对儿童的表现进行及时评价和反馈；教师将粉笔递给儿童，让儿童自己在黑板上手写填空，提升了儿童的专注度与课堂参与感。

通过互动导学，教师可以培养儿童的创新思维和团队合作能力，加深他们对课堂内容的理解和记忆，并提高儿童的学习效果和参与度。

四、评价导学：获得成就

根据《义务教育英语课程标准（2022年版）》的教学提示，儿童能从评价中获得成就感，教师应该重点关注儿童的课堂表现和参与程度，并给予评价。

教师可以在课后通过以下几种方法评价导学。首先，需要对儿童的表现进行客观分析和评价，并以此为基础制订下一步的教学计划。例如，如果儿童对所学内容掌握不够扎实，教师可以针对具体的知识点或技能加强讲解，或者布置特定的练习作业来帮助儿童。

教师还可以与儿童交流，了解他们的学习需求和反馈意见。在评价儿童

---

① 中华人民共和国教育部. 义务教育英语课程标准（2022年版）[S]. 北京：北京师范大学出版社，2022：34.

时，教师可以向儿童询问他们对教学内容、教学方法和教学效果的看法，从而更好地了解儿童的学习状况。同时，教师也可以借此机会向儿童传达自己的期望和要求，鼓励他们积极参与课堂活动，提高学习效果。

教师还可以采用多种评价方式，如口头评价、书面评价、小测验等，以便更全面地了解儿童的学习情况。例如，在课后对儿童进行小测验，可以检查他们对课堂内容的掌握程度，有针对性地调整教学进度和方式。

例如，在"The four seasons"的课程中，通过对132名儿童朗读作业的分析，发现有125名儿童（94.69%）能够用正确的语音语调朗读本单元的课文内容。其中，78名儿童（59.09%）还能够带着感情进行朗读。这表明大部分儿童通过学习本单元已经很好地掌握了听、说、读等方面的目标。通过评价导学，教师可以及时了解儿童的学习状况，并提升教学效果和儿童英语核心素养。

因此，在英语教学中，应该更多地采用任务导学教学策略，并设置具有挑战性和启发性的教学任务，以鼓励儿童主动探究、实践和创新，培养其自主学习和终身学习的能力。这样可以让儿童在实践中体验到英语学习的快乐与收获，并最终促进儿童英语的灵动表达。

（撰稿者：潘学怡）

教学智慧 3-5

激情引趣：打造有意思的体育课堂

体育课程具有体育学习实践性和健康教育实用性的特点。体育课堂教学设计要关注儿童特点，从情境创设、器材选用、游戏介入、评价妙用等方面出发，让学生在玩中学、玩中练，激发儿童学习兴趣，提高体育参与性，打造有意思的体育课堂。

《义务教育体育与健康课程标准（2022年版）》指出："体育与健康课程以身体练习为主要手段，以体育与健康知识、技能和方法为主要学习内容，以发展学生核心素养和增进学生身心健康为主要目的。"[1] 体育学科需要学生在实践中掌握运动技能，提升参与运动的热情，增强身体素质。根据小学低年级学生思维活跃、反应敏捷、模仿能力和接受能力强的特点，教师在教学设计时要关注学生特点，从情境创设、器材选用、教学策略、运用评价等方面出发，让学生在玩中学、玩中练，不断激发学生的学习兴趣，提高学生参与体育的兴趣。如何打造有意思的体育课堂，是每一位体育教师需要不断研究的课题。

一、创设情境，激发兴趣

《义务教育体育与健康课程标准（2022年版）》提出：体育与健康课程具

---

[1] 中华人民共和国教育部. 义务教育体育与健康课程标准（2022年版）[S]. 北京：北京师范大学出版社，2022：1.

有体育学习实践性和健康教育实用性的特点，创设丰富多彩、生动有趣的教学情境，激发学生的学习热情，帮助学生理解和掌握知识与技能，提高解决实际问题的综合能力，是体育教学的重要任务。[①] 在小学低年级的体育课堂上，创设情境实施教学，更有利于学生的学习。

例如，在教学一年级投掷单元《持轻物掷远》一课时，教师创设了"勤劳的小农民"到果园拯救被害虫侵害的果树这一教学情境。在本节课中，学生化身为小农民。在课的开始，教师通过小游戏将器材——海绵球以"下发农具"的方式给学生。在教学过程中，引导"小农民"们通过练本领——反弹球比响，提技能——反弹球比高两个环节，来实施教学，解决课堂教学快速挥臂的重点问题。通过"小农民打实战"环节，用海绵球投准果树上的害虫，来解决学生在投掷时要把握正确的投掷方向的重点问题。通过设计"打下害虫"环节，提醒学生出手速度要快。学生在此情境中，学练积极，不断练习投掷动作，强化动作的动力定型，为今后的教学打下基础。在综合活动中，设计了"小农民强身体"环节，目的在于回收部分下发的器材，通过跑动发展学生的下肢力量，为接下来的果园劳动打基础。课程最后，引导学生将打下来的害虫通过往返接力的方式收集在一起，并进行集中掩埋，告诉学生是在为来年的果园施有机肥，从而拓展学生的知识面。

又如在二年级《前滚翻》教学时，教师以"快乐的小皮球"为主题，通过"小皮球学本领""小皮球练本领""小皮球赛本领""小皮球长见识""小皮球乐开花"等情境进行教学，以学生身心发展为中心，创设生动有趣的教学情境，让他们在愉悦的情境中积极主动地参与学习，轻松地完成教学任务。整堂课的设计注重激发学生的学习兴趣，学、练、玩、赛相结合，营造出生动有趣的氛围，使体能、技能自然渗透其中。

在以上两节课中，学生在生动形象的情境中模仿教师动作，跟随语言提示，积极投入"小农民"和"小皮球"的角色中进行学练，学习热情高涨，积极参与并主动思考，学习效果显著。

[①] 中华人民共和国教育部. 义务教育体育与健康课程标准（2022年版）[S]. 北京：北京师范大学出版社，2022：3.

二、巧用器材，吸引兴趣

《义务教育体育与健康课程标准（2022年版）》提出：体育与健康课程要积极开发和充分利用其他场地、器材、设施资源。[①] 在教学设计时，教师要考虑怎样合理选用器材，让器材在课堂教学中发挥最大作用，使器材物有所用。在小学体育教学中，吸引学生主动学习的方式就是游戏，体育器材与游戏相结合，让器材运用增加课堂有效性、趣味性，这对学生达成学习目标有着举足轻重的作用。

在低年级体育课中，色彩鲜艳的器材，能有效吸引学生的注意力。比如，在一年级《投掷》教学中，将多种颜色的"笑脸球"作为教学器材，于是，学生看到色彩各异、带着笑脸的海绵球，都纷纷想要上手一试。"笑脸球"成功吸引了学生兴趣，为进一步教学打下了基础。在二年级《前滚翻》教学中，选用色彩鲜艳的海绵棒和彩色小铃铛，也一下子吸引了学生注意。因此，教师应乐于尝试器材在教学中的应用，投入教学环节。在综合活动中，彩色海绵棒与标志桶底座结合，器材的组合成功地吸引了学生的兴趣。学生的兴趣被调动起来，有利于教师在练习中增加难度，从而让学生能够在练习中不断提升运动能力。

又如在二年级跳跃单元《跑几步单脚起跳越过一定高度的橡筋》一课中，将不同颜色的彩色橡皮筋作为器材，在吸引学生学习兴趣的同时，也将彩色橡筋应用于动作评价中，刺激学生更激情地投入练习。

发挥器材的多种功能对体育教学十分有帮助。"体育与健康教育器材一般都可以一物多用、一物巧用。"[②] 体育课教学中，器材的巧妙应用也是吸引学生学习兴趣的有力手段。例如，在一、二年级《民间体育——跳短绳》一课中，在主教材教学部分，短绳是用来学练跳的；但在课的开始部分，短绳可以用在热身操中，用来拉伸关节；在综合活动中，又可以作为投掷的轻物、标志线、图标摆件等使用。在老师的创新设计下，器材的巧用吸引了学生兴趣，提升了课

[①] 中华人民共和国教育部. 义务教育体育与健康课程标准（2022年版）[S]. 北京：北京师范大学出版社，2022：130.

[②] 中华人民共和国教育部. 义务教育体育与健康课程标准（2022年版）[S]. 北京：北京师范大学出版社，2022：131.

堂教学的效果。

三、游戏介入，提升兴趣

《义务教育体育与健康课程标准（2022年版）》提出："在1~2年级，重点通过体育游戏发展学生的基本运动技能，让学生在玩中学、玩中练，激发学生的运动兴趣。"[1] 小学低年级的教学内容一般比较简单，没有较难的技术，是可以通过游戏的形式来教学的。[2] 因此，可以对教学内容进行游戏化的改造，让学生在体验乐趣的同时掌握一定的技能。根据学生好动、好玩的心理特点，将每堂课的教学练习内容进行游戏化设计，提升学生练习兴趣的同时，更利于教学的有效实施。

在一年级《投掷》教学中，以游戏化教学提升学生的学练兴趣，在反弹球比响练习中，引导学生小组在学练中反复练习，学生因此专注于球击地发出的声音大小，从而得出快速挥臂的重点。这个游戏化练习的设计，比老师简单地告诉他们手臂挥得快然后进行练习，来得更有意思。学生在游戏化环节更乐意参与练习，并自己悟出动作的要领。

在二年级《前滚翻》教学中，先引导学生通过深蹲推手跳和前后滚动两个练习复习前一课次的内容，接着让学生观看多媒体视频的完整动作示范，配合教师的讲解，让学生明确练习的方法和要求，在练习中融入口诀：一蹲二撑三低头，团身滚翻像圆球。在设计评价环节，引导学生在观察同伴动作时，尝试对同伴的动作进行简单的评价，进一步直观建立正确的动作概念，对于完成质量好的同伴给予贴纸奖励，在合作交流中提升学生探究学习的能力和人际交往能力。为了让学生的动作完成的质量更高，在垫子中间加设彩虹圈，引导学生在滚翻中过程中的身体始终保持团身紧，从而掌握滚翻动作的重点。综合活动设计"小刺猬运果子"的游戏，进行障碍接力跑比赛。学生分组站在起点线后，听到发令声后，第一名学生手持海绵球跑动，爬过垫子，钻过彩虹圈，跨过彩虹桥，将海绵球放入灵敏圈内，迅速跑回起点。学生通过跑、跨、爬等形

---

[1] 中华人民共和国教育部. 义务教育体育与健康课程标准（2022年版）[S]. 北京：北京师范大学出版社，2022：121.
[2] 郑泽兵. 小学低年级体育课教学[J]. 科学咨询（教育科研），2010（11）：90.

式进行练习，养成遵守规则的习惯，体验劳动后收获的喜悦。课程结束部分设计"小刺猬庆丰收"的调节小游戏，让学生在欢快的放松活动中，结束整堂课的学习。整堂课的设计富有童趣，教学环节紧凑，让学生在不知不觉中提升了能力。

四、评价妙用，持续兴趣

《义务教育体育与健康课程标准（2022年版）》提出："通过多样化的学习评价，促进学生达成课程目标，发展核心素养。"① 在体育课程学习的评价方式上，教师可以根据课堂教学目标和要求，设定不同维度的评价内容。从学生的实际情况出发，采用比赛评价、口头评价、贴纸奖励、运动参与等方法，巧妙地运用评价让学生的学习兴趣持续保持。评价的运用要注重调动学生的积极性，从而实现保持学练兴趣的目的。

例如，在一年级投掷课《勤劳的小农民》一课中，反弹球比响环节主要是为了实施学生出手快的教学重点。教师针对学生练习情况，采用了贴纸激励的方法，学生的学习兴趣一下子被调动了起来，学习积极性高涨，为了能得到贴纸，学生纷纷对标练习要求，积极学练。同样在这节课中，后续采用了"打下小虫"这一评价形式，使学生明确掌握投掷动作的出手速度和出手方向，为后续教学做好准备。

在体育课教学中，教师要关注教学情境的设计，在教学中巧用器材，设计游戏化的教学，巧妙运用评价维度，不断激发学生的学习兴趣，提升学生在体育课堂中的积极性，提高小学体育课堂教学效率，从而提高学生进行体育学习的技能。总之，教师应打造让学生充满兴趣的课堂，使小学体育教学焕发出新的生机，让学生感受到体育课堂的无限魅力，最终实现小学体育教学水平的整体提高。

（撰稿者：周靓）

---

① 中华人民共和国教育部. 义务教育体育与健康课程标准（2022年版）[S]. 北京：北京师范大学出版社，2022：125.

教学智慧 3-6

项目学习：丰富儿童模型搭建经历

项目学习具有导向性、问题驱动性、路径开放性、结果产品性等特性，是让儿童基于特定学习目标，对有关驱动性问题采取多样的路径和方法进行深入持续的探索，最终获得具有产品属性的学习结果的一种实践性学习方式。在小学自然模型搭建教学中，通过创设情境实施项目学习，有利于提高学生的体验感；通过丰富的活动方式实施项目学习，有助于学生多角度理解与运用知识，形成创造性地解决新问题的能力。

《义务教育科学课程标准（2022年版）》提出："倡导设计学生喜闻乐见的科学活动，创设愉快的教学氛围，保护学生的好奇心，激发学生学习科学的内在动机。""重视师生互动和生生互动，引导学生对所学知识和方法进行总结、反思、应用和迁移，促进学生自主学习和合作学习。"[1] 项目学习具有导向性、问题驱动性、路径开放性、结果产品性等特性，是让儿童基于特定学习目标，对有关驱动性问题采取多样的路径和方法进行深入持续的探索，最终获得具有产品属性的学习结果的一种实践性学习方式。在小学自然模型搭建教学中，可以实施项目学习，通过丰富的活动方式，培养学生学会自主探究、形成创造性地解决新问题的能力与品质。鉴于此，本文以小学自然远东版四年级下

---

[1] 中华人民共和国教育部. 义务教育科学课程标准（2022年版）[S]. 北京：北京师范大学出版社，2022：3.

册《宇宙中的太阳系》为例，谈一谈在模型搭建教学中进行项目学习的具体实施路径和策略。

一、自主收集资料，初步认识太阳系

《义务教育科学课程标准（2022年版）》提出：小学 3～4 年级学生应该能用二维方式表达三维空间的物体；比较事物的某些基本特征，根据不同的目的进行分类，基于事物之间的功能相似性进行类比。①《宇宙中的太阳系》是小学自然远东版四年级下册第六单元《太空中的地球》的第 6 课时。学习本节课内容之前，学生需要知道地球、月亮等都是太阳系中的成员，地球是一颗行星，月亮是地球的卫星等知识。"太阳系"对于四年级的小学生而言是一个比较宏观的概念，学生对太阳系的组成及几大行星的排列顺序已在课外有或多或少的了解，因此显得既有点儿熟悉，又有点儿陌生。针对这样的情况，本课时将学生分为六个学习小组，每组选出一名组长，负责方案设计与总结汇报，同时要求组员在课外积极地进行信息收集活动。学生通过学习小组间的交流分享、分析数据信息和搭建太阳系行星模型的方法来认识和了解太阳系，这对于培养学生运用科学的方法开展自主探究具有深远的意义。

1. 根据课前调查任务单活动一的提示，学生在课前搜集资料，并采用思维导图的方式呈现太阳系中各天体之间的关系，同时补充太阳系行星资料收集表格，表格中包含行星名称、与太阳的距离、直径、各行星与水星直径的倍数关系等数据。

2. 在课前，组长组织组员对太阳系行星资料收集表格进行核对，且重点核查各行星与水星直径的倍数关系是否正确。核对完成后，组长将最终数据汇总到本组数据中，同时组织组员推选出本组用于展示的各天体之间关系的思维导图。

在本课教学时，注重创设情境，提升学生的体验感。在导入环节，教师播放了一段关于太阳系中各行星的短片，振奋人心的视频瞬间吸引了学生的眼球，转换了学生的视角。在此情境中，课堂于无形中引导学生回忆和认知出现

---

① 中华人民共和国教育部. 义务教育科学课程标准（2022年版）[S]. 北京：北京师范大学出版社，2022：10.

的各行星的名称，进一步加深对太阳系中的行星的认识。在此基础上，通过教师展示的课前各小组上传的表示太阳系各行星之间关系的思维导图，学生可以快速识别出各思维导图的优劣之处，激发出表达欲望，同时为后续的建模活动奠定基础。

二、灵活选用材料，搭建太阳系行星模型

《义务教育科学课程标准（2022年版）》提出：小学3~4年级学生应该能观察并描述具体事物的构成要素，分析并表达要素之间的关系，找到它们之间重要的、共同的特征；利用模型解释简单的科学现象。① 在完成了各天体之间关系的思维导图展示后，老师向学生展示搭建太阳系行星模型的材料和搭建过程的评价内容，并固定太阳模型球的位置。组长组织组员商讨搭建方案，包括：①正确找到对应的模型球、颜色标签和名称标签；②正确摆放模型球位置、颜色标签和名称标签。

学生在搭建太阳系行星模型期间，老师在各小组间巡视，及时解答建模活动中学生遇到的问题。第二小组的组长代表小组成员在选择行星模型球时提出了这样的问题："将水星的直径看作1，金星的直径约2.5，地球的直径约2.6，行星模型球可供选择的直径有2 cm、2.5 cm和3 cm，那么地球模型球应该选择2.5 cm还是3 cm呢？"在此基础上，老师引导学生仔细观察所提供材料："是否可以对这两个模型球有所区分呢？"细心的学生发现了颜色包装纸："可以选择2.5 cm的模型球模拟地球，用蓝色包装纸模拟地球颜色的时候多包几层，而用金色包装纸模拟金星颜色的时候，只包一层或者贴上贴纸，这样就可以对这两个模型球的大小做出区分了。"组员听完后，纷纷对发言同学点头表示赞同，继续投入紧凑的建模活动中。其他小组在建模活动中也遇到了问题，老师一一给予解释。小组长将疑问与解决方案汇总，方便后续交流分享。

卢梭说过："看看你的学生的知识和我的学生的无知之间的区别吧，你的学生学习地图，我的学生制作地图。"简而言之，就是倡导学生在"做中学"，在

---

① 中华人民共和国教育部. 义务教育科学课程标准（2022年版）[S]. 北京：北京师范大学出版社，2022：10.

活动探究的过程中提高学生的思维能力。①

　　基于此，本课设计了丰富的教学活动，从不同角度让学生认识太阳系。以了解太阳系中八大行星的排列顺序为主体项目活动，依次拆分为三个子项目活动。子项目活动一：阅读调查，从问题驱动开始：①你需要了解太阳系的哪些情况？②如何处理资料中的一些数据？完成任务1：采用思维导图或画图的方式呈现出太阳系中各天体之间的关系；任务2：整理太阳系行星资料收集表（表格包含行星名称、与太阳的距离、直径、各行星直径与水星直径的倍数关系、其他特征等）。子项目活动二：搭建模型，从驱动问题开始：①制作过程大概是怎样的？②可能要用到的器材有哪些？根据提供的模型球材料，进一步完善子项目活动一中任务2太阳系行星资料收集表中的"选择模型球的直径"选项，同时小组协商如何分工合作完成行星模型搭建任务。子项目活动三：展示交流，从驱动问题开始：①你将通过哪几个方面向同学展示你的模型？②你能发现其他同学搭建的模型的闪光点吗？邀请组长介绍本组模型搭建的过程，邀请学生点评本组或其他组的太阳系行星模型，突出本组或其他组的闪光点。学生通过对三个子项目活动的分解完成，从初步认识太阳系的组成，到分析处理数据后能完整地搭建出太阳系行星模型，最后能够运用所学知识点评所搭建的太阳系行星模型；逐层深入，在活动中理解并运用所学知识，达到在"做中学"的能力素养提升。

　　由此可见，丰富的活动方式，有助于学生多角度理解与运用所学知识；同时，活动有助于提升学生发现问题、解决问题的能力，培养学生的综合能力，将核心素养的培育无声地渗透到学生的学习过程中来。

三、分享建模心得，展示"太阳系"

　　《义务教育科学课程标准（2022年版）》提出：能准确讲述并反思自己的探究过程和结果，作出自我评价与调整。初步具有交流、反思以及评价探究过

---

① 周盼盼．在活动中丰富学生体验　在情境中构建趣味课堂——以"运动的相对性"教学为例 [J]．中学物理教学参考，2021，50（27）：41—43．

程和结果的意识。① 成果展示是项目化学习的重要环节，它既可检测学生对项目任务完成的质量情况，又能让其他小组在汇报展示中互相学习和借鉴。教师在这个环节中应该起主导作用，并随时对学生的成果进行评价。②

在分享建模心得环节，第三小组向大家展示了他们小组的建模成果："我们按照距离太阳模型球由近到远的方向进行排列，它们依次是水星、金星、地球、火星、木星、土星、天王星、海王星，分别选择了直径为 1 cm、2.5 cm、2.5 cm、1.5 cm、30 cm、25 cm、10 cm、10 cm 的行星模型球，其中地球的直径比金星的直径略大，我们采用在地球模型球外面多包几层蓝色包装纸的方式对二者进行区别，天王星的直径比海王星的直径略大，也采用同样的方式进行区分。"第六小组也向大家展示了他们小组的建模成果："我们与第三组不同的地方在于，选择了直径 3 cm 的地球模型球和 12 cm 的天王星模型球，然后都用颜色贴纸贴在行星模型球外表示颜色。"第五小组向大家展示了他们小组的独特之处："我们发现土星很特别，它有土星环，这是其他行星没有的，而提供的建模材料里面没有土星环，我们将包装纸进行拆分重组，自制了一个土星环。"没有完成行星建模活动的小组，在听完其他小组的汇报后，意识到自己小组的不足之处，并迅速进行了纠正。

汇报结束后，老师就小组成员团结协作、灵活运用材料、高效完成建模活动进行了一一点评。例如，第三小组课前资料收集资料全面、正确处理数据、组员配合默契，正确找到了太阳模型球、行星模型球的摆放位置、行星名称标签和行星颜色标签。

对于学生而言，体验式评价主要是指学生是否自主参与了课堂活动，是否完成了既定的学习目标，是否在所学知识的基础上生成了自己的东西等，这就是以动态的眼光看待学生，从学生的整个参与面评价。③

基于此，本课针对三个子项目活动分别设置了活动评价选项（如表 3-1、

---

① 中华人民共和国教育部. 义务教育科学课程标准（2022 年版）[S]. 北京：北京师范大学出版社，2022：12.
② 汤江萍. 以生为本，促进项目化教学——以《纸的发明》教学为例 [J]. 湖北教育（教育教学），2022（4）：45—46.
③ 孙佳佳. 小学科学课堂教学评价应用的探究 [J]. 新教育，2013（11）：54.

表3-2、表3-3所示），学生通过打星的方式记录自己的活动评价，最后汇总得到主项目活动的得星数量。

表3-1 阅读调查评价项

活动内容	活动要求	达成情况
课前调查	① 认真阅读资料，完成调查任务一	
	② 在记录单上正确填写数据，完成调查任务二	

（备注：达成相关活动要求的，在"达成情况"一栏内填入相应的☆）

表3-2 搭建模型评价项

活动内容	活动要求	达成情况
搭建模型	① 正确找到对应的模型球、颜色标签和名称标签	
	② 正确摆放模型球位置、颜色标签和名称标签	

（备注：达成相关活动要求的，在"达成情况"一栏内填入相应的☆）

表3-3 展示交流评价项

活动内容	活动要求	达成情况
展示交流	① 清楚正确地介绍所搭建的模型	
	② 能对其他小组的分享进行质疑、提问和交流	

（备注：达成相关活动要求的，在"达成情况"一栏内填入相应的☆）

同时，在学生得出主项目活动的得星数量，也就是学习成果之后，老师积极引导学生展示其学习成果，在生生、师生互动中对学习成果进行评价。对体验式评价单的设置，既可以引导学生的活动实践，让学生目标明确地参与实践操作，也可以更清晰地向学生展示需要达到的评价要求；让学生在操作的过程中内化所学知识，在完成操作的同时拿到星，可以激发学生意愿，并充分激发学生学习的热情与参与度。

《义务教育科学课程标准（2022年版）》提出："科学课程要培养的学生核心素养，主要是指学生在学习科学课程的过程中，逐步形成的适应个人终身发展和社会发展所需要的正确价值观、必备品格和关键能力，是科学课程育人的集中体现，包括科学观念、科学思维、探究实践、态度责任等方面。"① "学科项目学习是从某一个学科切入，聚焦关键的学科知识和能力，用驱动性问题指向这些知识和能力，在解决问题的过程中进行学科与学科、学科与生活、学科与人际的联系与拓展，用项目成果呈现出对知识的创造性、运用和深度理解。"② 在此次项目学习中，小组成员通过对课前调查资料的交流讨论，对太阳系有了初步的认识，同时激发了探究兴趣。然后，以活动评价单为依托，明确了"阅读调查""搭建模型""展示交流"等自主探究活动要点；以小组合作模式依托课前收集资料，针对探究主题进行自主探究；接着，组织学生进行成果展示，给予学生充分表达的机会，让学生完整地表达小组的研究成果，并通过组间交流的方式共同建构对太阳系的认识。通过丰富的活动方式与注重过程的体验式评价方式，课程逐步引导学生养成规范有序的活动习惯，提升学生自我评价的能力，为他们形成自我调控能力提供帮助，以评促教、以评促学。

（撰稿者：王双）

---

① 中华人民共和国教育部. 义务教育科学课程标准（2022年版）[S]. 北京：北京师范大学出版社，2022：4.
② 刘依婷. 以居家项目化学习架起"空中"与"生活"之桥——以"微生物与人类"为例[J]. 上海课程教学研究，2022（5）：45—51.

第四章

活：迈向境脉学习

教学方法具有"育人"的主要特征，教学方法的选择和运用需要坚持素养导向，体现育人为本的理念。"灵动课堂"是活的课堂，总是处于特定情境脉络之中，强调多样的方法和方法的灵活运用，体现在生动活泼、巧妙鲜活和实学活用等方面。"灵动课堂"致力于让儿童在知识的探索、能力的发挥、发现与创造欲上达到最佳状态，使课堂教学获得最高效益。

在教育领域，教学方法是教学过程中教师与学生为实现教学目的和教学任务要求，在教学活动中所采取的行为方式的总称，包括教师教的方法和学生学的方法，是教授方法与学习方法的统一。教学方法的选择要服务于教学目标和教学内容，是有效达成一定的教育目标、提升师生互动、促进学生能动性的重要前提。① 因此，教学方法具有"育人"的主要特征，教学方法的选择和运用需要坚持素养导向，体现育人为本的理念。

"灵动课堂"是活的课堂，总是处于特定情境脉络之中，强调多样的方法和方法的灵活运用，体现在生动活泼、巧妙鲜活和实学活用等方面。

1."灵动课堂"是生动活泼的

死气沉沉的课堂的突出特点是，忽视学习主体的需求和特点，每一课重复同样的教学方法，将原本应是活力满满、思维碰撞的课堂变成教师的"一言堂"，这样的课堂对于学生没有任何新鲜感可言，抑制了学生的思维发展，不能促进他们自主学习的意识，自然而然就"活"不起来。而一个充满活力的课堂氛围，会使学生在知识的探索、能力的发挥、发现与创造欲上达到最佳状态，使课堂教学获得最高效益。

"灵动课堂"是有生命活力的课堂，它致力于引导学生在质疑中产生活思维，在学习过程中能产生身体、情感、认知维度的共鸣或冲突；鼓励学生在合作探究中碰撞出活思维，运用分析、创造、问题解决等高阶思维参与学习；同时，致力于在实践运用中提升活思维，积极内化学科思维，建构学科结构。一句话，"灵动课堂"让学生在课堂质疑、探究和实践中发展高阶思维，做自己学习的主人，激发学习的主观能动性，促进核心素养的发展。

2."灵动课堂"是巧妙鲜活的

把学习的主体地位还给儿童，让课堂变得巧妙鲜活，不仅需要多样的教学

---

① 钟启泉. 教学方法：概念的诠释[J]. 教育研究，2017，38（1）：95—105.

方法，还需要会灵活运用这些教学方法。面对不同课程、不同学段和不同学习目标，教学时应采取不同的策略、方法和工具。

"灵动课堂"的巧妙鲜活体现在教学方法的多样性上。在教学设计时，教师需根据育人导向的教学目标，丰富教学方式，运用恰当的教学方法整合学习内容，增强学习的趣味性和吸引力，如讲授法、讨论法、直观演示法、练习法、情境教学法等。《义务教育语文课程标准（2022年版）》指出：要创设情境，在课堂中凸显学习的实践性。[1]《义务教育数学课程标准（2022年版）》强调：要强化情境设计，加强综合与实践。[2]《义务教育英语课程标准（2022年版）》期望：教师要主动为学生创设学习情境，引导学生乐学善学。[3] 这就要求教师在课堂教学中以创设情境为基础，设计教学活动，加强综合与实践在教学过程中的比重，从而让课堂活起来、动起来。

"灵动课堂"的巧妙鲜活还体现在教学方法的灵活运用上。在实际教学过程中，教师要根据学生的身心发展特点，考虑学生需求，实施促进学生发展的教学活动。2022年版的义务教育课程方案强化了"怎么教"的具体指导，合理设计小学1~2年级课程，注重活动化、游戏化、生活化的学习设计。[4] 教师应灵活运用适合不同学段学情的教学方法，引导学生的思维发展呈阶梯型、螺旋式上升。此外，在新时代的背景下，倡导信息技术与课堂融合，比如通过图片、音乐、视频等，利用各种各样的课程资源创设学习情境，优化教与学活动，提高教学效益。

3."灵动课堂"是实学活用的

实学活用是"灵动课堂"的鲜明特点。在教学时，第一，教师要为学生提供思维支架，系统性和条理地呈现教学内容，促进学生顺利完成任务。引导学

---

[1] 中华人民共和国教育部. 义务教育语文课程标准（2022年版）[S]. 北京：北京师范大学出版社，2022：45.
[2] 中华人民共和国教育部. 义务教育数学课程标准（2022年版）[S]. 北京：北京师范大学出版社，2022：87.
[3] 中华人民共和国教育部. 义务教育英语课程标准（2022年版）[S]. 北京：北京师范大学出版社，2022：50.
[4] 中华人民共和国教育部. 义务教育课程方案（2022年版）[S]. 北京：北京师范大学出版社，2022：4.

生运用科学思维，以尊重事实和依据为基础，运用科学思维分析与解决问题。第二，教师要培育学生的灵活思维，设计挑战性学习任务，提升学习的广度与宽度，激发学生思维的活跃性。引导学生掌握核心概念，掌握组织学习任务的（跨）学科核心概念，明晰学习内容的意义和价值。第三，教师要激发创新活力，设计自主、合作等多种学习机会，创设不同的学习途径，启发学生创新思维。引导学生实践高阶认知，运用分析、创造、问题解决等高阶思维参与学习，积极内化学科思维，建构学科结构。

为此，《义务教育课程方案（2022年版）》提出：变革育人方式，突出实践，倡导"做中学""用中学""创中学"，优化综合实践活动实施的方式与路径，推进工程与技术实践，积极探索新技术背景下学习环境与方式的变革。① 可见，教学方法可选择的范围更广了，更需要教师在教学中用精、用好的方法传授知识，培育人才。

在这样的课堂上，教师不断地支撑和引领，为学生的有效学习搭好脚手架，提供脉络，学生们就会主动参与课堂创设的真实情境，乐于体验和学习，从而迈入境脉学习。

总而言之，只有最大程度调动学生的学习兴趣和积极性，才能够成就更好的他们，才能够使教师实现人生价值。时代在改变，教育在发展，教学方法必须适应时代的发展，跟上时代的步伐，只有这样才能够更好地完成立德树人根本任务。

（撰稿者：毛晓丽）

---

① 中华人民共和国教育部. 义务教育课程方案（2022年版）[S]. 北京：北京师范大学出版社，2022：5.

教学智慧 4-1

支架式学习：学习准备期口语交际教学策略

学习准备期是针对幼儿进入小学的种种不适应，在一年级开学之初设置的一段特殊的学习时间，目的在于给儿童一个合理的学习坡度和缓冲期，让新生实现从幼儿园到小学的平稳过渡。以《我说你做》为例，用好教材资源，重视基础支架；设置教学情境，夯实兴趣支架；逐步扎实训练，指向习惯支架这三大支架式学习模式，对探索小学语文学习准备期课程的有效落实有积极意义。

《教育部关于大力推进幼儿园与小学科学衔接的指导意见》指出："以促进儿童身心全面适应为目标，围绕儿童进入小学所需的关键素质，提出身心适应、生活适应、社会适应和学习适应四个方面的内容。"[1] 这就要求教师在教学安排中，合理安排教学内容，以儿童的成长特点为中心，给予儿童一定的学习支架，引导儿童进行支架式学习。上海市小学学习准备期的设置和实施与教育部的这一政策要求基本契合，积极关注小幼衔接，帮助一年级新生顺利开启小学生活。《我说你做》是学习准备期的第一篇口语交际课，学生在小幼衔接阶段学好这节课至关重要，本课例尝试从以下几个方面对儿童进行"听""说"训练。

---

[1] 教育部关于大力推进幼儿园与小学科学衔接的指导意见［J］. 中华人民共和国教育部公报，2021（4）：38—54.

一、用好教材资源，重视基础支架

支架式教学是建构主义理论中的一种重要教学模式。支架式教学强调"教学应该帮助学习者建构理解知识的概念框架，而框架中的概念是学习者进一步学习知识所需要的"。① 教材中的情境图和相关提示语就是最基础的教学支架，教师在教学中要用好教材资源，重视这一基础支架。

《我说你做》一课的内容分为四部分：口语交际的主题"你说我做"；交际情境的提示语"我们一起来做游戏吧！一个人发指令，其他人做动作"；一幅小朋友游戏的情境图；口语交际的要点提示"大声说，让别人听得见。注意听别人说话"。教材内容的呈现说明：第一，我们以游戏的形式开展交际活动；第二，这是起步阶段交际习惯的培养——说话时让别人听得见，别人说话时注意听，这也是人际交往的基本前提——彼此尊重。在教学中，重视教材中情境图的支架作用，让学生通过观察情境图，找出发令员和做错动作的孩子。学生通过观察知道，最左边的小朋友发出"请你抬起一条腿"的指令，因此他是发令员。图中大多数孩子都做对了，可仍有一位同学未按要求做。然后，教师引导学生结合游戏体验思考这位同学没有做对动作的原因。在这一环节中，可以这样组织教学：

---

1. 教师出示课本插图，学生仔细地观察图片，认真地找一找发令员。请学生走上讲台，指出发令员并说明理由。

预设一：我觉得穿绿衣服的小姑娘就是发令员。因为她正在给别人发指令，她发出的指令是：请你抬起一条腿。所以我觉得她就是发令员。

预设二：这个小姑娘站在最前面，她说话的时候还伸出了手，像在下命令似的，其他人都看着她，所以我猜她就是发令员。

2. 教师带读插图中泡泡里面的文字，指出发令员就是穿绿衣服的小女孩，随后请学生继续观察并思考：哎哟，你们发现了吗，有个小男

---

① 瞿婧. 建构主义支架理论下概要写作分析与探索［J］. 校园英语，2018（36）：123—124.

孩做的动作好像和其他小朋友不一样，看看谁有火眼金睛。猜猜看，他为什么没有抬起一条腿？

预设一：男孩离发令员有点远，可能发令员发指令的时候声音太小，男孩没有听见。

预设二：可能是男孩走神了，没有注意听，大家都抬腿，就他站着没动。

3. 全班交流总结"我说你做"游戏的两个小贴士：大声说，让别人听得见；注意听别人说话。

教材是最佳的教学资源，本环节的设计充分利用了教材中的情境图和提示语，引导学生通过观察插图，找出发令员和做错动作的孩子，并交流他做错动作的原因。揭示本次游戏的两个小贴士：大声说，让别人听得见；注意听别人说话。支架式教学明确了教学过程中教师应给学生搭建必要的脚手架。在本课例中，教师就是依据教材中的情境图和相关提示语这一基础支架，帮助学生不断建构自己，鼓励学生思考，从而培养良好的交际习惯。

二、设置教学情境，夯实兴趣支架

《义务教育语文课程标准（2022年版）》指出：课程实施要创设真实而富有意义的学习情境，凸显语文学习的实践性。其中，创设情境，应建立语文学习、社会生活和学生经验之间的关联，符合学生认知水平。[①] 因此，在一年级的这节课上，教师可以结合儿童的年龄和心理特点，以游戏方式创设真实情境，在活动中逐步培养儿童"听""说"的交际习惯，从小幼两个学段的各种学习领域的儿童学习研究着手，探索游戏化的教学方式在多种教学活动中的运用，搭建兴趣支架。

课前导入中，教师通过课前游戏引入话题名称：我说你做，继而引发学生

---

① 中华人民共和国教育部. 义务教育语文课程标准（2022年版）[S]. 北京：北京师范大学出版社，2022：45.

思考并交流"我说你做"游戏规则，揭示了本次口语交际的主题和游戏的玩法。

> 1. 游戏导入，教师发出一个指令，带领学生照着做一做：请举起你的右手，再举起你的左手，双手全部举起来；请第一、三组小朋友起立，小手拍一下，小手拍三下；请第二、四组起立，双手托下巴。游戏结束后，引入话题名称：我说你做。
>
> 2. 教师手指课题，引导学生思考交流，总结出"我说你做"游戏的规则：一个人发指令，其他人做动作。

以学生喜爱的游戏"我说你做"来营造自然轻松的交际氛围，让学生在游戏中快乐地交流，减轻学生互动时的心理压力。

课中，从学生的年龄特点出发，结合本课的学习目标，设置了"乐迪闯关"的游戏情境，通过争当小小发令员、四人小组游戏、听乐迪发指令等活动，带领学生一边做游戏一边学本领，引导学生学会在与他人沟通时，能在适当场合大声说，让别人听得见，并能注意听别人说话。

> （画外音：小朋友们，你们好，我是乐迪，听说你们已经会玩"我说你做"的游戏了，接下来就和我一起闯关吧，顺利闯过三关的小朋友，就能获得苗老师手中的游戏奖章哦!）
>
> **第一关：全身总动员**
>
> （画外音：第一关，全身总动员，让我们的身体动起来!）
>
> 1. 学生上台做发令员，发布一个指令，其他学生做动作。
>
> 2. 相机采访做对指令和做错指令的学生，回顾两个游戏贴士：大声说，让别人听得见；注意听别人说话。
>
> 预设一：我能把动作一下子做出来，是因为我很认真听发令员发指

令了！

预设二：发令员的声音太小了，我没听到，所以做错了。给发令员机会，请他再发一次指令。

第二关：圆片大作战

（画外音：看来，简单的一个指令都已经难不倒大家了，接下来游戏难度升级，第二关，圆片大作战）

1. 教师和小搭档做示范：一个人连续发布两个指令，另一个人做动作。

预设一：动作做对了，采访小搭档成功的经验，回顾两个游戏贴士：大声说，让别人听得见；注意听别人说话。

预设二：没有做对动作，提示学生听指令时候要先听完整再做动作，发指令的时候要说清楚具体动作路径。

2. 四人小组做游戏，每人轮流做发令员，其他人按照指令移动小圆片。

3. 邀请小组上台展示游戏过程。

预设一：给配合默契的小组发放游戏奖章。

预设二：针对没有完成指令的小组，换一位发令员再试一试。

让一年级学生最喜欢的动漫人物乐迪带领小朋友们一起玩"我说你做"闯关游戏：全身总动员、圆片大作战、我会理文具。三关游戏有一定的顺序，从1个指令到3个指令，难度逐步升级，在游戏中引导学生巩固游戏要求。发令员可以是老师，也可以是学生，同时为了让学生明白听完指令再做动作的重要性，特地插入了学生喜爱的乐迪来发指令，旨在提示学生把指令听完整再做动作。

本课以闯关游戏贯穿始终，让孩子们在欢声笑语中学会了与人沟通的本领。课堂中许多有趣的指令，如"泉水叮咚，叮咚叮咚""小树苗发芽啦，发芽啦、发芽啦"，让处于学习准备期的孩子们在轻松又有规则的课堂里慢慢适应小学生活,也体会到语文课堂的乐趣。

三、逐步扎实训练,指向习惯支架

刚入学的一年级学生,有的胆子小,不敢在陌生人面前说话;有的说话声音小,表现力不强,缺少交际的对象意识。在游戏过程中,同学之间会因说不清或听不懂产生分歧,导致不能明确游戏的规则,不清楚应该怎样做。这种在日常生活中必备的交往能力,是一年级学生所欠缺的。基于这一学情,更是考虑到学习准备期要注重学习习惯和行为习惯的养成,课堂上需要扎实的训练,反复的练习,指向习惯的培养,教师在组织教学时,精心设置了以下环节。

第三关:我会理文具

(画外音:啊哈,恭喜你们来到最后一关,胜利就在眼前,小朋友们加油哦!第三关:我会理文具。这一关,我带领你们挑战三个指令,看谁能闯关成功!我来说,你们来做:请把语文书放桌角,从文具盒里拿出一支笔放书上,然后坐端正。)

1. 教师相机指导学生面对多指令时,先集中注意力,把指令听完整,一边听一边记住每个动作和顺序,最后按照顺序来做。

2. 完成这个指令后,教师启发学生:这个指令好熟悉啊,我们通常会在什么时候做这些指令啊?对,这些就是我们每节课的课前准备。那现在用完课本文具了,乐迪又发出什么指令了呢?

(画外音:请把铅笔放回文具盒里,再把语文书和文具盒送回桌肚,然后坐端正。)

3. 学生按照指令完成动作。

4. 教师过渡:是啊,一节课结束了,要先把文具课本收好。当下课铃响了,老师和大家说再见的时候,我们又该怎么做呢?听乐迪的指令:

(画外音:请全体起立,小椅子推进去,立正站站好。)

5. 学生按照指令完成动作。

  （看来小朋友们都掌握了"我说你做"这个游戏的两大法宝，闯关成功！乐迪给大家奖励一个口令操，我们一起做一做吧！）
  6. 播放视频，师生同做口令操。

  本环节设计了创设丰富的教育环境，最大限度地支持和满足学生通过直接感知、实际操作和亲身体验获取经验的需要，联系真实的三个学习场景：课前准备、课中听讲、课后整理，进一步迁移运用，让学习习惯和行为习惯的培养无痕融入口语交际教学中。这一教学环节基本契合学习准备期的教学背景，老师及时提醒学生上课坐端正、发言先举手、课前准备做充分等，潜移默化地帮助学生养成良好的课堂习惯。

  此外，一堂口语交际课的教学目标如果仅仅开始于这堂课，结束于这堂课，那必定是失败的。因此，和生活相结合显得十分必要。在最后环节中，有以下设计：

  1. 老师带领学生回顾"我说你做"游戏的两个法宝：大声说，让别人听得见；注意听别人说话。
  2. 课后游戏：课后继续和同伴或者家里人玩一玩"我说你做"游戏。

  老师带领学生回顾"我说你做"游戏的两个法宝，并提示可以课后继续和同伴或者家里人玩一玩"我说你做"游戏，在日常生活中也要继续用上这两个法宝，从而将口语交际从课堂引入生活，让学生将本次口语交际训练点运用到学习生活中。起步阶段交际习惯的培养要一以贯之，让孩子平时自觉地实践，融入平时的课堂中，融入日常生活中。

  综上所述，学习准备期的学习习惯和行为习惯的养成、学习兴趣的培养在本次小学语文口语交际课《我说你做》中基本达成。教师在口语交际课教学中要继续关注学情，从学生的需求出发，用好教材资源这一基础支架，借助游戏开展教学活动，夯实兴趣支架。学生兴趣盎然，积极性高。这堂课的目的正是让每位学生敢于当众发言、乐于当众发言，同时不忘在精彩的游戏中落实习惯的培养。

（撰稿者：苗洪）

教学智慧 4-2

语言表达：可视化思维工具促进灵动表达

运用可视化思维工具有利于帮助学生有序记忆，提高学习效率；有利于培养学生的想象力；有利于培养学生自主学习的能力。运用可视化思维工具提升表达在本文中指运用图文并重的技巧，把文本主题的关系用相互隶属与相关的层级图表现出来，运用记忆、阅读、思维的规律复述文本主要内容。语言表达包括口头表达和书面表达，可视化思维工具作为一个载体可以帮助学生在表达时少走弯路。有了这个扶手，表达将变得更为容易，某种程度上也激发了学生的学习兴趣。

《义务教育语文课程标准（2022年版）》中指出："乐于探索、勤于思考，初步掌握比较、分析、概括、推理等思维方法，辩证地思考问题，有理有据、负责任地表达自己的观点。"[1] 小学阶段是学生语言发展的关键期，这一阶段学生的语言表达意识逐渐形成，因此，引导学生敢说、会说，培养学生的语言表达能力是语文教学的重要任务之一。但是在实际教学中，我们总能遇到学生不知道如何表达、怎样表达流畅的情况，许多学生在课堂上宁愿做一名倾听者，也不愿表达自己的看法。对我校中高年级学生进行的抽样调查显示，高达40%的学生在课堂上不愿表达自己的想法，其中25%的学生都表示不愿表达是

---

[1] 中华人民共和国教育部. 义务教育语文课程标准（2022年版）[S]. 北京：北京师范大学出版社，2022：6.

因为不知如何组织语言，仅有 8％的学生是出于胆小，不敢举手。由此可见，当今大部分学生主观上想发表自己的意见，但是在语言组织能力上还稍有欠缺，导致语文课堂上学生自主发言面越来越小。所以，教会学生如何表达远比强迫学生进行表达训练重要得多。

运用可视化思维工具提升表达是指运用图文并重的技巧，把文本主题的关系用相互隶属与相关的层级图表现出来，运用记忆、阅读、思维的规律概括文本主要内容。可视化思维工具作为一个载体可以帮助学生在表达时少走弯路，有了这个扶手，表达将变得更为容易，某种程度上也激发了学生的学习兴趣。

科学研究已经充分证明：人类的思维特征是呈放射性的，进入大脑的每一条信息、每一种感觉、记忆或思想，都可作为一个思维分支表现出来，它呈现出来的就是放射性立体结构。在教育方面，可视化思维工具可以帮助师生掌握正确有效的学习方法，建立系统的知识框架体系，使整个教学过程和流程设计更加系统、科学、有效。

一、思维"可视化"，激发学生语言表达兴趣

《义务教育语文课程标准（2022年版）》中指出："能较完整地讲述小故事，能简要讲述自己感兴趣的见闻。"[①] 运用可视化思维工具能培养学生自主学习的能力，养成良好的学习习惯。有了思维导图的帮助，学生在复述文本时不再感觉无从下手，它就像我们平时写作文时的提纲，帮助学生一步一步按照课文内容进行复述。复述任务一旦由复杂变简单，就会激发学生学习的兴趣，让学生不再害怕表达。现在，当每堂课上出现复述训练的时候，学生举手的意愿明显增多，而且范围非常广。

例如：在教学统编版五年级上册《少年中国说》一课时，教师提出疑问"今日之少年都有哪些责任？"以及"如何理解每句话之间的递进关系？"。在普通课堂模式下，学生基本能够在文中找到今日之少年的责任，也能够准确圈出一系列关键词，但是从想象说话中可以看出，学生对于这些词语含义的理解只浮在表面，他们很难发现词语之间的层层递进关系，而且表达欲望并不是非

---

① 中华人民共和国教育部. 义务教育语文课程标准（2022年版）[S]. 北京：北京师范大学出版社，2022：8.

常强烈，没有人愿意分享自己的想法。而教师运用"阶梯图"来展现教学内容后，学生在原来的基础上对于关键词的解释更加准确到位，并且能够深刻理解八个关键词之间的深层次联系，这对于理解课文内容有很大帮助，于是课堂上学生们表达自我想法的意愿非常强烈。以下是学生交流中的部分内容："这些词不能调换！因为少年拥有了智慧，国家才能富裕；国家富裕了才会强大，强大了才能独立、自由；少年进步了才会更好地建设自己的国家，国家才会胜于欧洲、雄于地球！这些词之间存在着层层递进关系！"

由此可见，这种学习方法的引入，让学生的学习效率和创造力同比提高很大，更重要的是自信心和表达欲的建立让整个校园生机盎然。

二、思维"可视化"，丰富学生语言表达方式

《义务教育语文课程标准（2022年版）》中指出："义务教育语文课程围绕立德树人根本任务，充分发挥其独特的育人功能和奠基作用，以促进学生核心素养发展为目的。"[①] 国家督学成尚荣先生说过："教育与教学不可分割，学科课程结构决定学生的素养结构，要在学科教学中培养学生的核心素养。"《义务教育语文课程标准（2022年版）》还指出："学生在语文学习过程中的联想想象、分析比较、归纳判断等认知表现，主要包括直觉思维、形象思维、逻辑思维、辩证思维和创造思维。"[②] 运用可视化思维工具是语文课堂转型的特色，有助于培养学生的思维能力，促进学生灵动表达。我们要注重在语文课堂中对学生思维能力的培养。

（一）运用流程图，助归纳思维，增强复述的条理性

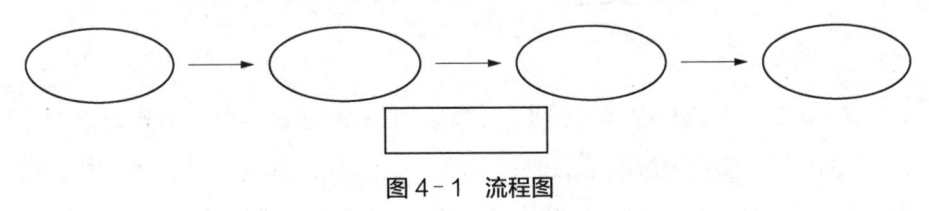

图4-1 流程图

[①] 中华人民共和国教育部. 义务教育语文课程标准（2022年版）[S]. 北京：北京师范大学出版社，2022：2.
[②] 中华人民共和国教育部. 义务教育语文课程标准（2022年版）[S]. 北京：北京师范大学出版社，2022：5.

流程图要求把语段中重点动词写进圆圈内，然后根据动作的顺序，用箭头把这个图画出来，再把形容这个动作的词语用红笔写在圆圈前的方框内。其目的是让学生的复述更具有条理性。

例如：在统编版语文三年级上册《搭船的鸟》一课中，老师要求学生"能正确流利地朗读课文，品读描写翠鸟动作的语句，借助动作流程图，了解作者对翠鸟的动作所做的细致观察。"通过备课、试教等一系列过程，我们清晰认识到思维导图在帮助学生构建清晰的知识网络，培养学生的抽象思维中的重要作用。众所周知，小学生的知识经验一般浮于表层，其思维特点主要是以形象思维为主，对于抽象和概念性较强的课文和阅读材料难以理解，或者难以从整体上去把握，更难理解环环相扣的关系。而在本课中，老师通过运用可视化思维工具将翠鸟捕鱼的动作清晰地表现出来。学生通过抓住老师呈现出来的内容，对于动词的理解更加准确到位，并且能感悟动词用得精准。在本课的教学中，学生非常愿意表达自己对于作者用词的理解，较好地完成了教学目标。

（二）运用蝴蝶图，助对比思维，增强表达的系统性

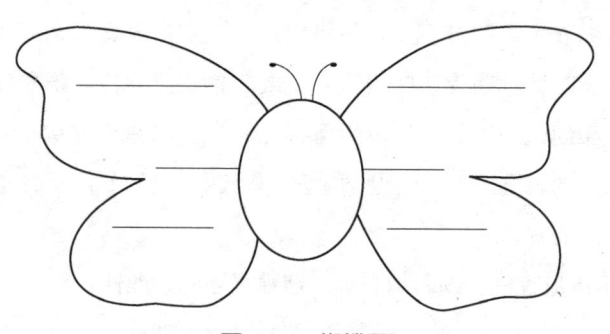

图 4-2　蝴蝶图

蝴蝶图要求人们利用蝴蝶翅膀左右对称的原理来表现事物前后对比的关系，帮助理清事物发展过程中的前后变化，对比前后不同。在语文教学中，借助蝴蝶图，通过直观的对比，学生脑海中自然形成前后存在差异的印象，厘清同一事物在变化发展中的前后差异，为学生说明事物的发展过程提供思路。

例如：拓展阅读《初冬》要求学生"通过朗读，找出课文中描写的主要景物在大雾中怎么样，在雾散后又怎么样，通过对比，体会景物在大雾中和雾散后不同的美感"。根据这一特点，我们采用蝴蝶图，蝴蝶的左半边翅膀是这些景物在大雾中的特点；蝴蝶的右半边翅膀是这些景物在雾散后的样子。这样，大雾中和雾散后景物的不同特点非常直观地展现在学生面前，文本内容的对称性一目了然。再进行说话训练"什么在大雾中怎么样，在雾散后怎么样"时，这样直观的思维导图，可以帮助学生理清说话思路，表达更加流畅。

（三）运用鱼骨图，助归因思维，增强概括的整体性

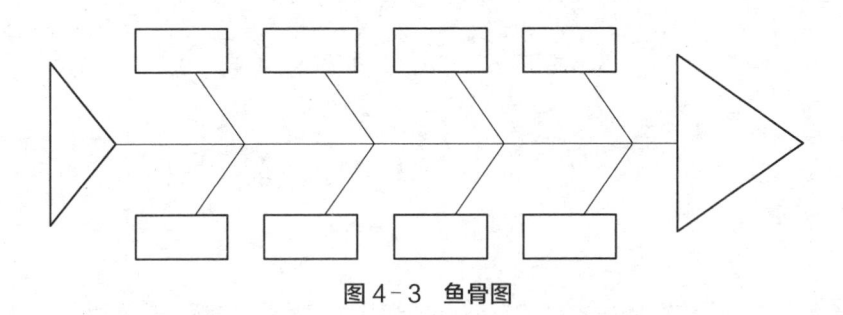

图4-3 鱼骨图

鱼骨图可以被称为"因果图"，其特点是简洁实用，深入直观。利用鱼骨图可以引导学生探求问题的根本原因，从而直观地理清文本的基本脉络，有效培养学生的归因意识和分析能力，对学生的语文核心素养的提升有着积极的意义。

如在教学统编版语文四年级下册《母鸡》一课时，老师要求学生抓住课文关键词"负责、慈爱、勇敢、辛苦"，并联系课文内容编一首小诗赞美母鸡，在未使用可视化思维工具鱼骨图的时候，学生在小组合作编一首诗歌赞美母鸡的环节中，只有个别小组可以根据文本内容，准确精练地进行表达，赞美母鸡的品格。大多数小组的表达都存在描述重复、啰唆烦琐，甚至前后搭配不当的情况，可见学生对于大篇幅的文本在筛选能力上还有待于提高。然而当教师借助了鱼骨图，学生可以在视觉上直观地得到相关信息后，四人合作赞美母鸡，一人一句，不重复；内容可以根据鱼刺上的相关字词进行拓展和补充，赞美的中心前后对应，且表达流利，一气呵成。可见，如果学生要复述课文或者想象说话，教师可以将重点内容用各种图画表现出来，这样便于学生理解，帮助他们表达得更好。看来在语文课堂教学中运用可视化思维工具，促进学生灵动表达

很有必要。

（四）运用泡泡图，助发散思维，增强复述的创造性

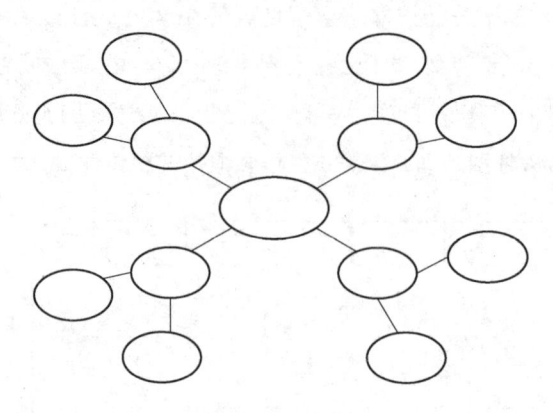

图 4-4　泡泡图

泡泡图是表达发散性思维的有效的图形思维工具，它简单却又极其有效。泡泡数量不固定，学生填写完文中的内容，教师还可以引导学生衍生出另一组泡泡，发挥想象填写，进行创造性复述。

例如：在学习拓展阅读《叙利亚的卖水人》这篇文章时，老师引导学生思考：如果你来到了叙利亚街头，你会看到怎样的卖水人？他们是怎样吸引顾客的呢？发挥你们的想象，任选一个特点向大家说一说。学生可以选择泡泡图中的其中一个特点，想象自己看到了卖葡萄水的或卖苹果水的；也可以从中心扩展出新的一条支线，想象叙利亚的卖水人除了文中所说的三个特点，还会有其他什么特点。借助泡泡图，学生交流时便有大致的思路，就算语言表达不好的学生，也可以根据关键词模仿第五自然段说一说，思路清晰，语言表达流畅。

由此可见，运用可视化思维工具来训练学生的语言表达能力是很有现实意义的。

三、思维"可视化"，提升学生语言表达技巧

《义务教育语文课程标准（2022年版）》指出：语言文字是人类社会最重要的交际工具和信息载体，是人类文化的重要组成部分。语文课程应引导学生热爱国家通用语言文字，通过积极的语言实践，积累语言经验，体会语言文字

的特点和运用规律，培养语言文字运用能力。[①] 可视化思维工具提高学生表达能力，指的是基于课程标准，教师在阅读教学中以主问题统领为主要教学策略，运用可视化思维工具，培养学生知识迁移和创造性思维能力，促使学生融会贯通地运用各种表达技巧，学会灵活表达，切实减轻学生负担，提升学习生活品质。

  运用可视化思维工具能让学生更深入地体会文本内涵，提高语文课堂教学的效率。可以说，一个思维导图就是一节课的精华浓缩，通过直观的图示和简练的文字概括，学生更能筛选出重要的信息，提高这节课的学习效率。此外，运用可视化思维工具还能帮助学生对不同的文本进行复述、概括、再创造，培养语言表达能力。在中高年级的课本中，我们可以发现有些是记事写人的、有些是写景状物的文章，每一种体裁在训练表达时适用的方法也是不一样的。学生在表达时，根据体裁的不同，筛选出适合这节课的思维导图训练表达，提升思维。

  综上所述，我们可以看出，运用可视化思维工具有利于培养学生自主学习的能力，激发学生课堂表达的兴趣；有助于学生有序记忆，提高学习效率；有利于培养学生的想象力，拓宽思维广度。

（撰稿者：樊迪）

[①] 中华人民共和国教育部. 义务教育语文课程标准（2022年版）[S]. 北京：北京师范大学出版社，2022：1.

教学智慧 4-3

数学游戏：让课堂教学活跃起来

义务教育阶段的数学课程内容由"数与代数""图形与几何""统计与概率""综合与实践"四个学习领域组成，强调培养学生的数感、量感、符号意识、运算能力、几何直观、空间观念、推理意识、数据意识、模型意识、应用意识和创新意识等。基于小学生的身心特点，在教学中引入游戏活动，以游戏活动激趣，以游戏活动启智，通过情境性游戏活动、操作性游戏活动、实验性游戏活动、模拟性游戏活动等方式，促进学生在游戏活动中开动脑筋，学会用数学的眼光去观察世界、用数学的思维去分析世界、用数学的语言去表达世界，落实数学核心素养。

数学在形成人的理性思维、科学精神和促进个人智力发展中发挥着不可替代的作用。数学素养是现代社会每一个公民应当具备的基本素养。《义务教育数学课程标准（2022年版）》中指出："通过丰富的教学方式，让学生在实践、探究、体验、反思、合作、交流等学习过程中感悟基本思想、积累基本活动经验，发挥每一种教学方式的育人价值，促进学生核心素养发展。"[1] 教师应激发学生的学习积极性，向学生提供充分从事数学活动的机会，帮助他们在自主探索和合作交流的过程中真正理解和掌握基本的数学知识与技能、数学思想和方法，获得广泛的数学活动经验。因此，基于小学生的身心特点，在教学中引

---

[1] 中华人民共和国教育部. 义务教育数学课程标准（2022年版）[S]. 北京：北京师范大学出版社，2022：86.

入游戏活动，以游戏活动激趣，以游戏活动启智，通过情境性游戏活动、操作性游戏活动、实验性游戏活动、模拟性游戏活动等方式，让学生获得对数学的理解，同时，思维能力、情感态度与价值观等也得到进一步发展。

义务教育阶段的数学课程内容由"数与代数""图形与几何""统计与概率""综合与实践"四个学习领域组成，小学阶段的核心素养表现，分别是数感、量感、符号意识、运算能力、几何直观、空间观念、推理意识、数据意识、模型意识、应用意识和创新意识。各个领域的内容在教学中都可以辅以合适的游戏活动，以提高教学效率，落实数学核心素养。

一、通过情境性游戏活动培养运算能力

"数与代数"部分是义务教育阶段数学课程的重要内容，而运算在小学数学课程中占有重要的地位。《义务教育数学课程标准（2022年版）》中指出：运算能力主要是指根据法则和运算律进行正确运算的能力。运算能力有助于形成规范化思考问题的品质，养成一丝不苟，严谨求实的科学态度。[①] 怎样把枯燥的计算教学既上得生动有趣，又有数学味呢？教学中，我们通常可以尝试这样的情境性游戏活动。

例如：在二年级下册第四单元《三位数加法——横式计算》中，出示百度地图，标出起点和终点，小巧从学校回家，有两条线路可选，哪条最近？

路线①：从学校出发，走366米，经过嘉定二中，再走487米，到家。

路线②：从学校出发，走659米，经过吉买盛，再走198米，到家。

学生在经历看地图、阅读信息、独立思考后得出结论。有学生这样想：我没有计算，而是看路线①366 + 487和路线②659 + 198中的百加百与十加十的结果相同，而路线①比路线②个加个的结果小，所以路线①366 + 487的计算结果小，那么路线①就近。还有学生这样想：我也没有计算，发现两条路线的百加百相同，路线②的59 + 98， 59移2给98，剩下57，路线①66 + 87， 66移13给87，剩下53，所以路线①近。

不难发现，这个情境性游戏活动设计不仅有助于学生巩固三位数加法的计

[①] 中华人民共和国教育部. 义务教育数学课程标准（2022年版）[S]. 北京：北京师范大学出版社，2022：8.

算，更能体现数学应用于生活的理念。我们欣喜地看到，大部分学生在解决问题的过程中能主动将理解算理与灵活运用算法结合进行，在阐释三位数加法的算理中凸显出算法应用的灵活性，同时又将巧算的思想运用其中，不知不觉中其运算能力得到发展。

二、通过操作性游戏活动培养空间观念

"几何与图形"是小学数学的重要组成部分，《义务教育数学课程标准（2022年版）》中指出："空间观念主要是指对空间物体或图形的形状、大小及位置关系的认识。能够根据物体特征抽象出几何图形，根据几何图形想象出所描述的实际物体；想象出物体的空间方位和相互之间的位置关系；感知并描述图形的运动和变化规律。"① 怎样把抽象的几何图形与实际物体联系起来，又能在交流中丰富经验？教学中，我们通常可以设计操作性游戏活动来尝试解决这一问题。

例如：教学三年级《轴对称》时，我设计了循序渐进的几个游戏活动。

① 折一折：哪些是轴对称图形，并分别找一找各有哪几条对称轴。

② 剪一剪：剪出轴对称图形。

③ 画一画：画出轴对称图形的另一半。

"折一折"时，学生通过小组合作得出等边三角形有3条对称轴，正方形有4条对称轴，而圆有无数条对称轴，进一步理解"完全重合"的含义；"剪一剪"游戏中，学生对此兴趣浓厚，利用轴对称图形的知识剪出了蝴蝶、圣诞树、飞机等图形；"画一画"中，学生通过找点画线，画出了鱼、五角星、房子的另一半。

学生通过折一折、剪一剪、画一画这些层次分明的操作性游戏活动，在一种宽松的环境中，循序渐进地将轴对称概念的认识从物体过渡到平面图形，在空间观念建立的同时，动手操作能力和创新意识也都得到发展。学生在展示自己作品、让别人欣赏自己作品的过程中，体验到了学习的快乐，激发了学习积极性，同时也体会到了"数学美"。

三、通过实验性游戏活动形成数据意识

《义务教育数学课程标准（2022年版）》指出："'随机现象发生的可能

---

① 中华人民共和国教育部. 义务教育数学课程标准（2022年版）[S]. 北京：北京师范大学出版社，2022：9.

性'是通过试验、游戏等活动，让学生了解简单的随机现象，感受并定性描述随机现象发生可能性的大小，感悟数据的随机性，形成数据意识。"[1] 如何潜移默化地让学生感受数据的随机性，培养数据意识？在教学中，设计合理的实验性游戏活动是统计与概率领域的重要突破形式。

例如：三年级《折线统计图》——选拔跳绳选手。

① 让学生在体育活动课上进行 1 分钟限时比赛，记录不同学生 5 次跳绳的结果。

② 选取数据（典型）制成两幅折线统计图。

③ 根据折线统计图的结果选择跳绳选手，并说明理由。

在选拔跳绳选手这一实践性游戏中，记录了多个学生的 5 次跳绳结果，选取的同学 A、B 的结果分别是：A——119，123，120，124，127；B——129，110，125，113，127。在投票过程中，大部分同学都选择了 A，依据是 A 的跳绳成绩较稳定，且越来越好。个别同学选择 B，依据是最好的跳绳成绩是 B 取得的，但在听了分析后，也同意选择 A 参加比赛更合理。

在数据统计的过程中，学生充分感悟到数据统计的随机性。对统计的数据进行观察，并依据数据的变化趋势选拔出最合适的跳绳选手，学生亲历了这一数据收集与分析的过程。

四、通过模拟性游戏活动培养应用意识

"综合与实践"作为小学数学四大学习领域之一，在数学课程建设和学生能力发展上具有重要意义。《义务教育数学课程标准（2022 年版）》中明确指出：综合与实践是小学数学学习的重要领域。学生将在实际情境和真实问题中，运用数学和其他学科的知识与方法，经历发现问题、提出问题、分析问题、解决问题的过程，提高解决实际问题的能力，形成和发展核心素养。[2] 教学中，模拟性的游戏活动往往既能让学生体会数学知识的价值，又能积累活动经验，感悟数学思想方法，形成应用意识。

---

[1] 中华人民共和国教育部．义务教育数学课程标准（2022 年版）[S]．北京：北京师范大学出版社，2022：37．

[2] 中华人民共和国教育部．义务教育数学课程标准（2022 年版）[S]．北京：北京师范大学出版社，2022：42．

例如：三年级《解决问题》——最省钱的购票方案。

> 买票须知：
> 普通票　15元/人
> 团体票　12元/人（45人及以上）

班级师生共44人，请你设计一个最省钱的购票方案，并将你的方案写下来，再在组内交流。

学生在经过独立思考和组内交流后，提供了多种购票方案。

生1：①这个班师生共有44人，不满45人，不能购买团体票。要购买44张普通票，一共要44×15＝660元。

生2：②全班差一人就可以买团体票了，不如多买一张，买45张团体票，一共要45×12＝540元，比660元便宜多了！

生3：③全班共有44人，购买45张团体票共540元，把多余的一张门票以团体价12元卖给别人，这样我们只要付528元就可以了，这样更便宜！……

通过"最省钱购票"这个模拟性游戏活动的创设，先让学生独立思考，继而充分发挥小组合作学习的优势，不仅培养了学生的合作意识，也让学生体会到数学就在我们的日常生活中。学生在面对实际问题时，能从数学的角度运用已有的知识和经验，找到解决问题的方法和策略，增强了应用数学的意识，培养了综合应用数学知识解决问题的能力。

对于数学教学来说，游戏活动的方法并不能代替一切，但为学生提供机会参加一些数学游戏活动，即在教学中融入游戏活动，将会起到事半功倍的效果。学生可以在游戏活动中开动脑筋，积极思考，"会用数学的眼光观察现实世界、会用数学的思维思考现实世界、会用数学的语言表达现实世界"[1]，在课堂中落实数学核心素养。

（撰稿者：刘聪）

---

[1] 中华人民共和国教育部. 义务教育数学课程标准（2022年版）[S]. 北京：北京师范大学出版社，2022：11.

教学智慧 4-4

混合式教学：语文自主学习的推动策略

混合式教学把传统教学的优势与网络教学的优势结合起来，该模式对儿童的自主学习能力提出了更高的要求，而且推动了教师对提高儿童自主学习效率的探究。采取混合式教学助推中高年级儿童语文自主学习，需以语文单元导语为引领，以阅读预习单设计为突破口，以课外阅读为载体，以线下阅读活动转化线上知识为目的，促进儿童高阶思维发展，丰富儿童阅读实践。

在线直播教学过程中，有不少家长抱怨："我家孩子跟不上在线学习的节奏！""我家孩子在线学习遇到很多困难，问题较大！"……家长的担忧引发深思：如何结合线上教学，强化儿童线下自主学习的意识？如何做好线上线下学习的衔接，提高儿童自主学习的效率？

《义务教育语文课程标准（2022年版）》指出："发挥大数据优势，分析和诊断学生学业表现，优化教学，提供及时、准确的反馈和个性化指导。积极关注教学流程、教与学方法、资源支持、学习评估等新变化，探索线上线下相结合的混合式语文学习。"[1] 混合式教学就是把传统教学的优势与网络教学的优势结合起来。也就是说，既要充分发挥教师引导、启发、监控过程的主导作用，又要充分体现儿童作为学习过程主体的主动性、积极性与创

---

[1] 中华人民共和国教育部. 义务教育语文课程标准（2022年版）[S]. 北京：北京师范大学出版社，2022：46.

造性。[1] 混合式教学模式下教和学相互依存，教学环节中更强调以个体自主学习为主。[2] 为此，教师拟尝试在语文单元导语的引领下，以课内外阅读为抓手，采取混合式教学推动语文自主学习活动。

一、线上助学：单元导语的引领

1. 依托单元要素，提炼核心问题

教师的引导是混合式阅读教学的起点，为儿童阅读学习指明了方向，能够提高阅读学习的效率。首先，教师引导儿童了解单元导语的特点就是单元人文主题明确阅读走向，单元要素点明儿童所需掌握的知识和技能。接着，教师围绕单元要素，提炼单元核心问题，以核心问题为枝干，鼓励儿童根据课时重点及已掌握的知识与技能，自主探究能够解决核心问题的分支问题，最终指向单元要素的掌握与巩固。

以统编版语文五年级上册第六单元为例，单元要素为：体会作者描写的场景、细节中蕴含的感情。从单元要素入手，教师引导儿童提炼单元核心问题：场景描写的作用以及作者表达的感情。从该核心问题入手，鼓励儿童提出分支问题：文中的场景、细节描写有哪些？具体运用了哪些描写手法？刻画了怎样的人物形象？表达了作者怎样的情感？儿童根据分支问题优化课文预习单，再结合高质量的阅读练习检测课堂所学内容，达到边总结已学方法边巩固单元要素的目的。

2. 紧扣单元要素，更新预习策略

预习环节对于提高儿童线上学习的效率至关重要。当下预习单设计应结合在线教学的特点，重在关注儿童的学习经历，让儿童留下学习的"痕迹"，更要触发儿童后续高效、高质的学习。以往儿童预习大致采用"一读、二圈、三标、四批注"的步骤，重在初步感知文本内容，新授课时可对儿童的预习情况进行面对面反馈，但线上教学节奏较快，需要儿童跟随名师的节奏，直接进入在线学习、思索、探究环节。

为了使课前预习能够链接"空中课堂"，提高儿童在线学习的效率，教师基

---

[1] 何克抗. "互联网+教育"是否颠覆与重构了传统教育 [J]. 中国教育科学, 2019, 2 (4): 3—8.
[2] 李克东, 赵建华. 混合学习的原理与应用模式 [J]. 电化教育研究, 2004 (7): 1—6.

于"先学后教,以学定教"的教学理念,结合儿童线上学习的学情大胆创新,紧扣单元要素,剖析核心问题,采用先扶后放的策略,引导儿童自主设计"层级性"预习单。因此,在保留原有预习策略的基础上,对预习设计进行了"质性化"调整,重在引导儿童提出问题、思考问题、深入探究问题。以统编版语文三年级下册第六单元为例,进入单元学习之前,教师向学生明确单元重点要素:运用多种方法理解难懂的句子,并且提出单元核心问题:如何理解难懂的句子?首先,教师引导儿童围绕单元要素初步设计预习单,在线学习后,教师带领儿童梳理课时知识点,然后鼓励儿童根据课时重点及已掌握的知识与技能进一步提出有价值的分支问题,来优化下一课时的预习单。并且随着单元阅读的深入,要求儿童设计的预习单富有"层级性",即能够"承接前文、引起后文",达到链接单元知识点,迁移解决同类知识点的目的。

儿童自主设计课文预习单的过程,也是儿童持续探索、思考、创新的过程。设计"层级性"的预习单,可以培养儿童渐渐形成高阶思维的路径,从提出问题到依据"教学支架"解决问题再到自主解决问题、衍生新的问题,这样螺旋上升式的学习过程,让儿童的自主学习变得更有效。①

二、线上评价:探究阅读问题

1. 儿童互评,检测预习效度

检测预习单的效度是促进儿童优化预习设计必不可少的环节。结合当下"把评价交还给儿童"的理念,老师引导儿童结合单元要素生成的核心问题,提倡儿童采取生生互评的方式共享预习成果。比如结合预习单的内容,可以采用"思想乒乓球———问一答"的方式进行提问,让儿童根据对方的预习设计,围绕解决单元要素生成的核心问题,进行有品质的一问一答,产生思想的碰撞,互相检测预习情况,优化课堂学习成果;更在互评、互助下,潜移默化地提升儿童的思维品质。

2. 教师反馈,增值阅读成果

为了深入了解儿童的作业情况,教师会对儿童练习进行一对一点评,主要

---

① 李文荣. 创新环境下小学语文自主学习能力的培养策略[J]. 文理导航,2021(8):13—20.

围绕三大方面：第一，重点关注单元要素的落实情况；第二，儿童的语言运用能力是否得到提升；第三，儿童是否形成解决阅读核心问题的思维认知。教师还可以让儿童组成线上交流小组，鼓励儿童利用教师提供的课外阅读材料，思考、讨论、探讨更多解决问题的方法，并结合单元语文要素，提出有新意的分支问题，推动阅读中核心问题的解决，再提炼成解决问题的方法、思路，让小组成果"增值"一人成果，精品阅读练习发挥"辐射"化作用，变个人单一形式的作业为小组合作探究式作业。儿童在兴致盎然的氛围中做作业，才能有效巩固所学，形成良性循环。

因此，不管是"思想乒乓球"式的生生互评，还是点面结合的共享化小组学习方式，都是把教师评价交还给儿童，变教师引导下的学习模式为问题驱动下的儿童自主探究模式，如此转变，使得评价逐渐走向自主化、个性化、灵活化；以问题引领的探究方式也让儿童自主学习的积极性变得越来越高，解决阅读问题的能力变得越来越强，更把被动学习中的"你我"变成了自主学习的"我们"，让大家看到每一个不一样的我，发挥了每一位同学的价值。

三、线下拓展：鼓励深度阅读

《义务教育语文课程标准（2022年版）》指出："教师要关注互联网时代日常生活中语言文字运用的新现象和新特点，认识信息技术对学生阅读和表达交流等带来的深刻影响，把握信息技术与语文教学深度融合的趋势，充分发挥信息技术在语文教学变革中的价值和功能。积极利用网络资源平台拓展学习空间，丰富学习资源，整合多种媒介的学习内容，提供多层面、多角度的阅读、表达和交流的机会，促进师生在语文学习中的多元互动。充分利用网络平台和信息技术工具，支持学生开展自主、合作、探究性学习，为儿童的个性化、创造性学习提供条件。"[1]

1. 围绕人文主题，拓展课外阅读

统编版教材强调"精读""略读""课外阅读"三位一体的阅读体系，并且各自承担不同的功能：精读课文学习方法，略读课文运用方法，课外阅读中引

---

[1] 中华人民共和国教育部. 义务教育语文课程标准（2022年版）[S]. 北京：北京师范大学出版社，2022：46.

导儿童进行大量的阅读积累和阅读实践。因此，鼓励儿童围绕单元人文主题，开展"1+X"课外拓展阅读，这里的"1"指的是单元课文，"X"可以与单元人文主题相关、可以与课文表达的情感相关，可以选自课文作者所写等，然后引导儿童根据课外阅读内容，设计个性化阅读分享单、阅读小报等实践作业，并让儿童在钉钉平台展示自己的作品。儿童的积极性明显提高，形成了"阅读一本好书，全员共享"的良好氛围。这样的阅读方式不仅加深了儿童对人文主题的理解，增强了儿童课外阅读的兴趣，激发了儿童进行个性化、审美化阅读积累的热情，更将课外阅读积累转化成有意义的学习实践。

2. 设计阅读练习，巩固单元要点

在"双减"背景下，如何将语文核心素养贯穿语文作业设计的始终，从而满足作业设计减量、增质、提效的新诉求，成为教师教学实践的一大难点。当前关于小学语文作业设计主要提倡：落实单元语文要素、体现导学助教功能、展开儿童思维过程和倡导差异分层发展等方面。① 新课标指出小学语文作业设计应做到精简化、层次化、多元化、理性化。②

作业作为学习活动的主要构成部分，是将学科知识转化为学科素养的重要载体。因此，作业设计首先要紧扣单元要素，立足大单元作业设计理念，有针对性地检测儿童课堂学习的达成度。以五年级上册第三单元为例，课后拓展阅读是《董存瑞舍身炸碉堡》，教师让儿童围绕单元要素延伸的核心问题思考："文章讲了一件什么事？主要人物董存瑞在这件事中具体的表现是怎样的？董存瑞心里是怎么想的？董存瑞具有怎样的品质？"这样的拓展阅读紧扣单元人文主题，除了重视作业的巩固功能外，还考虑到问题诊断、阅读拓展、落实单元要素等方面的作用，重在让儿童将已学的方法迁移运用到类似的文本阅读中，降低作业难度，减轻儿童作业负担，增强儿童学习成就感。

3. 掌握单元要素，解决课外阅读问题

儿童在线学习掌握单元基本知识点，老师帮助儿童查漏补缺、突破难点之

---

① 余琴. 小学语文作业的设计原则与使用建议［J］. 语文建设，2021（22）：10—15.
② 谢显东，徐龙海. "双减"政策下小学语文作业设计讲究"四化"［J］. 中国教育学刊，2022（2）：106.

后，再以精心设计的阅读作业为载体，组织儿童把线上学到的知识进行灵活应用，达到检验、巩固、转化线上知识的目的。① 换言之，开展课外阅读活动的过程也就是方法迁移运用的过程。单元结束后，教师布置"1＋X"拓展阅读任务，鼓励儿童从单元学习实践中提取可迁移运用的方法，总结出最基础、最重要的学习经验，去自主解决课外阅读问题，并在钉钉平台分享自己解决阅读问题的新方法，这样不仅可以激发班级群体阅读的兴趣，还可以让儿童自我检测单元要素的达成度，深入理解课外文章，促进课外阅读能力的提升，进而驱动儿童对真实有挑战性的问题保持持续探究的热情，达到对核心知识再建构和方法迁移再运用的效果，最终在潜移默化中发展儿童的高阶思维。

（撰稿者：许慧）

---

① 邱志凯. "双减"背景下的小学语文大单元作业设计策略［J］. 教学与管理，2022（5）：66—69.

教学智慧4-5

动感课堂：活用资源提升学习参与感

体育课堂中需要教师运用各种资源，选择有效教学内容，采用多样化教学方法，培育学生的核心素养。教师要立足学情资源联动儿童；对接教材资源主动延伸；活用技术资源舞动课堂；激活人际资源互动学习；巧用评价资源激励展示。教师要为学生创设一个良好的互动学习空间，让每一个学生充分体验到参与体育锻炼的乐趣，提高学生课堂练习参与度，促进学生健康茁壮地成长。

《义务教育体育与健康课程标准（2022年版）》指出："体育与健康课程教学是教师广泛运用各种资源，选择有效教学内容，采用多样化教学方法，指导学生在面对问题、解决问题的真实情境中形成核心素养的实践活动。教师应依据核心素养的内涵、课程总目标与水平目标、课程内容、学业质量，创造性地设计教学和实施课程。"① 学校体育教学一直存在一个现象，学生喜欢体育活动但是不喜欢体育课。这种现象的存在主要与我国体育教学观念落后、教学内容单一、教学方法和形式刻板、教学氛围紧张等因素有关。很多学生处于被动、无奈甚至不快乐的学习状态，很难获得良好的学习效果。鉴于此，本文以三年级《运动项目介绍与欣赏》为例，谈一谈如何在体育课堂中运用学情资源、教材资源、技术资源、人际资源、评价资源提升学生的学习参与感，提高

---

① 中华人民共和国教育部. 义务教育体育与健康课程标准（2022年版）[S]. 北京：北京师范大学出版社，2022：120.

教学效果。

一、联动儿童：立足学情资源

《义务教育体育与健康课程标准（2022年版）》指出："学校在选择各年级学练的运动项目时，可先让学生在六类专项运动技能中分别选择自己喜爱的运动项目，再根据学生的选择结果及学校的实际情况确定各年级学练的运动项目。"[①] 专项运动技能包括球类运动、田径类运动、体操类运动、水上或冰雪类运动、中华传统体育类运动、新兴体育类运动六类，每类包含若干运动项目。

教师在课前对学情进行分析：学生在一二年级进行过足球教材的学习，在课堂学习中展现出了浓厚兴趣。学生通过两年多的学习，已经学习了部分运动项目，比如球类的足球、篮球，田径类的短跑、体操类的前滚翻，中华传统体育类的武术基本动作。在平时的体育活动课之中，足球项目也深受三年级学生的欢迎。为此，教师选择了足球项目进行深入的介绍与欣赏。课堂伊始，教师利用空中课堂的视频资源，向同学们介绍了其他常见的运动项目，并共同欣赏了精彩的相关赛事。

二、主动延伸：对接教材资源

《义务教育体育与健康课程标准（2022年版）》指出球类专项运动技能水平的目标要求是："学练所学球类运动项目主要的基本动作技术和组合动作技术，并描述基本要领；了解所学球类运动项目的相关知识和文化，以及常见运动损伤的处理方法。"[②] 在介绍和欣赏了其他运动项目之后，本堂课着重对足球项目进行了介绍与欣赏。课堂的环节设计紧紧围绕新课标的目标要求。

教师在电脑屏幕上展示了一张古代人进行蹴鞠运动的图片，并问道："同学们知道这是什么运动吗？"学生对这一项陌生的运动产生了兴趣，在教室里议论纷纷。教师这时开始向学生介绍蹴鞠："古代足球起源于中国，也被称作蹴鞠。'蹴'是用脚踢的意思，'鞠'是外包皮革、内实米糠的球。早在2 300多年前的

---

① 中华人民共和国教育部. 义务教育体育与健康课程标准（2022年版）[S]. 北京：北京师范大学出版社，2022：121.
② 中华人民共和国教育部. 义务教育体育与健康课程标准（2022年版）[S]. 北京：北京师范大学出版社，2022：31.

春秋时期，在齐国境内就出现并流行蹴鞠活动。"

"古代足球起源于中国，有谁知道现代足球起源于哪里？"有几个同学举起了手，老师请一个同学来回答。"现代足球起源于英国。"教师通过日常观察发现很多学生在进行足球运动时，会因为不懂规则而引发争论，所以教师在课堂上及时向学生拓展了相关体育知识："想不想更好地参与足球运动？那就来跟老师一起学习足球规则吧。"由于学生对足球运动十分喜爱，都坐端正认真听讲。教师通过语言调动了学生的学习主动性，让学生的注意力始终都在课堂中，提升了学生的课堂参与感。

三、舞动课堂：活用技术资源

《义务教育体育与健康课程标准（2022年版）》指出："运用信息化教育手段和方法。在教学中，根据小学生感性认知能力强、初中生感性认知与理性认知快速发展的特点，积极开发与利用多种现代信息技术，开展微课、慕课、翻转课堂等教学，帮助学生通过线下线上相结合的方式，打破学习的时空壁垒，拓宽体育与健康课程的学习视野。"[①] 将信息技术融入小学体育教学中，能够为学生提供除运动外视觉乃至听觉方面的冲击感，使学生更全面地了解体育知识，加深对体育运动技巧和动作的记忆。

长时间体育理论课教学会使人注意力不集中，因此教师在课堂中也要加入一些运动元素。教师利用网络搜集了一段以南非世界杯主题曲 *Waka Waka* 为背景音乐的视频。教师通过对原始视频的剪裁和编辑，让这个资源更贴合本节课的需求。不同于以往的真人示范动作，视频里卡通人物模仿各种足球运动中的动作，能够一下子吸引学生的注意力。同时，这首主题曲也是动感十足，有节奏的律动能够有效地吸引学生运动起来。

在欣赏精彩进球视频的环节，四种类型的精彩进球集锦采集于网络视频"2018年俄罗斯世界杯十佳进球"，四个体能练习的动图采集于网络。教学时所采用的幻灯片运用了进入和消除动画的特效，以达到一种保持神秘的效果。学生不仅欣赏到了精彩的足球视频，还在课堂上充分地进行了体能练习。两者

---

① 中华人民共和国教育部. 义务教育体育与健康课程标准（2022年版）[S]. 北京：北京师范大学出版社，2022：124.

相结合的形式，比单纯的体能练习，更能提高学生的积极性，提高课堂上学生运动的效果。

四、互动学习：激活人际资源

《义务教育体育与健康课程标准（2022年版）》指出："创设丰富多彩、生动有趣的教学情境，倡导将教师的动作示范、重点讲解与学生的自主学习、合作学习、探究学习有机结合，将集体学练、小组学练与个人学练有机结合，注重将健康教育教学理论讲授、交流互动与实践应用相结合，激发学生的学习热情，帮助学生理解和掌握知识与技能，提高解决体育与健康实际问题的综合能力。"[①] 在开展小学体育教学活动时，教师的"教"和学生的"学"必须建立在良好的互动基础上。教师要成为课堂的组织者，为学生创设一个良好的互动学习空间，最大限度地调动学生体育学习积极性。

课前，教师向学生布置任务，学生自由组队并且为自己的队伍取一个名字。课堂中，教师设计了与足球运动相关的知识问答，每个问题答对或答错都是以队伍为单位计分。队伍里的某个成员如果无法回答，可以求助队伍里的其他同学。合作学习可以充分提高学生的学习参与度，也可以体现学生的学习主体性。

在学习足球规则环节，教师不局限于自己为学生讲解规则，还让学生互问互答。学生提出自己在参与足球运动时对于规则的种种疑问，由其他学生解答。这种师生互动和生生互动的形式既可以调动课堂氛围，也可以充分提高学生的学习兴趣，提升课堂效率。

五、激励展示：巧用评价资源

《义务教育体育与健康课程标准（2022年版）》指出："评价的主要目的是对学生的学习行为进行观察、诊断、反馈、引导和激励，以判断课程目标达成度，给教师和学生提供即时、多元的有效反馈，促使学生更积极地学与教师更有效地教。"[②] 本节课既包含过程性评价，也有终结性评价，利用不同的评价

---

① 中华人民共和国教育部. 义务教育体育与健康课程标准（2022年版）[S]. 北京：北京师范大学出版社，2022：3.

② 中华人民共和国教育部. 义务教育体育与健康课程标准（2022年版）[S]. 北京：北京师范大学出版社，2022：125.

方式让学生主动参与，积极展示。

　　课前，教师为每个学生准备好课堂评价表（如表4-1所示），告知学生课后要根据上课的情况为每个学生做出评价。出示评价表能有效提高学生参与课堂的积极性。

表4-1　过程性评价表

评价维度	核心素养	观测点	评价标准	相应打"√"
健身实践	运动体验	积极参与	主动回答教师和学生的问题，与同伴积极讨论，积极参与学练	□积极 □一般 □不积极
健身实践	健身行为	遵守规则	在游戏竞赛中，遵守规则，具有安全意识和责任意识	□遵守 □一般 □不遵守
社会适应	心理调节	自我表现	在自主合作练习中，逐步提高，挑战自我，敢于评价	□满意 □一般 □不满意
社会适应	人际交往	团结协作	参与团队游戏和比赛，结伴练习，合作互助，共同提高	□主动 □一般 □不主动

　　终结性评价穿插在整堂课之中，包括学生在知识问答环节的自我评价，及以队伍为单位的团队评价。教师对学生练习动作的评价以鼓励性评价为主，比如"平板支撑练习中的手臂再直一点就更好了"，"深蹲练习中的脚尖和膝盖朝同一方向就更标准了"。鼓励性的评价能让学生增强自信心，更乐于参与课堂学练。

　　《义务教育体育与健康课程标准（2022年版）》指出："体育与健康课程教学要实现从'以教为主'向'以学为主'的真正转变，将过分关注传授知识与技能转变为培养学生核心素养，促进学生形成积极的学习动机、学习态度和学习行为。"[①] 总之，教师想要打造动感课堂，就必须正确理解和把握体育与健

---

① 中华人民共和国教育部. 义务教育体育与健康课程标准（2022年版）[S]. 北京：北京师范大学出版社，2022：123.

康课程标准的教学理念，活用资源提升学习参与感；合理选择教学内容，精心设计简单易行、便于操作的教学过程；灵活运用教法，科学引导学法；有针对性地做好课堂教学评价。让每一个学生学有所得，学有所获，充分享受参与体育锻炼的乐趣。只有针对学生的实际情况，不断更新教学理念，才能更好地提高学生课堂练习参与度，促进学生健康茁壮成长。

（撰稿者：周天宇）

教学智慧 4-6

语境创设：促进儿童灵动表达的教学策略

丰富的语境是语用能力形成之源，可以使学科知识有着丰富的附着点和切实的生长性，从而带动学生思维发生、能力成长、情感涵养及文化体验，有效地提升英语综合语用能力。在英语教学过程中，创设趣味性语境，有利于增强语用积极性；创设真实性语境，有利于增强语用意义性；创设文化性语境，有利于增强语用育人性。

《义务教育英语课程标准（2022年版）》提出："在语境中运用所学语法进行交流和表达。"[①] "创设丰富的语境，在理解和表达活动中帮助学生习得词汇和语法知识。"[②] 语境是语用能力形成之源，离开了语境，学生的语用体验枯燥苍白。丰富的语境创设能让儿童在境中学，在境中用，在境中悟，有效地提升英语综合语用能力。帮助儿童灵动表达，已成为英语教学的重要策略之一。

一、创设趣味性语境，增强语用积极性

《义务教育英语课程标准（2022年版）》中指出：教师要根据学生的认知特点，设计多感官参与的语言实践活动，让学生在丰富有趣的情境中，围绕主题

---

① 中华人民共和国教育部. 义务教育英语课程标准（2022年版）[S]. 北京：北京师范大学出版社，2022：36.
② 中华人民共和国教育部. 义务教育英语课程标准（2022年版）[S]. 北京：北京师范大学出版社，2022：36.

意义，感受英语学习的乐趣。① 由此可见，兴趣是探索新奇事物的基石，也是探求知识的起点，是思维能力的提高和能力培养的内在推动力。语境创设的基础是激发学生的学习兴趣，激活学生思维，唤起学生注意，调动学生乐于表达的热情。

以牛津英语 3BM3U1 Seasons 单元为例，我从设计充满趣味的语境开始，逐步过渡到让学生怀着饱满兴趣去用英语做事情，完成从"乐趣"到"兴趣"的发展过程。

表 4-2

课时	话题	语境	语用任务
第一课时	seasons in my eyes	创设 Bobby 和 Mina 两个人物，二人是微信好友，Mina 在上海，Bobby 在格林岛，各自都在朋友圈发了他们眼中的春天和冬天	在语境中，能够借助语言框架，尝试用核心词汇和语句介绍春天和冬天的特征及活动。语音基本正确，表达较流利，内容基本达意

本单元的第一课时讲述了主人公 Mina 在微信朋友圈晒出她眼中的春天，获得好友 Bobby 的点赞，两人在微信中聊天，分别描述自己眼中的季节，教学由此展开。因为微信是时下非常普及的交流沟通工具，在日常生活中，学生之间也常常通过这一平台进行交流。因此，创设微信好友聊天的语境符合学生好奇心强、想要尝试新鲜事物的特点，再结合学生已有的生活经验和知识，更易于激发学生的学习兴趣，使他们能更快地融入语境，并成为他们学习英语的积极推动力。

表 4-3

课时	话题	语境	语用任务
第二课时	fun in four seasons	创设了 Mina 乘坐魔术气球去三个地方旅行。她在途中将所见的活动以发朋友圈的形式和好友分享	在语境中，能够借助语言框架，熟练运用词汇和句型介绍季节的特征及活动。语音正确，表达基本流利，内容较完整

---

① 中华人民共和国教育部. 义务教育英语课程标准（2022 年版）[S]. 北京：北京师范大学出版社，2022：51.

在第二课时中，Mina 通过和 Bobby 的聊天，感受到了格林岛的冬天十分令人向往。于是她有了个好主意，坐上魔力气球去新加坡、澳大利亚，最后飞到了 Bobby 所在的格林岛，并将途中所见以发朋友圈的形式与好友分享。教学由此展开。在这一语境中，学生同主人公 Mina 一起体验了不同的季节及活动，调动了良好的学习情绪，并保持高昂的情绪、积极活跃的思维，产生了运用语言进行交际的需要，进而生成流畅、丰富的语言输出。

表 4-4

课时	话题	语境	语用任务
第三课时	my favourite season	Mina 发的 fun in four seasons 这条微信在朋友圈中得到了很多小伙伴的点赞。同学们也想说说自己最喜欢的季节	在语境中，能够以所学语篇为例，描述最喜欢的季节及活动。语音正确，表达流利，内容达意，并能根据提示书写

第三课时创设了主人公 Mina 在微信朋友圈晒 fun in four seasons 引起小伙伴热烈的点赞和点评，十分有成就感这一情境。课堂由此引申到原本就生活在上海的学生结合自己经历过的四季，通过选一选、读一读、说一说等活动与同伴分享最喜欢的季节，开展语言交流，再由同学们给出点赞卡，最后比比谁的点赞卡多。

通过这一激励性的评价，课堂能由始至终地"调动学生学习英语的积极性，帮助学生增强自信心，获得成就感"[①]，激发学习热情，引发情感上的共鸣。

二、创设真实性语境，增强语用意义性

《义务教育英语课程标准（2022 年版）》中指出："依托语境开展教学，引导学生在真实、有意义的语言应用中整合性地学习语言知识。"[②] "教师应创设

[①] 中华人民共和国教育部. 义务教育英语课程标准（2022 年版）[S]. 北京：北京师范大学出版社，2022：35.

[②] 中华人民共和国教育部. 义务教育英语课程标准（2022 年版）[S]. 北京：北京师范大学出版社，2022：38.

真实的学习情境，建立课堂所学和学生生活的关联。"① 语言交流具有传情达意的语义功能。教师设计贴近学生生活的真实性语境，通过任务驱动才能让学生有话想说，有话可说，这样学生在课上的交流才真正有意义。

在牛津英语 4A M3 U1 In our school 单元的第二课时中，我设计了一系列真实性语境，通过任务驱动实现任务目标，让学生感受成功的喜悦。设计的教学主线是学生带领一位来自云南的小朋友一起参观校园，一起参与 my favourite place in our school 主题投票活动。整个过程设计了参观、调查、采访、投票等活动任务，创设了丰富多彩的真实性语境，以调动学生的积极性。学生在真实的语境中通过感知、体验、参与合作等方式反复运用主题文本，评选校园中最受欢迎的场所。在学习的过程中，进行情感和策略调整，以形成积极的学习态度，促进语用能力的提高。

更为可贵的是，学生在运用所学语言做事情的时候，能够根据自己的任务灵活地运用语言，每个学生的语用输出都围绕着核心语言，但具体内容又都不一样，体现了真正的意义交流，"实现学以致用，学用一体"。②

三、创设文化性语境，增强语用育人性

《义务教育英语课程标准（2022年版）》中指出："引导学生在学习和运用英语的过程中，了解不同国家的风土人情、文化历史，以及科技、艺术等方面的优秀成果，进行中外文化比较分析，拓宽国际视野，加深中华文化理解，增强中华文化认同感，逐步树立正确的世界观、人生观和价值观。"③ 由此可见，新课标中强调了英语学科的育人性，"将立德树人根本任务落到实处"。④

以牛津英语 5A Module4 Unit1 Water 单元中的第一课时 making tea 为例，在教授核心内容时，我借助语言语境，联系旧知，让学生初步理解这些核心词汇

---

① 中华人民共和国教育部. 义务教育英语课程标准（2022年版）[S]. 北京：北京师范大学出版社，2022：57.
② 中华人民共和国教育部. 义务教育英语课程标准（2022年版）[S]. 北京：北京师范大学出版社，2022：41.
③ 中华人民共和国教育部. 义务教育英语课程标准（2022年版）[S]. 北京：北京师范大学出版社，2022：47.
④ 中华人民共和国教育部. 义务教育英语课程标准（2022年版）[S]. 北京：北京师范大学出版社，2022：70.

的词义，并且创设了文化性语境：了解英国红茶。我要求学生通过看图尝试运用所学语言内容，进行英式红茶泡茶过程的有序表述，尝试逻辑表达。考虑到中国是一个茶文化历史悠久的国家，我让学生再通过视听欣赏来感受中英茶文化的差异，强化育人渗透，让学生从中感知语言文化，"加深对中华文化的理解和认同，树立国际视野，坚定文化自信"。[①] 在课程最后环节，创设了为老师泡一杯茶的任务，将知识迁移，运用所学语言内容实现灵活运用，带动情感体验的目的，培养和"引导学生用英语做事情"[②] 的能力。

学生在本堂课中达成了知识水平层面的要求。从知道到理解再到应用，学生的学习兴趣、语言思维、学习策略等都得到了不同程度的发展。这些丰富的学习经历与语用体验都依托于语境的带动。丰富的语境不仅带动了显性的语言能力提升，也带动了隐形的文化情感体验，"将立德树人根本任务落到实处"。

综上所述，离开语境的语言学习难以让学生产生兴趣。我们要遵循以多维语境创设为思考的出发点，通过逼真的语境复现和真实的语言表现让学生在体验生动语言的同时，理解英语文化和体验思维感受，产生继续探究的动力。教师要积极开发教学资源，缩短课堂和生活的距离，使学生在真实、自然的语境中掌握知识和技能，使学生在不断内化所学知识的过程中逐步提升综合语言运用能力。

（撰稿者：龚文）

[①] 中华人民共和国教育部. 义务教育英语课程标准（2022年版）[S]. 北京：北京师范大学出版社，2022：5.
[②] 中华人民共和国教育部. 义务教育英语课程标准（2022年版）[S]. 北京：北京师范大学出版社，2022：71.

第五章

精：实现意义增值

　　学习的本质目的不是获得知识，学习是个体意义生成的过程，学习在本质上改变着世界。课堂教学是学习者与课程文本交互的过程，是以有限的知识文本为起点，以无限的精神自由为终点的循环过程，关联学习逻辑，立足学科实践，注重个性转化，巧用增值性评价，引导儿童精神发展，实现意义增值，是"灵动课堂"的重要追求。

知识是思想和文化的结晶，学习者不应脱离知识的背景来抽象地学习知识和解码知识，转化知识丰富意义，展现知识对学生的"意义增值"。[①] 为此，课堂教学应将学习者与课程文本充分地交互，通过对话艺术、猜想与想象、选择与排除等增值策略，激发学生的智能，促进教学过程与生命感悟同步发展。[②] "精"是"灵动课堂"的重要特征，它强调以有限的知识文本为起点，以无限的精神自由为终点，关联学习逻辑，立足学科实践，注重个性转化，巧用增值性评价，引导儿童精神发展，实现意义增值。

1. 关联学习逻辑，撬动意义增值

"灵动课堂"注重知识和生活的关联，实现意义增值。知识是关于某一科目知识形成过程的概念、规则和体系。任何知识逻辑都是在主观思维过程中被生产、创造的。"自古圣贤之言学也，咸以躬行实践为先。"通过学生思维能力之于内容的作用建构认识结构，认识结构适应新环境产生一定的知识结果，而学生在态度、体验、情感等方面主动适应学习环境变化，所以学生认知结构始终处于不断运动和发展中。学习的学科、内容和思维能力之间的动态关系，演化知识结构与思维过程的多次循环，促成知识意义的结构化增长。

将知识作为学习的目的，学生忠诚地服从课程内容，这是学生认识的"第一层级"。学生参与、改变世界的实践活动则是学生认识的"第二层级"，也是学生个体意义生成的过程。"灵动课堂"的"精"要求教师积极引导学生促进对知识的理解应用及迁移，用已有的知识去反思学习实践所存在的问题，注重学习与广阔世界的充分交互，从而实现知识的生成意义。

[①] 卓晓孟. 意义增值：知识教学的深度诉求 [J]. 四川师范大学学报（社会科学版），2022，49（4）：134—143.
[②] 杨国荣. 成己与成物——意义世界的生成 [M]. 北京：北京大学出版社，2011：159.

2. 立足学科实践，加速意义增值

《义务教育课程方案（2022年版）》明确提出：强化学科实战。注重"做中学"，引导学生参与学科探究活动，经历发现问题、解决问题、建构知识、运用知识的过程，体会学科思想方法。加强知识学习与学生经验、现实生活、社会实践之间的联系，注重真实情境的创设，增强学生认识真实世界、解决真实问题的能力。[①] 学科实践是学科教学中培养学生实践创新能力的关键环节，是发展学生核心素养的重要方式。

学生通过学科实践，可以深化自身对学科知识推动人类文明进步的认同和理解，进而激发学习知识的内生动力，形成社会责任感与积极态度，有助于达成素养导向的教学目标。[②]

"灵动课堂"的"精"立足于学科实践，强调"做中学"，通过精准的任务驱动，倡导学生结合经验，运用获得的知识完成某项任务或解决某个问题，从而提高其知识和技能掌握程度，以及交流合作、批判性思考、解决真实问题等复杂能力。"灵动课堂"让学生经历探究过程，在做事中求得学问，从做事中获得知识和技能。

3. 注重个性转化，实现意义增值

人文知识教学要引导学生用想象、体验、表达等方式，了解作品的认知特点和情感态度，将知识诉诸内在心灵，提升人文素养；自然知识教学要引导学生用计算、实验、推理、猜想、检验等方式，了解定理、公式、方程式创造的科学方法，把握知识发现的规律，提升科学素养。

学生既是灵动的个体，又是有着个性差异的个体，教师要充分关注学生的个体差异，关注学生的兴趣点和智力发育规律。学生的个体差异影响着知识的掌握和能力的培养，课程内容及教学方式也关系到知识教学整体育人的质量，所以"灵动课堂"要求教师立足每门学科的知识体系，选择所要传递的知识内容以及传递内容的方式，个性化传递知识，在教学过程中因材施教、有的放

[①] 中华人民共和国教育部. 义务教育课程方案（2022年版）[S]. 北京：北京师范大学出版社，2022：14.
[②] 陈宗荣. 新课程背景下学科实践的价值与路径[J]. 福建教育，2023（7）：6—8.

矢，运用教学技巧转化"个体差异"，发展"个性特长"，使得学生获得每门学科所固有的概念、技能、思维和情感，在认知的过程中形成自己的学习特色。

4. 巧用增值性评价，驱动意义增值

课堂教学承载着从理念到行为的转变，要使核心素养落地，在这个过程中，构建专业化的精准的课堂教学评价指标体系是提升课堂教学质量的关键环节。

"评价是为了促进学习"，教师也应变革评价方式，让学生参与课堂评价过程，充分发挥课堂评价在课程改革中的作用，将新课程理念与教学实践相结合，将新课程理念贯彻落实到教学过程当中，提升教学质量，践行以学生发展为本的先进教学理念，打破以教师为主要评价对象的框架，落实精准评价对课堂教学的调整、改善、促进功能，并从学生的学习反馈中判断课程是否高效，从而指导教师进一步优化课堂。[1] 化解评价难题，要充分发挥学生的主观能动性，以评价者视角重新审视学习内容与方式，促进知识的深度理解和结构优化，在评价中促进学习进步和素养提升。因此，教师要引导学生以多样化的方式进行评价，倡导"做中学""用中学""创中学"，使知识学习超越知识本身，实现能力与素养的共同发展。

学习是同教师的相遇和对话，是同学习伙伴的相遇和对话，也是同自己的相遇和对话。只有教师将课堂设计真正从教师的教转向学生的学，学生的学习才能真正发生，课堂生成才会实现。

灵动的课堂，从语言知识、思维训练到情感升华，一气呵成，师生在这种智慧点拨、互相启发的课堂中实现共同成长。一言以蔽之，从有限走向无限，是"灵动课堂"的核心追求。

（撰稿者：周林果）

---

[1] 廖兆慧. 核心素养下的课堂教学评价指标体系设计：深度教学视角［J］. 中小学教师培训，2023（2）：28—32.

教学智慧 5-1

语言实践：让学习真实发生

语文课程是一门综合性、实践性很强的课程。从"真问题"出发，设计学生喜欢的"趣任务"，以导学单为抓手，以学习主题为引领，以学习任务为载体，激发"活思维"，通过导学单聚焦"精作业"，在识字与写字、阅读与鉴赏、表达与交流、梳理与探究的过程中，整体提升学生的核心素养，可以根据学段特征，突出不同学段学生核心素养发展的需求，体现连贯性和适应性。

《义务教育语文课程标准（2022年版）》指出：语文课程是一门学习国家通用语言文字运用的综合性、实践性课程。工具性与人文性的统一，是语文课程的基本特点。语文课程应引导学生热爱国家通用语言文字，在真实的语言运用情境中，通过积极的语言实践，积累语言经验，体会语言文字的特点和运用规律，培养语言文字运用能力，全面提升核心素养。[1] 如何在真实的语言运用情境中通过积极的语言实践来发展儿童的语言素养呢？我们从"真问题"出发设计学生喜欢的"趣任务"，激发"活思维"，聚焦"精作业"，在提升儿童的语文核心素养方面取得了可喜的成效。

一、提出"真问题"

《义务教育语文课程标准（2022年版）》指出："语文学习情境源于生活中

---

[1] 中华人民共和国教育部. 义务教育语文课程标准（2022年版）[S]. 北京：北京师范大学出版社，2022：1.

语言文字运用的真实需求，服务于解决现实生活的真实问题。创设情境，应建立语文学习、社会生活和学生经验之间的关联，符合学生认知水平；应整合关键的语文知识和语文能力，体现运用语文解决典型问题的过程和方法。"[1] 应设计阅读、讨论、探究、演讲、写作等多种学习活动，引导学生学习发现、思考、探究问题的思路和方法。

学生在学习一篇新课文的时候，难免会产生许多疑问，课前预习时会产生疑问，课中学习时会有疑惑的地方，课后练习时还可能会有新问题产生。

例如，《听听秋的声音》是三年级上册第三单元中的一篇略读课文，该单元以"金秋时节"为主题编排内容。本课是一首现代诗，语言精练优美，富有韵味。作者抓住秋天里大自然的一些声响，用诗的语言赞美了秋天。本课旨在让学生边读边想象，能从秋的声音中体会秋天的美好，能运用已学过的方法理解词语，能仿照诗歌的形式仿写诗文，培养学生热爱秋天的感情。

对第二学段（3~4年级）的学生来说，学习语文就是要能初步把握文章的主要内容，体会文章表达的思想感情，能对课文中不理解的地方提出疑问，乐于与他人讨论交流。好的问题可以开启学生的智慧，开拓学生的思维，增强学生主动参与的意识。

面对这样一篇充满诗情画意的略读课文，教师可以设计一张导学单，在导学单中提出问题：边读边想象，你听到了秋天的哪些声音？你能尝试用学过的方法理解不懂的词语吗？通过这些问题，导学单成为学生学习的重要抓手。利用导学单，教师可以放手让学生运用已学的阅读方法，理解词语、领悟词句表达的精妙，读懂诗歌，体会诗中浓浓的秋情，想象秋天景象的美好。

二、设计"趣任务"

《义务教育语文课程标准（2022年版）》指出："语文课程结构遵循学生身心发展规律和核心素养形成的内在逻辑，以生活为基础，以语文实践活动为主线，以学习主题为引领，以学习任务为载体，整合学习内容、情境、方法和资

---

[1] 中华人民共和国教育部. 义务教育语文课程标准（2022年版）[S]. 北京：北京师范大学出版社，2022：45.

源等要素，设计语文学习任务群。"① 综合考虑教材内容和学生情况，我们设计不同类型的学习任务，依托学习任务整合学习情境、学习内容、学习方法和学习资源，安排连贯的语文实践活动，增强学习的趣味性和吸引力。

我们考虑教学内容和学生情况，在导学单中设计不同类型的学习任务。导学单的设计分为课前、课中和课后三个部分，让学生课前会预习，课中会学习，课后能练习。

我们可以参考三年级学生的学段要求和课本对于略读课文的学习提示对课前预习的要求进行设计，因此我设计了两个课前预习要求。

三年级学生已初步具备独立的阅读和识字能力，因此要求学生课前预习时能"读诗歌，把句子读通顺，并标出小节号"；三年级学生的思维处于形象思维阶段，经过前几课的学习，学生能感受秋天的情感，了解秋天的具体事物，这些都为理解这首现代诗打下了基础，因此课前预习的第二个要求是"边读边想象与秋天有关的画面"。

课中学习是导学单设计中最重要的一部分。本课利用导学单，通过读、圈、找、说、写五大模块，从学生生活实际出发，创设丰富多样的学习情境，设计富有挑战性的学习任务，激发学生的好奇心、想象力、求知欲，促进学生自主、合作、探究学习，五大部分如下：

读一读：有感情地朗读课文，边读边想象。

圈一圈：你听到了哪些秋天的声音。

找一找：再读课文，找出不懂的词语，运用已学过的方法试着理解。

说一说：小组合作，交流用了哪些好方法理解词语。

写一写：模仿诗歌第1、2节仿写诗歌。

在读一读的环节中，通过让学生大量朗读，例如个别读、男女读、分小组读、齐读等各种形式的朗读方式，引导学生在情境中感受文学之美，能拥有自己的独特感受；在圈一圈的环节中，提问"你听到了哪些秋天的声音"，教师充分运用课程资源，播放大量关于秋天的声音，调动学生近距离接触秋的声音的

---

① 中华人民共和国教育部. 义务教育语文课程标准（2022年版）[S]. 北京：北京师范大学出版社，2022：2.

第五章 精：实现意义增值

积极性；在找一找的环节中，学生自己找出诗歌中难理解的词语，运用已学过的方法试着理解，能丰富自己的词语积累；在说一说的环节中，鼓励学生口头交流，成为积极的分享者，在语言积累和运用的过程中，感受语言的表现力和创造力；最后在写一写的环节中，学生能够模仿第1、2节仿写诗歌，通过该语文实践活动，欣赏和模仿语言文字作品，尝试创作。

导学单的课中学习部分，整合听说读写，重视语文课程工具性和人文性的统一。学生在读的过程中可以圈、可以找、可以写，在圈、找、写的过程中可以再读几遍诗歌，在口头交流的过程中还能再读、再圈、再找、再写，在识字与写字、阅读与鉴赏、表达与交流、梳理与探究的过程中，整体提升核心素养。

三、激发"活思维"

《义务教育语文课程标准（2022年版）》指出："思维能力是指学生在语文学习过程中的联想想象、分析比较、归纳判断等认知表现，主要包括直觉思维、形象思维、逻辑思维、辩证思维和创造思维。思维具有一定的敏捷性、灵活性、深刻性、独创性、批判性。有好奇心、求知欲，崇尚真知，勇于探索创新，养成积极思考的习惯。"[1]

整张导学单中围绕"读""圈""找""说""写"五大模块进行设计，通过"写"的形式，激发学生活思维，让学生把所想通过文字的形式表达出来。

儿童在学习语言和各种技能的最初阶段都要以模仿为"阶梯"。尤其是中年级学生，认知特点经历着由直观形象思维到抽象思维的过渡，此时，学生的"模仿性"也最强。根据儿童这一心理特点，课程设计了仿写诗歌的任务。

诗歌的第1、2节结构相同，非常适合儿童进行仿写训练。"听听，秋的声音，大树抖抖手臂，'唰唰'，是黄叶道别的话音。听听，秋的声音，蟋蟀振动翅膀，'㘗㘗'，是和阳台告别的歌韵。"每一节的第一句和第二句重复，第三句是拟声词，第四句描写了景物在秋天发生的变化。儿童通过模仿诗歌的第1、2节，激发活的思维，想想秋天还有哪些景物，会发出怎样的声音，会产生怎样

---

[1] 中华人民共和国教育部. 义务教育语文课程标准（2022年版）[S]. 北京：北京师范大学出版社，2022：5.

的变化。

导学单中的这一练习体现了语文学习的规律，它在"读"与"写"之间架起了一座桥梁，让仿写妙笔生花。

四、聚焦"精作业"

《关于进一步减轻义务教育阶段学生作业负担和校外培训负担的意见》中指出：学校要提高作业设计质量，发挥作业诊断、巩固、学情分析等功能，将作业设计纳入教研体系，系统设计符合年龄特点和学习规律、体现素质教育导向的基础性作业。[1]《义务教育语文课程标准（2022年版）》指出："作业评价是过程性评价的重要组成部分，作业设计是作业评价的关键。教师要以促进学生核心素养发展为出发点和落脚点，精心设计作业，要做到用词准确、表述规范、要求明确、难度适宜。教师要严格控制作业数量，用少量、优质的作业帮助学生获得典型而深刻的学习体验。"[2]

因此，导学单的课后练习部分设计了三个大题。

第一大题：圈出下列加点字的正确读音。通过让学生选择"掠过（lüè lüe）、撒下（sǎ sǎn）、手臂（bèi bì）、匆匆（cōng wù）、绽放（zhàn zàn）、大厅（dīng tīng）"六个词语中加点字的正确读音，巩固课堂基础性知识的学习。

第二大题：在括号里填上合适的词语。"（　　）的话音、（　　）的歌韵、（　　）的叮咛、（　　）的歌吟"，这四个短语都来自诗歌，学生在做题时，必须仔细在诗歌中找到对应的语句，正确抄写下来。

第三大题：阅读下列文字，用已学过的方法理解下列加点词语的意思。"秋天到了，残花凋零。可人们还是爱秋天，爱她的秋高气爽，爱她的果实累累，秋天也许就藏在金灿灿的稻谷上，藏在红彤彤的苹果里，一阵凉风吹来，果儿点头，散发出的诱人香味儿。"出示和秋天有关的一段话，结合本单元学习重点"用多种方法理解词语的意思"，能诊断出学生是否学会用课上学过的方法理解

---

[1] 中共中央办公厅 国务院办公厅印发《关于进一步减轻义务教育阶段学生作业负担和校外培训负担的意见》[J]. 中华人民共和国教育部公报，2021（10）：2.
[2] 中华人民共和国教育部. 义务教育语文课程标准（2022年版）[S]. 北京：北京师范大学出版社，2022：48.

词语的意思。

这三大题从题量上来说，符合"双减"标准；从质量上来说，所设计的题目聚焦课堂重点知识，包含和单元主题相关的基础性作业，作业内容能整合识字与写字、阅读与鉴赏两大模块。

总之，教师可以通过导学单设计学习任务，将导学单分成课前、课中、课后三个部分，在导学单中体现"真问题""趣任务""活思维""精作业"。导学单在教学中的合理使用，能较好地为语文教学服务，优化语文教学，让学生从浅层次的学习逐步走向深度学习，让学生的高阶思维得以发展，让学生的学习真实地发生。

（撰稿者：李思雯）

教学智慧5-2

聚焦素养：让课堂教学充满活力

语文学科核心素养是文化自信和语言运用、思维能力、审美创造的综合体现。教师要围绕学生核心素养的培育，让他们敢于提问，解决"真问题"；合作探究，培养"活思维"；传承文化，完成"趣任务"；聚焦目标，设计"精作业"，进而培养学生的思维能力，激发课堂活力，提升学习效果。

《义务教育语文课程标准（2022年版）》指出："义务教育语文课程培养的核心素养，是学生在积极的语文实践活动中积累、建构并在真实的语言运用情景中表现出来的，是文化自信和语言运用、思维能力、审美创造的综合体现。"[1] 因此，教师应当在教学中立足教材内容，合理设计多样化的教学活动，实施有效的语文课堂教学，促进学生核心素养的形成与发展。

本文以统编版语文五年级上册《少年中国说（节选）》一文教学为例，立足学科特点，围绕语言、思维、审美和文化四个方面指导学生学习，增强小学语文课堂教学的实效性，帮助学生取得更大的学习成果。

一、敢于提问，解决"真问题"

《义务教育语文课程标准（2022年版）》对"思维能力"有这样的阐述："思维能力是指学生在语文学习过程中的联想想象、分析比较、归纳判断等认知

---

[1] 中华人民共和国教育部. 义务教育语文课程标准（2022年版）[S]. 北京：北京师范大学出版社，2022：4.

表现。思维具有一定的敏捷性、灵活性、深刻性、独创性、批判性。有好奇心、求知欲，崇尚真知，勇于探索创新，养成积极思考的习惯。"①

四年级上册第二单元为阅读策略单元。经过这一个单元的学习，学生已经初步了解了如何提问。在学生掌握了提问的方法后，教师在教学中可以放手让学生自主提问，然后引导自主探究解决问题。

《少年中国说（节选）》一课中，我为了培养学生的思维、思辨能力，在课前预习中设计了这样一个问题："读完课文后，你有哪些疑问？"

针对课题，学生提出了几个问题："少年中国"是什么意思、"说"是什么意思、作者要"说"些什么。针对文章内容的提问多集中在第二段，因为第二段难理解，比如，"河出伏流"是什么意思、"腾渊"是怎样的场景。也有部分同学针对文章的结构提出了问题，比如，"这三段之间有怎样的关系"。

基于学情，立足第一课时，我在导入环节揭示课题之后向学生抛出问题——"看到这个题目，你有哪些疑问？"在交流完自己的问题后，老师和学生共同探索，解决这一问题。

针对"少年中国"这一问题，我出示了《少年中国说》原文第一段中的相关内容，并提供了注释和译文。学生边读边思考后就能明白，原来当时的日本人称我们为"老大帝国"，意思是说中国就像一个风烛残年的老人一般，而梁启超不同意这个观点，他认为中国是"少年"，充满活力，未来可期。

针对"说"这一问题，"说"其实是古代用记叙、议论或说明等方式来阐述事理的文体，像《爱莲说》《马说》等，但是对于五年级的学生来说，他们很难从文体的角度来理解"说"。我借助学生熟悉的字典，首先展示字典中关于"说"的六条解释，然后让学生选一选，最后教师归纳总结：《少年中国说》是梁启超关于"少年中国"发表的自己的想法、观点。

课堂中解决的问题，是学生在读完文章后真实存在的，因此，教师要基于"真问题"，引发"真探究"。

---

① 中华人民共和国教育部. 义务教育语文课程标准（2022年版）[S]. 北京：北京师范大学出版社，2022：5.

二、合作探究，培养"活思维"

《义务教育语文课程标准（2022年版）》对"语言运用"有这样的阐述——"语言运用是指学生在丰富的语言实践中，通过主动的积累、梳理和整合，初步具有良好语感"[1]；对"审美创造"有这样的阐述——"审美创造是指学生通过感受、理解、欣赏、评价语言文字及作品，获得较为丰富的审美经验"[2]。

《少年中国说（节选）》是一篇文言文，学生理解起来有难度、背诵起来更有难度。背诵环节中，在核心问题"你有什么背诵的好方法"的引领下，学生首先自主思考，紧接着进行小组讨论。学生们集思广益，会发现各种各样的方法，比如借助"智""富""强"等关键词语、关注排比句式、发现字数上的不同、发现词语之间的递进关系等。接着学生们进行班级交流，在这个环节中，引导学生理解，每一种方法都是一个思考角度，大家可以说说我们组的想法，听听其他组的想法。

在诸多方法中，我着重引导学生关注词语之间的递进关系，有"智"才可以"富"，有"智"有"富"，则为"强"；"独立、自由、进步"也有类似的内在关系；"欧洲"与"地球"在地理范围上是层进的，范围不断扩大；"胜"与"雄"这两字在程度上是递进的。我与学生共同构建可视化思维工具——阶梯图。我利用思维导图，帮助学生更好地理解文章内容，指导学生有感情地背诵课文。

这是一个思维碰撞的过程，学生们通过自主探索文言语段，发现作者在表达、用词上的秘密。这样的探索一方面帮助学生丰富了文言文学习经验，同时为学生背诵文言语段搭建了支架。

教学板书如图5-1所示。

三、传承文化，完成"趣任务"

《义务教育语文课程标准（2022年版）》对"文化自信"有这样的阐述："文

---

[1] 中华人民共和国教育部. 义务教育语文课程标准（2022年版）[S]. 北京：北京师范大学出版社，2022：4—5.
[2] 中华人民共和国教育部. 义务教育语文课程标准（2022年版）[S]. 北京：北京师范大学出版社，2022：5.

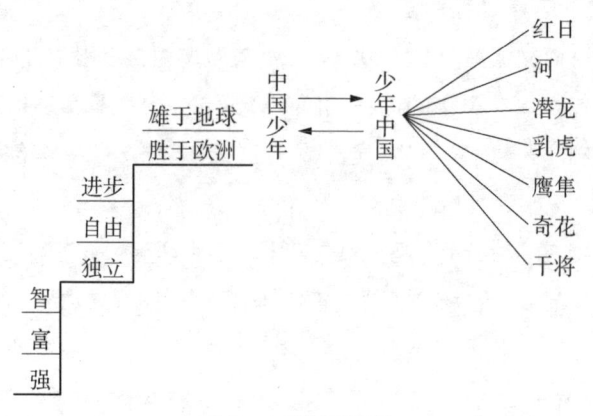

图5-1 教学板书

化自信是指学生认同中华文化,对中华文化的生命力有坚定信心。"[1] 那么,如何借助这样一篇撰写于120多年前的文章,唤起学生的文化自信、爱国情怀呢?

课堂中,我带领学生进行多层次的朗读。首先,我给学生充足的时间自由朗读课文,同时出示提示、明确学习要求:借助拼音自由大声地读课文,遇到不熟悉的地方多读两遍,做到读准确,读流利。接着,在检查朗读中根据学生的实际情况帮助学生正音。在读准字音、读准停顿后,学生再读课文。这次朗读是学生边读边理解意思。在课堂中,学生们走进这样的经典,通过理解、诵读,可以深刻地感受到梁启超那一代中国青年为国家之崛起、为国家之强大而奋斗的决心,这种语言、情感、思想的力量可以深深激发学生。

在课堂教学的总结部分,我对课程内容进行了升华:1900年,梁启超写了这篇文章,发出了这样的呼声。现在,121年过去了,其间不少中国少年涌现(视频同步展示袁隆平爷爷的故事)。除了袁隆平爷爷之外,还有许多人,他们知名或者不知名。正是这一代代人的努力,才让中国强大起来。所以,梁启超先生说——故今日之责任,不在他人,而全在我少年(齐读)。我将学生的视野从百年前逐步拉近到当下,引导学生体会正是有这样一代代的中国少年,国家

---

[1] 中华人民共和国教育部. 义务教育语文课程标准(2022年版)[S]. 北京:北京师范大学出版社,2022:4.

才日益繁盛。

　　课后我布置了一项作业：了解为国家富强而奋斗的杰出人物故事。这是一项探究活动，把学生的视角从历史引向鲜活的当下，从课文引向生动的人物。学生可以从优秀人物身上汲取奋进的力量，在广泛阅读杰出人物鲜活事例的过程中，《少年中国说》的思想观点、精神意蕴，会悄无声息地扎根在学生的心中。

四、聚焦目标，设计"精作业"

　　《义务教育语文课程标准（2022年版）》中指出："语文课程围绕核心素养，体现课程性质，反映课程理念，确立课程目标。"[①] 作业到底有什么作用？作业在本质上应该以发展学生的核心素养为目标。所以，我们要让学生在作业中夯实文化基础，实现全面发展。

　　时下，国家正在推行"双减"政策，根据义务教育"双减"政策的相关规定：学校要分类明确作业总量。小学一二年级阶段不布置家庭书面作业；小学三至六年级书面作业平均完成时间不超过60分钟。减负并不意味着让学生学得少，而是借助有效的课堂教学、精简的作业内容来减轻学生的课业负担，同时增加学习效果。课堂中穿插了三个小练习，这几个练习都来自语文教材练习部分。课堂上教师带学生讲讲练练，顺势解决课后习题。

　　本堂课的课后作业为：（1）有感情地朗读课文；背诵课文第一自然段。（2）完成练习册一/1、2；四/1。（3）了解为国家富强而奋斗的杰出人物故事。（4）（选做）阅读课后补充材料，了解梁启超心目中的"少年"和"老年"是什么样子的。

　　课后习题中提出了"正确、流利地朗读课文，做到连贯而有气势"的要求，课后还安排了"和同学集体朗诵课文"的选做活动。本单元"语文园地"的交流平台中也提示"通过朗读，我们可以把课文中丰富的情感表达出来"。这些安排都指出了体会课文情感的一条重要路径——朗读，所以在课后作业中我强调了朗读，设计了"有感情地朗读课文"这一项。

[①] 中华人民共和国教育部. 义务教育语文课程标准（2022年版）[S]. 北京：北京师范大学出版社，2022：4.

我在课堂中穿插着讲了练习册中的几道题，上完课后，我勾画出相关习题作为课后作业，一方面起到巩固的作用，另一方面也能够减轻学生的作业负担，更好地落实"双减"政策。

本单元的语文要素为：结合资料，体会文章表达的思想感情；学习列提纲，分段叙述。课后习题中提出了"查找资料，读一读为国家富强而奋斗的杰出人物故事，和同学做一份手抄报"的要求。第一课时后，我结合语文要素与课后习题设计了"了解为国家富强而奋斗的杰出人物故事"这项作业，旨在培养学生收集资料、自主阅读的能力，同时为第二课时课后作业中的"和同学做一份手抄报"做铺垫。

学生之间是有能力差异的，教师要认识到这一点、关注到这一点。于是，我设计了一项选做作业，通过阅读《少年中国说》中的其他语段，可以让那些能力较强的学生对梁启超心中的"少年中国"有更多的了解。

总之，教师要认真研读课标，聚焦语文学科核心素养，厘清每个学段、每个学年、每个学期的教学目标和学习重点，在教学中真正做到心中有目标、眼中有学生、课中有语文。

（撰稿者：朱雯倩）

教学智慧 5-3

自制教具：让课堂教学更精彩

优秀自制教具具有科学性、教育性、直观性、针对性、灵敏性、实用性、简易性等属性。开发教具，突破教学难点，有利于达到教学预期的目标；巧用教具，凸显育人价值，有利于形成必备的劳动素养；改造教具，激发创造力，有利于获得丰富的劳动体验；操作教具，提升教学效果，有利于激发学生的学习兴趣。一句话，合理运用教具，可以点亮劳动技术课堂，让课堂教学更精彩。

《义务教育劳动课程标准（2022年版）》指出："劳动课程强调学生直接体验和亲身参与，注重动手实践、手脑并用，知行合一、学创融通，倡导'做中学''学中做'，激发学生参与劳动的主动性、积极性和创造性。"[1] 我国著名教育家陶行知认为教育者的责任就是"不辜负机会，利用机会，能用望远镜去找机会，会拿灵敏的手去抓机会"，为学生创设各种可以激发兴趣的途径。在实际教学探索中，自制教具在劳技学科中是一项重要的教育教学研究活动，教师钻研教材教法并针对教学中的重点和难点研究制作教具，是教育教学研究活动的又一种表现形式。在对教材有了深入钻研、对教学方法有了深入思考的基础之上，教师根据相应的科技知识和生产技术制作出具有教学特点，能体现教育思想、教育目标、教学内容且使用起来得心应手的教具，而这是一种非常好的

---

[1] 中华人民共和国教育部. 义务教育劳动课程标准（2022年版）[S]. 北京：北京师范大学出版社，2022：3.

辅助教学工具。

自制教具指的是教师和学生在教学过程中，根据科学原理，贴近教学实际，利用简便易行的办法，就地取材，自己动手制作的教具。它是体现教育思想、教育内容和方法的实物、模型等直观教学用具及实验训练器材。

劳技课是一门操作性很强的课程，学生需要在理解原理的基础上进行实际操作。不论是按图操作还是再设计，优秀的自制教具必须具备科学性、教育性、直观性、针对性、灵敏性、实用性、简易性等属性，这样的教具才能对突破重难点、凸显育人价值、激发创造力、提升教学效果发挥出重要的辅助作用。

一、开发教具，突破教学难点

《义务教育劳动课程标准（2022年版）》中指出："劳动项目是落实劳动课程内容及其教育价值，体现课程实践性特征，推动学生'做中学'、'学中做'的重要实施载体。"[1] 在设计教学内容时，教师要对操作的主要方法进行提炼，因为有效的课堂教学的关键在于教师对教材重难点的把握与化解。教学过程要重点突出，而难点则要让学生在较短的时间内迎刃而解，达到教学预期的目标，实现教学的成效。

例如，在执教五年级劳动技术第二册《调光小台灯》一课时，调光开关的结构和铅芯可以用作控制电流大小的材料是新授的知识。为了解决这个知识难点，教师在厚卡纸上制作了简易版调光小台灯平面教具，学生亲自通过实验教具操作，观察小灯泡的亮度变化，知道调光开关的原理和调光小台灯的设计要点。接下来，在学生制作过程中，教师创新融入希沃软件作为教具进行互动传屏，共享学生的制作过程，做到及时反馈，精准指导学生进行调光小台灯的设计与制作。

又如，在执教四年级劳动技术第二册《模型机械手》一课时，通过对原有教材内容与劳动教育理念的再设计，在教材原有的教学内容中融入了劳动教育的内容，在劳动中从学生的实际需求出发，开展技术教学内容。教师也创新地

---

[1] 中华人民共和国教育部. 义务教育劳动课程标准（2022年版）[S]. 北京：北京师范大学出版社，2022：37.

融入了"互动视频"技术，借助云平台虚拟教具来帮助学生解决模型机械手制作中的难点。学生通过对视频的选择来确认正确路径，并反复观看进行自主学习。突破重难点，将教师的个别指导融入视频，这种做法能够将教师的指导及时带给学生，又能发展学生的自主学习能力，是对融合教学的一次创新实践与探究，实现了有效的课堂互动，解决了教学重难点。

二、巧用教具，凸显育人价值

《义务教育劳动课程标准（2022年版）》中指出："劳动课程要培养的核心素养，即劳动素养，主要是指学生在学习与劳动实践中逐步形成的适应个人终身发展和社会发展需要的正确价值观、必备品格和关键能力，是劳动课程育人价值的集中体现，主要包括劳动观念、劳动能力、劳动习惯和品质、劳动精神。"[1]

例如，在执教四年级劳动技术第一册纸制品加工《简易连杆装置》一课时，课程实施中主要采用了基于真情实感、体现系统思维、强调作品导向的项目式学习方式。在教学引入伊始，结合中国非遗国粹，教师利用身边的废旧材料——鞋盒、厚卡纸、一次性筷子、幕布、小灯泡等制作了简易版皮影教具。在指导学生科学规范地掌握纸艺加工技法的同时，也让学生了解了中国皮影的文化起源、简易版皮影戏的教具特点、类别。这不仅有助于深化传统文化认知，提升审美创造能力，拓展学习背后的文化和故事，全面推进技术学习与学科学习的深度融合，凸显育人价值，还有助于学生的人文沉淀。

又如，在执教五年级劳动技术第一册《我们的新操场（综合）》一课时，教师首先要充分发掘废旧材料中的教育元素，发现其中所蕴含的巨大智慧，适当宣传绿色环保发展理念，引导学生形成生态意识和环保意识，在日常生活中自觉保护环境，形成社会责任感。从导入到讲授新课、课后延伸，教师利用了废旧材料——鞋盒、吸管、厚卡纸、磁铁、黏土、铁丝等废旧材料制作了学校足球场模型教具。教师先请两位同学动手玩一玩，分辨一些制作材料，再正反面看一看，研究它如何固定，足球如何转起来。最后让学生自己思考要完成这些体育设施和器材需要准备什么材料、工具，并大胆猜想如何制作。在上述铺垫之

---

[1] 中华人民共和国教育部. 义务教育劳动课程标准（2022年版）[S]. 北京：北京师范大学出版社，2022：4.

后，教师接下来讲授新课就水到渠成了，只要稍加点拨引导，学生便能快速而准确地领会新操场的制作方法。

一节优秀的劳技手工课不仅仅是让学生掌握一个手工艺术品的制作方法，更是要让他们学会一个手工艺术品的精华，学会设计、学会延伸。实践阶段要求学生选用合适的替代材料，设计制作一项体育设施模型，利用废旧材料的丰富性、易得性和原始性这三大基本优势，以发挥学生选择的多样性、自主性和操作的探索性与创造性为挖掘废旧材料的基本策略，旨在让学生在丰富、易得、原始的废旧材料中感受创造的快乐，培养学生不怕失败、大胆探索、锲而不舍的精神，而这正是学生最需要具备的优秀品质。

又如，在执教五年级劳动技术第二册《红绿灯模型》第二课时，教师要求学生学会开关的设计与制作，组装交通信号灯。由于红绿灯模型是一个立体的物品，甚至有内部结构、穿线等动作。教师使用希沃课堂软件制作了多媒体教具，将红绿灯模型的三维动画展现在学生面前。在多媒体视频中，先展示如何分解各部分，再展示如何折、黏合，学生看后一目了然，很快在课堂上掌握了制作红绿灯模型的要领，为实际操作赢得了时间。在设计和制作阶段，引导学生通过多种形式，利用对多种材料的认识和加工技能，设计并制作一个有车辆、红绿灯、十字路口的交通环境模型，培养学生的合作精神，发展学生的技术创新能力和综合运用技术的能力，共同完成模型设计及模型制作的任务。

劳动课程的实施使每一位学生经历了必要的劳动实践过程，形成了必备的劳动素养，而教师利用自制教具，深入挖掘了课程在树德、增智、强体、育美等方面的育人价值。

三、改造教具，激发创造力

《义务教育劳动课程标准（2022年版）》中指出："教师注意观察学生的表现，看他们是否完成了预设的任务、是否掌握了必要的技能等，要保护学生在劳动实践过程中的好奇心和探究欲望，鼓励学生进行创造性劳动，使学生得到更多的自主发展空间。"[1]

---

[1] 中华人民共和国教育部. 义务教育劳动课程标准（2022年版）[S]. 北京：北京师范大学出版社，2022：43.

受教学时间、场地等限制，传统劳动技术课程特别容易变成纯技法教学示范操作课，学生亦步亦趋地根据教师的讲解示范，完成统一的手工作业作品，这种形式很难达到新时代劳动教育"发挥主体作用，激发创新创造"的理念要求。在教学中，教师要注重引导学生通过设计、制作、实验、淬炼、探究等方式获得丰富的劳动体验，习得劳动知识与技能，感悟和体认劳动价值，培育劳动创造精神。

例如，在执教五年级劳动技术第一册《设想与选择》第二课时，教学要求制作纸质相框，常规教学流程是教师先在课堂上为学生展示两个常见纸质相框教具，然后讲解如何制作。教师实际上课后发现，由于操作难度不高，学生在日常生活中早已对这种生活用品习以为常，学习兴趣不高。教师应该预见这种表现，而此时就应该把课堂交给学生了，让学生成为课程的小主人，发挥主体作用：教师可以提出问题，从学生未涉及的或感兴趣的出发，学生的互动式学习兴趣就会被激发起来，从而激发创新创造意识。

教师提问学生："请你们帮忙把我手里的平面相框教具进行改造，变成立体相框，应如何做？"问题一出，学生的兴趣就来了。有的学生在思考，有的学生在讨论，有的学生马上举手想回答问题。教师表示："大家可以先讨论一下，再告诉我如何制作好吗？"于是，教室里热闹起来，很快，学生提出了很多好的方法。有的学生认为在相框后面放一个支架就能让相框立起来，有的学生认为可以将两个相同的相框组合起来形成立体相框，也有的学生说可以将一些"零件"组装起来形成一个立体相框……大家你一言我一语，出的点子新颖、有趣。教师又抛出问题："这里有好多素材，大家每三个人为一组，试着制作一个立体相框好吗？记得有问题要大家一起解决哦！"学生很快行动起来，思维也活跃起来，他们在互动学习中制作出了很多种连老师都想不出的立体相框，创新能力令人惊讶。

又如，在执教五年级劳动技术第二册《套"银蛇"装置》一课时，教师提前制作了九组常规套"银蛇"装置教具，由游戏引入，从尝试改造、师生共同探究、归纳制作要点，到教师示范和九组学生试玩探究相结合。在制作之前，教师提出要求，希望各个小组合作改造教师预先制作的"银蛇"造型部分，重新设计造型新颖、难度适中的"银蛇"造型装置。经过讨论、设计，一个个由学生改造的新教具设计稿跃然纸上，有可爱的兔子银蛇造型，有漂亮的五星造型，还有个性化十足的机关枪造型，同学们发挥想象设计的造型难度适中，可操作性强。在实践制作中，改造后的教具为套"银蛇"装置电路的连接，也为学生探究创设了一定的帮助，学生借此体验了电路图与实物图的相互转换过程，培养了解决问题的能力。

教师从真实问题解决入手，把课堂交给学生，在课堂上扶中有放，让学生改造原有教具，有基础铺垫，有技术支撑，从画图与表达出发，注重学生的创新探究互动，激发学生的创造力。

四、操作教具，提升教学效果

《义务教育劳动课程标准（2022年版）》中指出："在劳动过程中，学生是实践任务的操作者和完成者，教师是学生实践的启发者、指导者和呵护者。"[①]

教师在指导时，对劳动过程中的关键步骤、技能要及时点拨，对劳动中可能出现的问题要指导学生及时化解，要适时激励、启迪、引导学生在劳动过程中发展创意，强调劳动过程中的安全、规范操作。

例如，在执教四年级劳动技术第二册《材料与工具》第二课时，教师自制了铁丝圆形吹泡泡教具，课程以请学生来讲台吹玩泡泡引入，极大地调动了他们的学习热情，让他们迫不及待地想尝试制作吹泡泡玩具。这时教师明确需求与主题、引导学生确定功能与造型，选择材料与工具，采用合理科学的技法将学生感兴趣的元素生动形象地融入劳技教学内容，以此达到激发学生学习兴趣的效果。以创设趣味性的教学情境法为例，教师先深入小学生的生活圈子，找寻小学生的喜好并融入劳技教学的趣味性元素。制作完成后，学生们兴奋地走出教室，在操场上玩自制的吹泡泡玩具，课后还有学生主动探究多个圆形造型，希望通过改造吹出更多的泡泡。

类似这种"游戏元素"的教具，在执教四年级劳动技术第二册《看图与表达》第二课时也出现过。教师使用金属丝材料和尖嘴钳工具制作金属丝游戏环教具，学生通过分析铁丝游戏环的结构，测量并标注铁丝游戏环各零件的尺

[①] 中华人民共和国教育部. 义务教育劳动课程标准（2022年版）[S]. 北京：北京师范大学出版社，2022：41.

寸，初步学会使用尺、绳线测量直线和弧线部分的长度，初步学会尺寸标注。在执教五年级劳动技术第一册《迷宫》时，教师使用小木条、砂纸、白胶材料和小手工锯、剪刀等工具制作放大版的迷宫教具，学生通过试玩迷宫教具、交流分析等活动，知道了迷宫的组成及特点，以及迷宫玩具的设计步骤和设计要点，还学会了绘制迷宫的设计草图，增强了整体规划意识。

在执教五年级劳动技术第二册《电磁"钓鱼竿"》第二课时，课程最后一步为连接导线。调试操作前，教师使用两个回形针代替开关，制作了简易版"钓鱼竿"教具，接着请学生上台连接开关，由此引入试玩教具。学生接上电源后观察是否有磁性，结果发现"钩子"竟然钓不起小鱼。教师通过分析启发学生自己尝试，获知漆包线两头需要打磨及正确的打磨方法，探究改进电磁"钓鱼"竿磁性的方法，进一步拓展解决问题的能力。

"游戏元素类"教具能很好地融入劳技教学内容，为学生创设趣味性的劳技学习情境，不但起到了激发学生学习兴趣的作用，还有效提升了教学效果。

在多媒体技术迅速发展的今天，教师可以通过电子虚拟技术来辅助完成教学任务，还可将不同类型的教具进行优化整合，使课堂达到最佳效果。不论是哪种形式的教具，都应该以它独有的、不可取代的方式出现在劳动技术课堂中。开发教具，突破教学难点，达到教学的预期目标；巧用教育，凸显育人价值，有利于学生形成必备的劳动素养；改造教具，激发创造力，有利于学生获得丰富的劳动体验；操作教具，提升教学效果，有利于激发学生的学习兴趣。

一名劳动技术教师应当具备设计和制作教具、合理运用教具的能力，用丰富多彩的教具来点燃学生进行手工活动的激情，点亮劳动技术课堂，让我们的课堂更加精彩。"常做常有、常用常新"，自制教具的生命力最终在于应用，它的活动应是有组织、有计划、有目标、可持续的发展。

（撰稿者：杨佳丽）

教学智慧 5-4

项目学习：激活数学学科素养的秘密

项目学习是以真实情境为背景，以复杂问题为驱动，让学生经历持续的实践学习，融合信息技术、数学、科学学科，通过教学资源的挖掘与整合，创设多样化的探究活动。数学学科项目化学习以问题驱动，产生探究的意义；以信息处理，提升学习的价值；以联系生活，发现学习的奥秘；以评价多样，形成学习的合力。在实践过程中，将现行教材中的数学问题还原为学生生活实际，让学生感受、理解、掌握数学思想、知识技能的形成过程，提升学生的数学思维能力，培养学生运用数学的方法分析、解释、解决现实生活问题的应用能力，以及运筹优化的意识和创新精神。

《义务教育数学课程标准（2022年版）》指出：改变单一讲授式教学方式，注重启发式、探究式、参与式、互动式等，积极开展跨学科的主题式学习和项目式学习等综合性教学活动。通过丰富的教学方式，让学生在实践、探究、体验、反思、合作、交流等学习过程中感悟基本思想、积累基本活动经验，发挥每一种教学方式的育人价值，促进学生核心素养发展。[1] 数学学科项目化学习，以真实的生活情境为驱动，在单元整体设计的基础上，和学生一起梳理出不同的研究主题，分小组主动探究，针对核心知识研究成果进行展示，

---

[1] 中华人民共和国教育部. 义务教育数学课程标准（2022年版）[S]. 北京：北京师范大学出版社，2022：86.

这是学生对学科项目化学习实施的一次探索。整个探索过程中，学习者在个体经验的基础上，通过资料搜集、问题分析、合作探究、实践操作等步骤解决问题。在这样的学习中，不是把知识作为现成的经验传授给学生，而是需要学生对问题进行界定、分析、探索，在问题解决过程中掌握知识技能，发展思维能力，以实现通过问题发展运用已有知识经验解决实际问题能力的目的。数学学科项目化学习是一种由教师带动的学生本位学习，最后都指向学生学习的真实性和有效性。

一、问题驱动，产生探究的意义

《义务教育数学课程标准（2022年版）》指出：通过数学的眼光，可以从现实世界的客观现象中发现数量关系与空间形式，提出有意义的数学问题；形成对数学的好奇心和想象力，主动参与数学探究活动，发展创新意识。[①] 注重发挥情境设计与问题提出对学生主动参与教学活动的促进作用，使学生在活动中逐步发展核心素养。[②]

以"生活中的正数和负数"为例，本项目强调通过学生的生活经验中的"真实资料"来了解生活中具有相反意义的量。所以，在学习任务的设计上，应充分尊重学生的主体地位，发挥学生的学习主动性，提高学生小组合作、解决问题的能力。这一设计将抽象的数学知识变得充满吸引力，使学生兴趣盎然地进入探究学习。这种学习方式是由教师带动的学生本位学习，充分发挥了学生的学习主动性和创造性，最后都指向学生学习的真实性和有效性。

在《相反意义的量》一课中，老师请学生欣赏书本中的几组图片（见图5-2）：

仔细观察，这些图中有什么数？

学生们纷纷回答，海口是零上12摄氏度，哈尔滨是零下25摄氏度。

这时，师生间出现了以下对话：

师：正确。你能用符号表示出这两个温度吗？

[①] 中华人民共和国教育部. 义务教育数学课程标准（2022年版）[S]. 北京：北京师范大学出版社，2022：5.

[②] 中华人民共和国教育部. 义务教育数学课程标准（2022年版）[S]. 北京：北京师范大学出版社，2022：87.

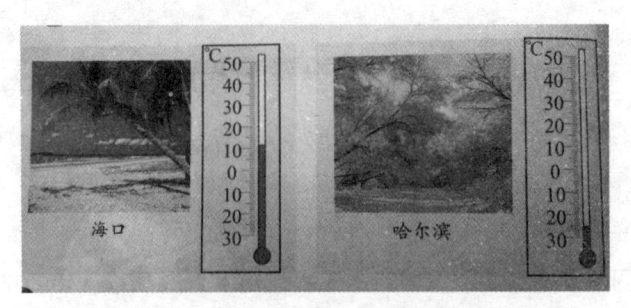

图 5-2　海口与哈尔滨冬季某一天的最低气温

生：海口：+12℃，哈尔滨：-25℃。

师：那你是怎么知道零上 12 摄氏度用+12℃表示，而零下 25 摄氏度用 -25℃来表示的呢？

生：电视上的天气预报就是这样表示的。

生：妈妈告诉我的。

……

师：也许我们可以探究一下：为什么会有正数和负数之分？为什么要有负数呢？生活中还有哪些表示相反意义的量？

由此，驱动性问题诞生啦！

在问题的驱动之下，学生开始小组合作，分工收集资料，动手实践，层层深入，反思总结，开展项目化研究。

树立大问题意识，驱动问题，学生主动参与，思维投入，学习才会真正地发生。学生基于自己的真实问题开展学习，具体包括以下三个要点。第一，学会提问，即发展学生发现和提出问题的意愿与能力是学习的重要目标。第二，因问而学，也就是真正的学习应从学生发现和提出问题开始，不断产生问题也会成为学生学习的动力。第三，问学交融，它是指学生一方面在不断发现、提出、分析和解决问题中，学习、应用和发展所学的知识与方法；另一方面在学习过程中，不断发现和提出新问题。

二、信息处理，提升学习的价值

《义务教育数学课程标准（2022 年版）》指出："合理利用现代信息技术，提供丰富的学习资源，设计生动的教学活动，促进数学教学方式方法的变革。

在实际问题解决中，创设合理的信息化学习环境，提升学生的探究热情，开阔学生的视野，激发学生的想象力，提高学生的信息素养。"①

"生活中的正数和负数"项目化学习跨学科融合了信息技术、数学、科学学科，以驱动性问题为引领，通过教学资源的挖掘与整合，创设多样化的探究活动，强调问题真实和过程亲历，培养学生的问题意识、应用意识和创新意识，让他们积累活动经验，从而提高解决现实问题的能力。

教师设计了探究活动一：查找资料，获得问题的答案。解决问题的过程考查了学生收集、处理、分析信息的能力，充分利用了学生已有的信息技术知识。学生通过资料查阅，发现了很多生活中表示相反意义的量及其表示，进而自然过渡到探究活动二：为了表示这些相反意义的量，我们需要用到哪些已学的知识？学生们用自己喜爱的方式记录了自己的学习成果，有整理成文的，有画思维导图的，还有制作小报的……方式多样，呈现了项目化学习的成果，巧妙地与语文、美术、信息技术学科进行了一次跨界融合。在数学项目化学习中，学生发现问题，通过多学科融合的探究性学习来解决问题，使学习的意义和作用最大化。

三、联系生活，发现学习的奥秘

《义务教育课程方案（2022年版）》指出："加强课程内容与学生经验、社会生活的联系。"②《义务教育数学课程标准（2022年版）》要求："关注社会生活中与数学相关的信息，主动参与数学活动。"③

数学源于生活，数学服务于生活。在实际教学中，如果我们能够根据小学生的认知特点，将数学知识与学生的生活实际紧密结合起来，那么在学生的眼里数学就不再是一门枯燥乏味的学科，而是一门看得见、摸得着、用得上的学科。

本项目的学习内容就是学生身边的正负数。通过寻找，学生发现正负数在生活中随处可见，自然对此产生了注意和兴趣，也自然会乐于学习，更有利于

---

① 中华人民共和国教育部. 义务教育数学课程标准（2022年版）[S]. 北京：北京师范大学出版社，2022：4.
② 中华人民共和国教育部. 义务教育课程方案（2022年版）[S]. 北京：北京师范大学出版社，2022：5.
③ 中华人民共和国教育部. 义务教育数学课程标准（2022年版）[S]. 北京：北京师范大学出版社，2022：15.

培养他们用数学的眼光来观察周围事物的兴趣和习惯。因此，我们要善于结合课堂教学内容，引导学生捕捉生活中的数学现象，挖掘数学知识的生活内涵，从而促进学生更好地学习数学，掌握数学知识。

通过"生活—数学—生活"的实践过程，将现行教材中的数学问题还原为取之于学生生活实际、并具有一定现实意义的数学问题，把学生生活与数学教学有机地结合起来，从而让学生真实地感受、理解、掌握数学思想、知识技能的形成过程，激发学习数学的兴趣，促进数学思维能力、生活能力协同发展，塑造用数学的方法分析、解释、解决现实生活问题的应用能力及运筹优化的意识和创新精神。

四、评价多样，形成学习的合力

《义务教育数学课程标准（2022年版）》指出：评价不仅要关注学生数学学习结果，还要关注学生数学学习过程，激励学生学习，改进教师教学。采用多元的评价主体和多样的评价方式，鼓励学生自我监控学习的过程和结果。①

1. 互动评价。以"生活中的正数和负数"项目化学习为例，在展示研究成果阶段，小组汇报完后，可以向全班提问：听了我们小组的汇报，你们有什么想说的吗？

生1：我要给这组点个赞，因为他们组的思维导图画得非常漂亮，内容清晰、完整。

生2：我想问问这一组，你们的思维导图是怎样一步步完善，然后最终成型的？

在这样的交流中，学生不仅能真诚地欣赏同伴的优点，还能激发进一步思考，主动提出问题，形成问题意识。除了同伴互评，教师也可以对学生的分工或合作进行有效的评价。例如：老师觉得这一组分工有序，活动中有分有合。这既是对小组的肯定，也是提示性的点评，可以为其他小组提供参考。多元的评价主体，可以让课堂研究真正走向深入，让学习真正发生。

2. 多样评价。数学素养项目化学习课堂的评价方式可以多样化，可以是师

---

① 中华人民共和国教育部. 义务教育数学课程标准（2022年版）[S]. 北京：北京师范大学出版社，2022：3—4.

生、生生之间的语言点评，也可以是学生评价自己的学习过程。回顾这节课时，教师可以启发学生：今天的探究在你心中留下了什么？通过今天的实践研究，你又联想到了哪些值得你去思考和探索的主题呢？在教师的启发下，学生可以理清课程中的一些知识及研究方法，有的学生还会联想到生活中的一些事件并进行研究，还有的学生会用多种方式将自己的想法呈现出来（见表5-1）。

表5-1 项目学习评价表

活动要求	评价标准 ☆	评价标准 ☆☆	小组自评	互评	师评
合作探究	能搜集资料，参与调查、归类信息，小组有分工合作，能记录探究成果	积极参与，有明确的分工与合作，能有条理地整理、记录与展示			
展示交流	能参与课堂，在课堂中交流分享自己的观点，聆听其他同学的发言，能从他人的探究中获取信息	能有效参与交流，并能产生质疑；能较好地表达交流自己组的探究成果，能对同伴的疑问尝试做出解释			

注：可以在评价栏中打"☆"，也可以写出自己的想法。

《义务教育数学课程标准（2022年版）》指出：综合与实践是小学数学学习的重要领域。综合与实践主要包括主题活动和项目学习等。项目式学习的设计以解决现实问题为重点，综合应用数学和其他学科知识解决问题，体会数学知识的价值，以及数学与其他学科的关联。[1]

总之，学科项目化学习从尊重和研究学生的学习出发，在课堂中进行微小的变革，促进个体独立学习的深入，促进学生相互之间就挑战性问题展开倾听、讨论、争论，这些变革终将促使学生朝向心智自由的学习者发展。

（撰稿者：陈建飞）

---

[1] 中华人民共和国教育部. 义务教育数学课程标准（2022年版）[S]. 北京：北京师范大学出版社，2022：42.

教学智慧 5-5

图式学习："KWL+"阅读教学模式的妙用

图式理论是认知心理学家解释心理过程的一种理论，后来发现将其运用于英语教学能更好地提高学生的阅读能力。"KWL+"阅读教学模式就是一种以图式理论为支撑，以学生已有背景知识为基础，以师生合作探究为动力的新型阅读教学模式。它对培养学生的思辨能力，提升提问能力和训练思维能力具有积极作用。因此，运用"KWL+"教学模式引导学生在英语阅读中进行图式学习是提升学生思维品质的有益探索。

《义务教育英语课程标准（2022年版）》指出：要秉持在体验中学习、在实践中运用、在迁移中创新的学习理念，倡导学生围绕真实问题，激活已知，参与到指向主题意义探究的语言学习的运用活动中。[①] 图式学习与之不谋而合，它是一种教师、学生与阅读主题内容之间的多层次、多视角的阅读学习交互方式，有助于培养学生的阅读逻辑思维和英语创新能力。"KWL+"模式以该图式理论为支撑，通过三步阅读教学法，用"提出问题—分析问题—解决问题"的方式引导学生进行图式学习，激发起学生的探究欲望和学习兴趣，在发现问题和解决问题的过程中培养学生的思维品质。1986年美国学者奥格尔（Ogle）

---

① 中华人民共和国教育部. 义务教育英语课程标准（2022年版）[S]. 北京：北京师范大学出版社，2022：3.

基于建构主义学习理论，提出了"KWL"阅读教学模式。① 其三步教学法具体为：第一步是 K＝know，即 what I know，是学习者关于所学话题的背景知识；第二步是 W＝want，即 what I want to know，是学习者想从该话题了解到什么；第三步是 L＝learned，即 what I have learned，是指课堂教学后学生的所得。"＋"代表 Mapping，即利用可视化思维工具，如思维导图等，帮助学生将所学的内容结构化、系统化、可视化，以发展其概括能力和批判性思维。②

一、What I know：回顾"已知图式"，唤醒学生知识储备

《义务教育英语课程标准（2022 年版）》指出：要根据学生基于主题的已知和未知，确立教学目标和教学难重点，为设计教与学的活动提供依据。③ 本课例为牛津上海版教材四年级下 4B M4 U2 Festivals in China 单元的第 4 课时，look and read 板块 The Spring Festival。新课开始，教师从复习中国传统节日引出问题"What do you know about the Spring Festival？"，这时，学生大脑中对有关"春节"或"新年"的图式发生了作用，学生通过对已有知识的回顾，给出答案，教师指导学生将前期旧知填入表 5-2 的 K 栏中。课堂提问作为整个教学过程中不可缺少的环节，是教师实现教学目标最常采用的手段之一，④ 它触发了文本信息与图式交互作用的过程，当学生将文本材料中含有的信息与记忆中的图式联系到一起后，便能够深层次地理解语言材料中所蕴含的含义。

表 5-2 "KWL+"阅读记录表（K 栏）

"KWL＋"阅读记录表	
Name：	Date：
Topic： The Spring Festival	

---

① Ogle, D. K-W-L: A Teaching Model That Develops Active Reading of Expository Text [J]. The Reading Teacher, 1986, 39:564-570.
② Carr E, Ogle D. KWL Plus: A strategy for comprehension and summarization [J]. Journal of Reading, 1987:626-631.
③ 中华人民共和国教育部. 义务教育英语课程标准（2022 年版）[S]. 北京：北京师范大学出版社，2022：48.
④ 鲁子问. 英语教育促进思维品质发展的内涵与可能 [J]. 英语教师，2016（5）：6.

续表

Know	Want to know	Learned
The Spring Festival usually comes in January or February. /During this festival, People buy new clothes and traditional food. /People visit relatives and friends. /People have a family dinner and watch TV together. /Sometimes people go travelling with family members. ...		
＋		
Mapping：		

这一环节为KWL＋教学模式中的K的运用，即what I know，其目的是唤醒学生已有的知识储备，尽量在不阅读文本的前提下调动学生已有的背景知识，并与将要学习的新知相联系，通过相互交流，为正式阅读做好准备。这一环节不但有助于教师了解学生对于本课时话题的熟悉程度，而且可以帮助学生对将要学习的知识形成初步的整体感知。同时，这样的"预热图式"能让学生对课文内容产生兴趣，激起对学习的探究欲望。

二、What I want to know：发散"想知图式"，提升学生思辨能力

《义务教育英语课程标准（2022年版）》在思维品质5～6年级学段目标中指出：要培养学生具有问题意识，能初步进行独立思考。[①] 教师播放故事视频后提问"What do you want to know?"，然后组织学生四人小组根据媒体出示的四幅图片展开讨论，鼓励学生大胆预测，提出与文本相关的最感兴趣的问题，并要求他们将最想了解的问题填入表5-3的W栏内。教师可以引导学生重点关注其中两幅图（"年夜饭"和"给红包"），提出一些与文章主题相关的问题，如"When do they have a family dinner?"，"What do they usually eat?"，启发学生思维，或者教师在K栏中选取部分内容深入提问，如"What do they usually do during the family dinner?"，以此引导学生往文本主题方向思考，找到与之相对应的切入点，最后和学生一起提炼出两个关联文本主题有价值的

[①] 中华人民共和国教育部. 义务教育英语课程标准（2022年版）[S]. 北京：北京师范大学出版社，2022：10.

问题：

Q1: What traditional things do they do during the Spring Festival?

Q2: How do people give red envelopes?

在此过程中，学生也会提出各种各样的问题，如 "Why do people buy new clothes before the Spring Festival?"，"What traditional food do they eat?"，甚至有学生还问 "Why do people eat dumplings at this festival?"，"Why do we call the day before the Spring Festival Chu Xi?"，"Why do people put money in red envelopes?"。只要是学生想了解的，教师都可以让他们填入表 5-3 的 W 栏内，并鼓励他们通过阅读或上网搜索找寻答案。

表 5-3 "KWL+" 阅读记录表（W 栏）

"KWL+" 阅读记录表		
Name:		Date:
Topic: The Spring Festival		
Know	Want to know	Learned
The Spring Festival usually comes in January or February. /During this festival, People buy new clothes and traditional food. / People visit relatives and friends. /People have a family dinner and watch TV together. / Sometimes people go travelling with family members.	1. What traditional things do people do during the Spring Festival? 2. How do people give red envelopes? …	
+		
Mapping:		

本环节通过提问，要求学生查找学习与自己所读文章有关的图式内容，培养学生的问题意识，检测学生对文本的理解，确保知识目标的实现。从想、听到发问，启发处于低阶思维阶段的学生逐渐提出具有高阶思维的问题。图式交互的理论阐述了学生在英语阅读过程中交互的重要性。实施以上环节时，教师还应尊重和发扬学生学习的差异性和主体性，鼓励学生对课堂上没能解决的问题通过不同途径找寻答案，激发学生的学习兴趣和学习潜能。学生学习的主观

能动性一旦被激发，学习的效果将事半功倍。

三、What I have learned：获得"新知图式"，启发学生分析能力

《义务教育英语课程标准（2022年版）》在思维品质5～6年级学段目标中指出：培养学生能识别、提炼、概括语篇的关键信息、主题意义和观点；能就语篇的主题意义和观点作出正确的理解和判断。[①] 通过K和W两个步骤，学生已有的知识储备被激活。接下来的教学中，教师采用多种阅读策略，带着学生一起对K、W栏的问题进行检验，并将相对应的信息记录在L栏里。为此，教师设计了两个不同形式、不同难度的学习任务：

A. Read and underline. 默读课文中图片2的文本内容，在书中划出W栏中问题1的答案，即What traditional things do people do during the Spring Festival?

经过精读，学生画出"On New Year's Eve, families have a big dinner together."。为进一步理解"New Year's Eve"，教师追问"What is New Year's Eve?"和"What do people do at this big dinner?"两个问题，紧接着教师借助对介词词组"before the Spring Festival"、"On New Year's Eve"和"during the Spring Festival"的详细讲解，帮助学生理解"New Year's Eve"的真正含义。学生得出问题1的答案"They have a big dinner together. They often eat dumplings."。

B. Think and discuss. 默读课文中图片3的文本内容，讨论W栏中的问题2，即"How do people give red envelopes?"。

在教师指引下，学生就以下问题展开讨论："Who can get Lucky money? What should we say when we get it? Why do people use red envelopes?"经过思考与小组讨论，学生给出children, wish, safe, healthy, clever, happy等关键词，为了让学生的思维更有逻辑性，教师给出first, next, then 3个顺序副词，请学生开动脑筋，将"给红包"的过程写下来，填入表5-4的L栏中。

[①] 中华人民共和国教育部. 义务教育英语课程标准（2022年版）[S]. 北京：北京师范大学出版社，2022：10.

表 5-4   "KWL+" 阅读记录表（L 栏）

"KWL+" 阅读记录表		
Name:		Date:
Topic: The Spring Festival		
Know	Want to know	Learned
The Spring Festival usually comes in January or February. /During this festival, People buy new clothes and traditional food. /People visit relatives and friends. /People have a family dinner and watch TV together. /Sometimes people go travelling with family members.	1. What traditional things do they do during the Spring Festival? 2. How do people give red envelopes? …	have a big dinner/eat dumplings/watch colorful fireworks … First, children say … Next, people give … Then, people wish them …
+		
Mapping:		

在 What I have learned 这一环节，不仅需要学生对预设问题进行回答，而且需要学生就此问题进行思辨总结，如在回答 "How do people give red envelopes?" 这个问题时，学生要了解"给红包"这个中国春节传统习俗背后的文化及内涵，这就需要学生对有关的图式进行激活处理，然后才能正确选择顺序类副词 first、next、then 等进行语用输出。此外教师还要关注学生对阅读策略的掌握，引导学生将自己的学习收获填写在 L 栏中。一方面，可以检验学生是否达成学习目标，即对 W 栏中自己提出的问题是否已经完全解决，掌握情况如何；另一方面，通过引导学生进行反思总结和答疑解惑，逐渐培养学生的分析能力。

四、Mapping：拓展"未知图式"，培养学生高阶思维

《义务教育英语课程标准（2022 年版）》教学提示指出：要重视对学生英语学习方法的指导，为他们学会学习奠定基础。[1] 在教师的指导下，学生经历了回顾"已知"、发散"想知"、总结"新知"三个阶段，并在 K、W、L 三

---

[1] 中华人民共和国教育部. 义务教育英语课程标准（2022 年版）[S]. 北京：北京师范大学出版社，2022：37.

部分进行了记录，Mapping 是读后环节，在这个阶段，教师围绕课时主题 The Spring Festival，从 When，What，What else，How 这 4 个方面以教师提问、学生回答的方式帮助学生梳理文本框架，利用思维图（如图 5-3 所示），总结本课所学。最后 why 问题串的提出，以"新知"拓展"未知"，激活学生的阅读思维。

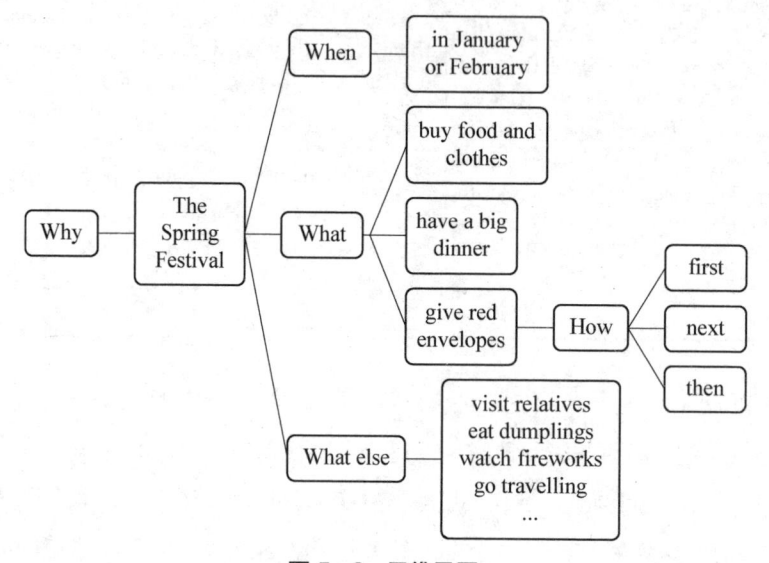

图 5-3　思维导图

T: As some of you may ask, why do people buy and wear red clothes during this festival? Why do people put money in red envelopes? Why do people call it the Chinese New Year? What does "年" exactly mean in Chinese? ...

Can you find the answers from your textbook? What should we do?

S: ...

Mapping 是一种图式学习方法的指导，其任务就是利用思维导图将所学碎片化的内容可视化，形成一个明晰的框架，当输入信息与头脑中的图式相匹配时，图式就发挥其作用，帮助学生对所学知识进行记忆和提取，加深理解，从而形成逻辑思维能力。学生只有具备了良好的思维品质，才能更好地学会学习，从而提升自己的学习能力。

综上所述，基于图式理论的"KWL+"阅读教学模式无论从教学技术还是教学艺术层面都对教师提出了挑战，教师除了要精心设计问题，熟练运用该教学模式外，还应调动起学生想学、乐学的积极情感，启发学生从"已知"到"想知"，再用"新知"探索拓展"未知"。这种由浅入深、层层递进的阅读教学过程，有助于引发学生的思考，从而提升学生的阅读思维品质。借助"KWL+"阅读教学模式，教师自身的教学技术和独有的教学艺术相得益彰，相互促进，并且能有效调动和激活学习者的情感、思维和语言，使整个课堂既井然有序，又充满活力，从而创设灵动高效的英语品质课堂。

（撰稿者：陈晓理）

教学智慧 5-6

绘本阅读：指向主题意义的探究学习

绘本故事蕴含着深刻寓意，开展绘本阅读不仅能让儿童在有趣的情境中习得语言、获得阅读的快乐，而且对故事主题意义的挖掘，能培养儿童正确的价值观。基于教材的单元主题，选用适切的绘本故事，教师可以通过激活儿童真实情感与经验，聚焦主题意义；创设多元活动与支架，探究主题意义；渗透文化意识与情感，升华主题意义；促进知识迁移与创新，延伸主题意义等策略，实现英语学科核心素养的培育，从而达到学科育人的目的。

《义务教育英语课程标准（2022年版）》提出以立德树人为根本任务，教师要以主题为引领选择和组织课程内容，[①]"敢于突破教材的制约，充分挖掘教材以外的资源"，"要注意选用具有正确育人导向的、真实、完整、多样的英语材料，如与教材单元主题情境相匹配的英语绘本、短剧、时文等学习材料"。[②] 选取适切的英语绘本开展阅读教学，能够以不同类型的语篇为依托，融入语言知识、文化知识、语言技能和学习策略等学习要求，深化儿童对教材内容主题意义的理解和探究，聚焦人与自我、人与社会和人与自然等三大主题范畴，有助于提高儿童语言能力，提升文化意识、思维品质和学习能力，发展

[①] 中华人民共和国教育部. 义务教育英语课程标准（2022年版）[S]. 北京：北京师范大学出版社，2022：2—3.
[②] 中华人民共和国教育部. 义务教育英语课程标准（2022年版）[S]. 北京：北京师范大学出版社，2022：73.

跨文化沟通与交流的能力。

一、巧用绘本阅读，激活真实情感与经验，聚焦主题意义

《义务教育英语课程标准（2022年版）》指出教师可以"通过感知与注意活动创设主题情境，激活学生已有知识经验，铺垫必要的语言和文化背景知识，明确要解决的问题，使学生在已有知识经验和学习主题之间建立关联，发现认知差距，形成学习期待"。[①]

绘本故事图画精美，语言真实、细腻、活泼，情节生动，能更好地激活儿童真实的情感与经验。在阅读前，教师一般要考虑儿童特点，调动他们的阅读兴趣，采取K—W—L（已知—欲知—获知）图表的方式激发阅读动机，[②] 通过提问激活儿童在语言、情感以及背景知识上的准备，帮助他们聚焦主题意义，进入故事情境。

如在教学牛津上海版5AM3U3 Seeing the doctor这一单元时，纵观整套牛津教材，对于看病就医这一主题，孩子们是第一次接触。通过教材内容的学习，他们已经能用核心词汇和句型询问及描述病情，因此可以适当补充绘本阅读资源，深化主题意义，增进语言理解、丰富文化认知。于是我选取了《丽声三叶草分级读物》第七级中的一个故事Ben's tooth作为拓展阅读材料。

上课伊始，教师先通过一个关于牙齿的谜语激活儿童思维，自然引入今天的学习内容。接着老师通过问题"What do you know from the book cover?"引导儿童仔细观察封面；通过"Who are they? Where are they? When is it?"等问题引发儿童对故事中的人物、时间、地点等背景进行思考；最后通过问题"What's in the little box?"自然引出故事的主题： Ben's tooth。

通过解读封面，孩子们交流自己获得的信息（K-已知部分）；接着教师鼓励儿童在"who, what, where, when, why, how"等关键词引导下进行积极思考，大胆地表达自己在阅读过程中想要了解的内容（W-欲知）。当老师问道"What do you want to know about the story?"时，孩子们的思维火花被纷纷

[①] 中华人民共和国教育部. 义务教育英语课程标准（2022年版）[S]. 北京：北京师范大学出版社，2022：49.
[②] 钱小芳，王蕾，崔梦婷. 以核心素养为导向的小学英语绘本阅读课堂教学设计理念初探[J]. 英语学习，2018（11）：36—39.

激活了。他们结合自己的经历，提出一系列开放性问题"Where did Ben lose his tooth? Why did Ben put his tooth in the box? How was Ben when his tooth came out? Who was with Ben when his tooth came out?"。带着这些问题，相信他们一定会对接下来的阅读内容（L-获知部分）形成期待。

由上可见，教师在阅读前巧用绘本封面，采用 K-W-L 方式帮助儿童做好阅读的准备，充分调动了儿童的生活经历和真实的情感，不仅锻炼了他们的口语表达能力，而且让儿童迅速进入主题语境，在预测猜想中对故事内容形成自己的判断，有利于儿童进行主动阅读。

二、巧用绘本阅读，创设多元活动与支架，探究主题意义

《义务教育英语课程标准（2022 年版）》要求学生"能在学习活动中与他人合作，共同完成学习任务；能在学习过程中认真思考，主动探究，尝试通过多种方式发现并解决语言学习中的问题"。[①] 因此教师在教学设计与实施时，要以主题为引领，以语篇为依托，通过学习理解、应用实践和迁移创新等多样活动，达到在教学中培养学生核心素养的目的。

如在"Ben's tooth"这一课中，教师分别运用了拼图阅读、戏剧表演以及教师提问等方式引导儿童整体学习语言知识和文化知识，进而运用所学知识、技能和策略，自由表达个人观点和态度，深入探究语篇的主题意义，挖掘出语篇蕴含的育人价值。

（一）运用拼图阅读　探究主题意义

《义务教育英语课程标准（2022 年版）》要求学生了解和运用各种阅读技巧和策略，提升阅读的兴趣与能力。[②] 拼图阅读就是利用学生间的信息差，将若干主题相关却相对独立的信息碎片分发给不同组别的儿童，让孩子们通过合作学习的方式实现信息互补，从而复原整体文本的一种阅读教学方式。

如在阅读 Ben's tooth 这一绘本故事时，教师采用拼图阅读策略将孩子们分为基础组和专家组，并把课前准备的三份学习任务单，分别给基础组的三位组

---

① 中华人民共和国教育部. 义务教育英语课程标准（2022 年版）[S]. 北京：北京师范大学出版社，2022：11.

② 中华人民共和国教育部. 义务教育英语课程标准（2022 年版）[S]. 北京：北京师范大学出版社，2022：33.

员进行学习。虽然基础组内每位同学阅读的内容不同，但是阅读材料在文本结构上又有相似之处。学习任务单中第一步的要求都是在规定时间内，儿童通过独立阅读、自主探究，根据 who、 where、 what 等关键词，梳理阅读内容。

然后，阅读相同内容的孩子们组合成专家组，根据自己提炼出的信息和组内同伴一起合作探究，在交流时可以借助学习任务单第二步的语言输出框架进行讨论。接下来，孩子们再回到原始组，和组内同学交流分享信息，并通过分析比较，把这三个阅读片段按照故事发展的顺序拼成完整的内容。最后，老师会请一组同学在全班汇报，整体输出语言。

在整个拼图阅读的教学活动中，体现了教师为主导、儿童为主体的课堂理念。教师组织儿童以自主探究与合作探究相结合的形式，积极参与阅读活动。这一教学活动发展了儿童阅读的技能和策略，厘清了他们阅读的思路，让儿童深刻理解了这个绘本故事的主题意义，即学校、家庭对牙齿的重视。

（二） 融入教育戏剧　探究主题意义

《义务教育英语课程标准（2022年版）》指出："教师要遵循学习规律，满足差异化需求，辅导并支持学生开展如持续默读、阅读日志、故事会、戏剧表演和读书心得分享等活动。"[1] 在英语教学中融入戏剧元素，能以直观的方式让儿童参与体验，于润物细无声中影响着儿童的思想、道德、审美等，起到发展思维、激活创意的作用，能增强儿童表达、交流和沟通的能力，有利于培育他们的核心素养。

如在教学 "Ben's tooth" 一课时，故事中小男孩放学回家后，跟妈妈分享了自己掉牙的事情，妈妈告诉他要把掉下来的牙放在床边，因为掌管牙齿的小精灵会在他睡着后，拿走这颗牙。Ben 的反应是世界上根本没有小精灵，它们只出现在童话故事里；那么他会把牙齿放在床边吗？ Will Ben follow Mum?这就是本故事的矛盾之处，也是能够体现人物内心冲突的重要环节。我抓住这一冲突之处，设计了匹配故事情节发展的 hot seating 这一戏剧游戏。孩子们要在理解故事情节和人物内心想法的基础上，设身处地给出自己的回答。这时老师拿出

---

[1] 中华人民共和国教育部. 义务教育英语课程标准（2022年版）[S]. 北京：北京师范大学出版社，2022：41.

一把椅子，放在教室中间。孩子们都跃跃欲试，想要扮演 Ben 来表达自己此刻的想法。老师可以依次请一名儿童坐到椅子上，其他同学代表向他提问，当然在课堂气氛热烈时，全班同学也会齐声提问："Ben, will you follow Mum? And Why?"扮演 Ben 的儿童结合自己的生活经历，发表自己的观点。有的回答"Yes, if I was Ben, maybe I will follow Mum, because children are always very curious"，也有的回答"Yes, I will follow Mum, because I want to know what will happen"，还有的回答"No, I won't follow Mum, because I don't think there is a fairy in the world"等。

热烈的探讨之后，老师通过播放故事音频揭示答案：原来，尽管 Ben 在睡觉前仍是半信半疑，但还是将装着牙齿的盒子放在了床头。我们看到了 Ben 语言和行动上的矛盾，而这种做法也恰恰符合了大多数孩子好奇的心理。在这一活动中，儿童在老师引导下，解决了阅读的难点，保持了阅读的兴趣，提升了阅读的流畅性。教师通过语言、内容和思维融合的学习方式，让儿童主动参与指向主题意义探究的语言学习和运用活动。

（三）设计有效问题　探究主题意义

《义务教育英语课程标准（2022年版）》指出要"设计和提出指向不同思维层次的问题，引导学生独立思考，促进他们的思维从低阶向高阶稳步发展，逐渐形成对问题的认识和态度"。[①] 绘本故事一般由 beginning、rising action、climax、falling action、ending 几部分组成，老师要能够运用故事情节的矛盾冲突处，设计有效问题，引领儿童多角度分析、审视、赏析和评价语篇，才能引发儿童的深层次思考，强化他们对语篇主题意义的理解。

如在教学"Ben's tooth"这一绘本故事时，小男孩 Ben 第二天起床时，发现放在床边的牙齿竟然不见了，取而代之的是一枚硬币。那么到底是谁拿走了牙齿呢？于是老师就会继续追问："Who took the tooth? Why?"大多数五年级的孩子们已经不会单纯地认为是牙仙子拿走 Ben 的牙齿了。这时老师可以顺着儿童的回答，持续追问"You all think Mum took the tooth. But why did Ben's mum

---

[①] 中华人民共和国教育部. 义务教育英语课程标准（2022年版）[S]. 北京：北京师范大学出版社，2022：40.

take his tooth and put a gift by his bed?",这时孩子们似乎感悟出了什么。有一个孩子说"Because his mum loves him."。这时伴着轻柔的音乐,老师对此观点表示赞同,"Yes, mother loves him. Just like your mum, whether you are happy, sad, afraid, she is always by your side."。母爱陪伴着我们幸福成长这一主题意义水到渠成地浸润到每一个孩子内心中。

在本教学片段中,教师以探究语篇的主题意义为目的,充分利用故事情境,鼓励儿童将阅读经验与现实生活相联系。有效问题的引领,引发了儿童的情感共鸣和阅读期待,让师生产生思维碰撞,避免了教师直接将自己对主题意义的理解告诉或强加给儿童。

三、巧用绘本阅读,渗透文化意识与情感,升华主题意义

《义务教育英语课程标准(2022年版)》要求学生"能够了解不同国家的优秀文明成果,比较中外文化的异同,发展跨文化沟通与交流的能力,形成健康向上的审美情趣和正确的价值观;加深对中华文化的理解和认同,树立国际视野,坚定文化自信"。[①] 在以主题意义为引领的课堂上,教师要通过创设与主题意义密切相关的语境,充分挖掘特定主题所承载的文化信息和发展学生思维品质的关键点,基于对意义的探究,鼓励学生学习和运用语言,开展对语言意义和文化内涵的探究。[②]

如"Ben's tooth"的结尾是小男孩 Ben 早上起床发现那枚金币时,激动万分地拿着金币去寻找妈妈,然而故事戛然而止。孩子们由于缺乏对西方牙仙文化的了解,对这一结局还有很多困惑。

这时,老师通过展示有关 the Tooth Fairy's palace、the Tooth Fairy 的图片,同时通过对比 the Hall of Perfect Teeth(完美牙齿大厅)中干净、白亮的牙齿和 the Tooth Dungeon(牙齿地牢)中又黄又脏的牙齿,介绍西方的牙齿文化:"Only the cleanest and the brightest teeth can be displayed in the Hall of the Perfect Teeth. While all dirty and yellow teeth go to the Tooth Dungeon."通过幻

[①] 中华人民共和国教育部. 义务教育英语课程标准(2022年版)[S]. 北京:北京师范大学出版社,2022:5.
[②] 王建平,王帆. 指向主题意义探究的小学英语绘本阅读教学设计与分析[J]. 英语学习,2023,744(2):31—34.

灯片中两张图片的对比、师生语言的烘托，让儿童在了解西方牙仙文化的基础上，自然领悟到"We should take good care of our teeth."。文化意识的渗透，使孩子们"具备一种跨文化交际意识，对文化差异容易产生理解和容忍，有利于克服狭隘民族主义和自我文化中心思想"。① 儿童在对中外文化的理解中，涵养了品格，形成了健康向上的审美情趣和正确的价值观，升华了语篇的主题意义。

四、巧用绘本阅读，促进知识迁移与创新，延伸主题意义

《义务教育英语课程标准（2022年版）》指出要秉持英语学习活动观组织和实施教学，在设计迁移创新类活动时，教师要引导学生针对语篇背后的价值取向与作者或主人公的态度和行为，开展推理与论证活动，加深对主题意义的理解，进而运用所学知识技能、方法策略和思想观念，多角度认识和理解世界，创造性地解决新情境中的问题，理性表达情感、态度和观点，促进能力向素养的转化。②

如Ben's tooth这节课的最后，教师以头脑风暴的形式调动了儿童主动表达观点的积极性，鼓励儿童对"保护牙齿及健康生活"这一主题发表自己的态度与观点。孩子们从自己的生活经验出发，将个人对所学语篇的理解和思考与语言的真实运用相结合，纷纷表达自己的观点与看法。有的孩子说："We should see the dentist every year."有的孩子说："We shouldn't eat before bed."还有的孩子结合自己的饮食习惯与全班同学分享："We shouldn't eat junk food. We shouldn't drink too many soft drinks. We shouldn't eat too much sweet food."

这样的教学设计遵循小学高年级孩子的认知规律和思维特点，让孩子们在迁移的语境中，创造性地运用所学语言。主教材中的核心语言支架为儿童参与结构化的语言表达奠定了良好的基础，由绘本延伸的语境使儿童的探究有了明确的主题意义指向，不仅达成了语言知识、语言技能的训练目标，也拓展和延伸了健康生活这一主题，实现了育人目标，于润物细无声中促进了他们核心素

---

① 束定芳. 关于英语学科核心素养的几点思考[J]. 山东外语教学，2017，38（2）：35—41.
② 中华人民共和国教育部. 义务教育英语课程标准（2022年版）[S]. 北京：北京师范大学出版社，2022：50.

养的发展。

综上所述，绘本阅读教学就是以优秀的英文绘本为载体，让孩子们经过"学习理解—应用实践—迁移创新"等学习活动，从获取信息、建构知识、表达思想到交流情感的教学活动。这个过程实现了孩子们从基于语篇的学习走向真实的生活世界。儿童在理解、内化、运用语言的过程中深化了对单元主题的理解，获得了知识、提升了能力、发展了思维、塑造了品格，实现了核心素养的培育。

（撰稿者：郭亚男）

第六章

趣：激活主体参与

  课堂教学是创造性生成过程。"灵动课堂"要求建构由物理环境、主体环境、社会环境和技术环境四个子系统组成的具身学习环境，追求儿童与物理环境、主体环境、社会环境和技术环境的互动。情境激趣，设计虚实结合的物理环境；主体增趣，提供形式多样的学习支架；互动融趣，打造主体参与的交互场域，激活主体的参与性，才能收获智性学习的快乐。

无忧无虑，是童年；欢声笑语，是儿童。"灵动课堂"是童年的欢歌，是儿童的笑语，是生命的组成过程。但是，传统知识观所引起知识与认知主体的分离，知识和感觉、经验的分离，知识和环境的分离，最终导致知能意情的分离，背离了全面发展的本意。①

课堂教学不是规定性的预成过程，而是创造性的生成过程，人的认知活动是人与人、人与环境交互的过程，认知依赖于身体的感觉所引起的体验，而身体又是存在于不同的物理、生理和文化环境之中的，这三种因素密不可分。这是具身认知教学理论的基本观点，② 这也是"灵动课堂"的追求。要实现这样的教学追求，必须建构由物理环境、主体环境、社会环境和技术环境四个子系统组成的具身学习环境。其中，物理环境是最基础的组成部分，为学生进行深度的认知学习提供了教学的场地和设备；主体环境和社会环境可以将学生自己的认知特性和所处环境的社会文化特性完全地展现出来，它们为学生的内部认知加工过程提供了一种隐性的支持和帮助；技术环境为具身学习提供了支撑，同时又为其他三个环境搭建了一座桥梁。以上四个子系统，可以引申出学生与具身学习环境的四种交互形式，即学生与物理环境的互动，学生与主体环境的互动，学生与社会环境的互动，学生与技术环境的互动。如此，我们才能激活主体的参与性，收获智性学习的快乐。

1. 情境激趣，设计虚实结合的物理环境

"灵动课堂"认为，学习不能只追求身体的高度参与，还需要对学生、学习内容等方面的特征进行全面的考虑，为学习创造一个合适的物理环境。教师要针对不同的教学目标和课题，按照"能实不虚""以虚补实""虚实融合"等

---

① 钟柏昌，刘晓凡. 论具身学习环境：本质、构成与交互设计 [J]. 开放教育研究，2022，28 (05)：56—67.
② Horn, J., &Wilburn, D. The embodiment of learning [J]. Educational Philosophy and Theory, 2005,37(5):745-760.

理念，来为学生提供具体的物理环境。注重"趣味课堂"的打造，让学生对课堂教学充满渴求、充满兴趣、充满期待，激活主体的参与性，让"趣"贯穿于教学的始终。

"能实不虚"：创设自由开放的真实情景。《义务教育课程方案（2022年版）》指出：具有真实性的教材情境，往往是丰富多样、适度复杂、合乎常理的，有助于学生理解并综合运用已有知识与技能，解决学习和生活中的各类实际问题。① 在"真"情景的设置上，要从"真"的角度出发，依据"真"的目的、"真"的内容来创造"真"的空间。不同的基础设施布置会对学生的外部动机、学习氛围以及心理趋向产生不同的影响。自由开放的空间布置有利于学生的自由活动、探索和交流，可以更好地调动学生的身体参与动机，激发他们的学习兴趣。

"以虚补实"：形成逼真有趣的虚拟情境。在具体的场景中，对于抽象概念、内在规律、动态过程等，往往很难进行可视化的表达。我们可以创建一个虚拟环境，利用虚拟现实技术和系统仿真技术，让学生拥有一个与真实情景感知相似的体验场景，为学生提供一种可以直接、高效地进行互动的方式，让他们能够从空间和现象的内部去观察事物，去理解原理，进而提高他们对学习内容的表征能力，让他们的抽象思维得到提高。在虚拟环境的设置上，教师要注重虚拟环境的逼真和趣味，以达到流畅化和开放化的互动效果。

"虚实融合"：聚焦有效内容的增强情境。该方法融合了真实与虚拟两种情境的优势，不仅可以提高对学习内容的表达和学习环境的沉浸感，还可以为学生的身临其境和自然互动提供支撑。在增强情境的设置上，教师要针对课程的目的和内容，聚焦于有效的内容映射策略，以带来有意义的具身体验。只有把学习的内容与学生的身体运动紧密结合，学生才能在"经验"与"探索"的过程中，获得丰富而鲜活的具体经验。

2. 主体增趣，提供形式多样的学习支架

"灵动课堂"认为，学生和主体环境的互动本质上就是一个以知识为导

---

① 中华人民共和国教育部. 义务教育课程方案（2022年版）[S]. 北京：北京师范大学出版社，2022：153.

向，引导主体性构建的过程。首先，在理论上，学生的思维发展实质上是一种对较高层次知识的系统的、全面的、动态的构建；其次，"知"和"情"是密不可分的，"知"是"情"的根源。所以，在构建主体环境时，在感知到多通道的信息之后，学生需要通过具身技术，将自己的理解和思考以显性的方式表达出来，并将个人其他因素（如情绪、意志等）的参与和交互作用纳入知识的建构中。但是，由于抽象观念不同于现实环境中的具体体验，缺乏实践就会造成"知"和"行"的分离。

学生在实践的过程中，会不断地体验到认知上的冲突，根据自己的直观感受和经验，用身体行动有效地解决问题。在这个过程中，老师们要为学生们安排好适当的、独立的探究活动，给学生们留下足够的创造空间，让他们可以进行自我反思和构建，从而使他们自己成为知识的创造者。在学生遇到困难的时候，老师可以利用巧妙的情境、特定的提示、循序渐进的问题等，引导学生进行深层次的、系统化的思考，从而为构建主体环境提供保障。

为了提升学生反思的质量，教师应当在实践中有意识地发现并把握学生所形成的高质量策略，指导学生使用反思工具（如概念地图、思维导图等），总结、提炼出关键点，鼓励学生将这些关键点迁移到不同的应用场景中去解决问题，从而推动主体建构目标的实现。

3. 互动融趣，打造主体参与的交互场域

"灵动课堂"认为，以技术为基础的社会交互对于具身认知学习也是必不可少的。在虚拟现实技术的支持下，师生互动和生生互动将不再局限于简单的文字沟通，而是更注重线上和线下、虚拟和现实、静态和动态的多模式互动。可以说，在保持个体主体性这一基本特点的同时，提倡了个体主体性的共通性，如此可以使课堂教学的氛围变得更加有趣、活跃，体现出学生的主体地位，让学生的核心素养得到有效的培养，进而为学生形成适应社会发展的能力、终身学习的能力奠定良好的基础。

教师与学生之间的互动，是教师与学生之间相互影响、相互促进的一个重要环节。在构建以师生互动为基础的交互情境时，老师应运用多种智能化技术手段，建立即时、多模式的交互式情境，学生通过老师的指导与协助，了解并把握所教的课程，老师通过学生的行为与反应，进行自我反省，提升自己的职业能力，达到"教学相长"的目的。利用多种形态的教学互动，教师和学生在进行信息交流和情感交流的同时，可以进行思想碰撞、双向建构，从而提高学生的深度学习能力，获得更高的素养。

总之，正如梁启超先生所说的那样，"最要紧的任务是教学生知道是为了学问而学问、为活动而活动；所有活动，所有学问，都是目的，不是手段"。我们通过情境激趣、主题增趣、互动融趣打造"趣"的"灵动课堂"，以全面发展人的学习兴趣、学习能力和生活能力为目的，让受教育者自主性地、创造性地、有规律地、不断地探索和发现新的知识、理论和真理，从而最充分地满足每一个受教育者的求知欲、创造欲和幸福欲。

（撰稿者：姬文鹏）

教学智慧6-1

问题导学：提升思维品质的实践策略

思维品质是英语学科核心素养的重要维度。问题导学作为一种高效的教学模式，体现以学生为主体、教师为主导、探究为主线的宗旨，有利于学生深入理解、自主探究，发展学生分析问题和解决问题的能力，是实现提升思维品质的有效途径和方式。在阅读前、阅读中、阅读后借助问题可以有效激活学生思维，达到提升思维品质的目的。

《义务教育英语课程标准（2022年版）》指出：学生应通过英语学习，能够在语言学习中发展思维，在思维中推进语言学习；初步从多角度观察世界和认识世界、看待事物，有理有据、有条有理地表达观点；逐步发展逻辑思维、辩证思维和创新思维，使思维体现一定的敏捷性、灵活性、创造性、批判性和深刻性。[1] 同时，明确建议教师"设计和提出指向不同思维层次的问题，引导学生独立思考，促进他们的思维从低阶向高阶稳步发展，逐渐形成对问题的认识和态度"。[2]

"问题导学"教学模式作为一种有效的教学模式，体现以学生为主体、教师为主导、探究为主线的宗旨，有利于学生深入理解、自主探究，发展分析问

---

[1] 中华人民共和国教育部. 义务教育英语课程标准（2022年版）[S]. 北京：北京师范大学出版社，2022：6.
[2] 中华人民共和国教育部. 义务教育英语课程标准（2022年版）[S]. 北京：北京师范大学出版社，2022：40.

题和解决问题的能力，其作用与"发展学生的思维品质"一致，是小学英语教学中的有效方式。

本文结合英语牛津上海版 5AM4U2 Wind 的第四课时 The sound of the wind，详细阐述如何在小学英语阅读教学实践中，运用问题导学策略提升学生的思维品质。

本课，老师设计问题如下：

1. Look at Little Pig. How does he feel today?

2. Little Pig is unhappy in the morning. But he becomes happy in the afternoon. Do you know why?

3. Why can't Little Pig hear the sound of the wind in the morning? But his friends can.

4. Little Pig can't hear the sound of the wind. He is not happy. Mother Pig has a good idea. Guess! What's her idea?

5. How to make a beautiful windmill?

6. How can Little Pig hear the sound of the wind in the afternoon?

7. What's the story about? Can you tell it in your group?

8. Can you hear the sound of the wind? How can you hear it?

一、读前——借助问题，引导观察和猜想，激活思维

《义务教育英语课程标准（2022 年版）》指出，学生应"能通过对图片、具体现象和事物的观察获取信息"，[1] 并建议教师通过感知与注意活动创设主题情境，激活学生已有知识经验，铺垫必要的语言和文化背景知识，使学生在已有知识经验和学习主题之间建立关联，发现认知差距，形成学习期待。[2]

因此在阅读前，老师通过问题 Look at Little Pig. How does he feel today?引导学生观察两张图片，关注主线人物 Little Pig 的情绪变化，为今天的学习内容创设整体语境。

---

[1] 中华人民共和国教育部. 义务教育英语课程标准［S］. 北京：北京师范大学出版社，2022：9.

[2] 中华人民共和国教育部. 义务教育英语课程标准［S］. 北京：北京师范大学出版社，2022：49.

之后，老师追问："Little Pig is unhappy in the morning. But he becomes happy in the afternoon. Do you know why?"，引导学生进行猜想。

学生一：Maybe he is hungry in the morning. So he is unhappy. After lunch, he is full. So he becomes happy.

学生二：Little Pig's friends have wind-bells. But he doesn't. So he is unhappy. In the afternoon, Mum buys him a wind-bell, so he is happy.

学生三：Maybe he can't go out in the morning. Because he has much homework. But he does it. So he can go out in the afternoon. So he is happy.

学生四：Maybe Little Pig can't find his favourite toy in the morning. So he is unhappy. But Dad buys a new one for him. So he is happy in the afternoon.

也有些学生在单元主题 Wind 下展开联想。

学生五：Little Pig wants to go out and play. But the wind is strong. In the afternoon, the wind blows gently. He can go out and play. So he is happy.

学生六：He wants to fly a kite. The wind is gentle in the morning. He can't fly a kite. In the afternoon, the wind is strong. He can fly a kite. So he is happy.

问题是思维的向导，合适有效的课堂提问，往往能把学生带入一个奇妙的问题世界。问题让学生对今天的故事产生浓厚的兴趣和关注，问题激发学生展开想象，猜测 Little Pig 情绪变化的原因，有效激活学生思维。

二、读中——借助问题，促进理解和推断，发展思维

《义务教育英语课程标准（2022 年）》指出：学生应能根据图片或关键词，归纳语篇的重要信息；能就语篇信息或观点初步形成自己的想法和意见；能根据标题、图片、语篇信息或个人经验等进行预测。[1]

基于课程标准对思维品质学段目标的描述，老师提出"Why can't Little Pig hear the sound of the wind in the morning? But his friends can."这个问题，引导学生对学习内容进行自主探究：在阅读中关注细节，深入理解语篇内容。

在学生了解了 Little Pig "纸风铃没能使他听到风声而沮丧"这一原因后，

---

[1] 中华人民共和国教育部. 义务教育英语课程标准（2022 年版）[S]. 北京：北京师范大学出版社，2022：10.

老师追问问题："Mother Pig has a good idea to make Little Pig happy . Guess! What's her idea?"此问题启发了学生积极思考，激起了思维的火花。

学生一： He can make a new wind-bell. It is made of wood. Put it on the window. He can hear the sound of the wind.

学生二： He can make a glass wind-bell. The sound is loud. He can hear it.

学生三： He can go out, and listen to the trees in the wind.

学生四： Maybe he can go to Little Rabbit's home, listen to Little Rabbit's bells. They are made of iron.

学生五： Little Pig can make a windmill with his paper. And then put it in the wind. He can hear the sound of the wind.

以上两个问题，促使学生提炼、概括语篇的关键信息和主要内容，并对故事走向做出合理推断。也是在这样的过程中，学生的思维得到发展，语言表达更为灵动。

三、读后——借助问题，激发想象和创造，延伸思维

《义务教育英语课程标准（2022年）》指出：学生应"能就作者的观点或意图发表看法，说明理由，交流感受；能对语篇内容进行简单的续编或改编等；具有问题意识，能初步进行独立思考"。[1] 它还给予老师这样的教学提示："教师应基于一定的课程目标，以学生的兴趣和直接经验为基础，以与学生学习、生活密切相关的各类现实性和实践性问题为内容，本着'学用结合、课内外结合、学科融合'的原则，开展英语综合实践活动，把学生的学习从书本引向更广阔的现实世界。"[2]

学生在小组合作中分段进行语篇的复述之后，老师提出问题"Can you hear the sound of the wind? How can you hear it?"，学生的回答五花八门。

学生一： I like trees. I like listening to the trees in the wind.

学生二： I can run quickly in the wind. I like running. I'm happy.

---

① 中华人民共和国教育部. 义务教育英语课程标准［S］. 北京：北京师范大学出版社，2022：10.

② 中华人民共和国教育部. 义务教育英语课程标准［S］. 北京：北京师范大学出版社，2022：37.

学生三： I can make a blue windmill. I like blue. I run quickly and my windmill moves quickly in the wind. I can hear the sound of the wind.

学生四： In winter, the wind blows strongly. The sound of the wind is loud. I can hear it.

学生五： I can make a wind-bell, made of glass. And put it on the window. I can hear the sound of the wind. The wind blows gently. My wind-bell sings quietly. The wind blows strongly. My wind-bell sings loudly.

阅读之后的问题将学生的注意力从语篇转移到他们自己的生活实际，激活学生的生活感受和经验，促使学生进行独立思考，在本课时话题框架下进行语篇之外的创造，让思维得到更多的锻炼和更广的延伸。

综上所述，问题导学的实践策略就是借助不同思维层次的问题设疑启思，提升学生在观察与辨析、归纳与推断、批判与创新等方面的思维品质，推动学生核心素养的发展。

（撰稿者：褚敏红）

教学智慧 6-2

跨科融合：提升书法启蒙教学品质

让书法启蒙教学从枯燥的练习和抽象的概念中解放出来，是书法启蒙教学的重要追求。在梳理传统书法教学结构和模式的基础上，结合"灵动课堂"教学策略的探索，以兴趣为导向，将多种学科元素融入书法启蒙教学，以知识性、游戏性和趣味性贯穿书法启蒙教学全过程，有利于增强书法启蒙教学的情趣性，充分激发学生的想象力和创造力。

中国书法被誉为传统文化的核心，书法教育所承载的品德和文化艺术内涵是极为丰富的。《义务教育艺术课程标准（2022年版）》中指出："以各艺术学科为主体，加强与其他艺术的融合；重视艺术与其他学科的联系，充分发挥协同育人功能。"[1] 书法启蒙教育怎样更好地带领孩子们步入书法的殿堂，为他们埋下兴趣的种子，需要我们书法教育工作者更多地思考，从实践中去挖掘更多的可能性，以兴趣为导向，通过跨学科融合的方式，以知识性、游戏性和趣味性贯穿书法启蒙教学全过程，充分激发学生的想象力和创造力。

一、结合语文，了解传统文化

"灵动课堂"的第一个奥秘是"活"。活的课堂，要注重创设开放情境；活的课堂，要注重提供思维支架；活的课堂，要注重运用生成资源。书法教育不

---

[1] 中华人民共和国教育部. 义务教育艺术课程标准（2022年版）[S]. 北京：北京师范大学出版社，2022：2.

是简单地写好字，而是综合素养与人文情怀的体现。书法教学既是为了培养学生书写能力，又意在向学生进行思想道德教育和精神文明建设。《义务教育艺术课程标准（2022年版）》总目标中指出："传承和弘扬中华优秀传统文化、革命文化、社会主义先进文化，坚定文化自信，铸牢中华民族共同体意识。"[①] 在书法教学中，应及时将德育渗透其中，它不但可以起到弘扬中华优秀传统文化和伟大民族精神的作用，而且可以起到激发学生爱国主义情感，陶冶学生道德情操的作用。

（一）经典诵读，丰富国学知识

常言道"书品即人品""字如其人"，古今圣贤注重学书应先立品。少儿正是人生修身立品的关键时期，因此在少儿书法教学中应多结合国学经典内容，深化书法教学中的人格塑造，丰富书法教学的内涵。

课堂伊始，诵读经典"大学之道，在明明德，在亲民，在止于至善。知止而后有定，定而后能静……"学生在诵读的同时与古人产生意境上的共鸣，进入一种安静祥和的学习状态，创设雅致清新的学习氛围。诵读的内容依学龄段而异，低年级以《三字经》《千字文》等为主；高年级以《论语》《古文观止》等为主。在作品创作环节，将国学经典内容作为创作题材更是不错的选择。

经典诵读和书法教学的有机结合，相得益彰，不仅能丰富学生的国学知识，更能让学生在书法练习的同时潜移默化地接受文化熏陶，滋润心灵，为良好的道德修养奠定基础。

（二）说文解字，了解汉字渊源

《义务教育艺术课程标准（2022年版）》核心素养内涵中指出："文化理解的培育，有助于学生在艺术活动中形成正确的历史观、民族观、国家观、文化观，尊重文化多样性，增强文化自信。"[②] 汉字有着悠久的历史，象形文字在漫长的演变过程中具有深刻的文化内涵和趣味性。在书法课堂中融入说文解字的环节，针对具有典型代表的汉字，从最早的殷商甲骨文开始到现在使用的简体

---

① 中华人民共和国教育部. 义务教育艺术课程标准（2022年版）[S]. 北京：北京师范大学出版社，2022：7.

② 中华人民共和国教育部. 义务教育艺术课程标准（2022年版）[S]. 北京：北京师范大学出版社，2022：6.

字，讲解它们的演变过程，介绍不同时代汉字演变的特点。如："鱼"字的演变过程，就是非常典型的象形文字的演变过程。甲骨文最具象，线条最简单；金文是铸于铁器上的文字，具有装饰性；小篆是古代的官方用字，线条最烦琐；行草书为了便于书写，笔画最简省；而现今的简体字许多都是由草书演变而来的。

对于许多形象生动的象形文字，教师在课堂中鼓励孩子们展开丰富的联想，说一说孩子对于字形字意的想象和理解。如："穷"字的繁体字，可以想象成山洞里住着一个身背弓箭的猎人；"乐"字在古代通音乐的"乐"字，上部的两个绞丝部件是古代弦乐的标志，下部的"木字底"是摆放乐器的木质案几。

通过说文解字，学生不仅了解了汉字演变过程，更好地理解了这些字的形状和所代表的文化内涵，而且会对汉字书写产生认同感，知其然，更知其所以然，在临习的过程中也会有自己的理解和情感的倾注。

（三）以古为鉴，传承中华美德

爱听故事是儿童的天性，在书法课中，通过讲古人习书的故事，不仅能让学生明白道理，增长知识，更能激发他们学习书法的动力，引发对书写汉字的热爱。古代书法家习书的故事非常多，如张芝"临池学书，池水尽黑"和智永"退笔冢"的故事告诉我们只有勤奋才会成功；王羲之"羲之换鹅"的故事表现了学书之人的高尚品德；岳飞在沙子上写字的故事让我们感受到了自强不息的精神。又如在学习颜体时，讲述书法家颜真卿在反对叛乱和分裂、维护国家统一的斗争中，匡扶国难、不惜丢官、忠贞不渝、平定谋乱的英勇事迹，让学生感受他的伟大人格。

这些故事不仅是文化熏陶，更是极好的德育题材。书法思想教育不是勉强的、生硬的、枯燥无味的，而是有机的、活泼的、生动有趣的。因此，在书法教学中融入书法家的生动事迹，不但可以激发学生的学习热情，而且可以丰富和深化德育内涵。

二、结合美术，感受"书画同源"

"灵动课堂"的第二个奥秘是"趣"。趣的课堂，要注重激发无意注意；趣的课堂，要注重调动多种感官；趣的课堂，要注重促进互动交流。鲁迅说："书法它不是诗却有诗的韵味，它不是画却有画的美感，它不是舞却有舞的节奏，它不是歌却有歌的旋律。"[1] 书法的魅力体现于艺术的融会贯通，将美术与音乐学科融入书法教学，可以增加教学趣味性，提升学生综合艺术审美能力。

（一）墨画融合楷书"永字八法"的笔画训练

楷书教学中，"永字八法"的训练是最重要的，也是最难、最枯燥的，往往单调乏味的笔画练习必定会使许多年龄尚小、活泼好动的学生失去耐性，最终失去对书法的兴趣。在书法教学中，结合"书画同源"理念，我将自创的墨画教学结合楷书的各笔画训练。趣味墨画，就是用毛笔蘸墨汁直接在宣纸上作学生喜欢的、有趣味的、简单的画，学生在潜移默化中、在快乐中对"永字八法"中的各笔画进行学习和训练，以及用笔的线条虚实、书画章法等的训练，把枯燥乏味的机械练习融入有趣的涂涂画画中。这种方法不仅满足了孩子们的兴趣取向，更重要的是激发了他们练字的主观能动性，将"要我学"变成"我要学"，学生的进步就明显。"永字八法"与趣味墨画训练说明表（见表6-1）。

表6-1　"永字八法"与趣味墨画训练说明表

序号	笔画	相应墨画	相关墨画口诀	说明
1	点（侧法）	小鸡	一点一点又一点，圆圆眼睛尖尖嘴。细线画腹如蛋样，翅下双脚要站稳。	头和身体都是由点组成。
2	横与竖（勒法、弩法）	螃蟹	侧锋两笔画身体，八只大腿排整齐。小腿伸展向下抱，蟹钳张合要向里。点上眼睛才神气，看他横行到几时？	八只脚都是写横与竖的训练。
3	短撇、挑（啄法、策法）	小鸟	侧笔画头部，两笔画背部。点上眼和嘴，侧笔画双翅。弧线画腹部，浓墨添尾巴。小鸟空中飞。	双翅尾巴都是写短撇或挑的训练。
4	长撇（掠法）	小鱼	长长一笔添上尾，点上眼睛圈个嘴。鱼鳃鱼肚画细线。天上鱼鳍会游水。	鱼的身体是写长撇的训练。
5	捺（磔法）	小金鱼	身体短一点，眼睛大一点，肚子圆一点，尾巴多一点。画上嘴巴和鱼翅，一条金鱼画成了。	"尾巴多一点"，是写捺画的训练。

---

[1] 梅莉. 少儿书法教育与文化传承的实践探索［J］. 中国校外教育，2019（34）：1—2.

续表

序号	笔画	相应墨画	相关墨画口诀	说明
6	折	小青蛙	头抬起，身稍斜， 大腿排两边，脚趾画三笔。 眼圆圆，嘴尖尖，细线画肚连到腿。 前肢弯曲朝上伸，脚趾四笔添上面。	"前肢弯曲朝上伸"是写折画的训练。
7	钩 （趯法）	小猴子	像个C字画猴头，侧锋一笔添身体。 前肢画得要生动，腿儿弯弯变化多。 尾巴翘翘添五官，散笔钩出胸前毛。	小猴子脚趾、钩胸前毛也都是写钩画的训练。

（二）墨画小作品促进章法训练

《义务教育艺术课程标准（2022年版）》核心素养内涵中指出："审美感知的培育，有助于学生发现美、感知美，丰富审美体验，提升审美情趣。"[①] 书法作品具有章法美，虽然其与国画作品的章法美不尽相同，但还是具有很大的共性。结合国画作品中的章法和构图知识，讲解书法作品的章法美，更有利于学生掌握章法中的虚与实变化、主与次关系等知识内容，让学生在实际运用中也更加得心应手。

在"永字八法"基础笔画教学中开展墨画小动物的学习后，教师鼓励学生进行墨画小作品的创作。学生通过小作品创作对多个元素在构图中的大小主次、位置排布进行设计，体会绘画构图与书法章法的密切关联。如墨画《小鱼图》作品"一条鱼太孤单，两条鱼太呆板，一群鱼，讲变化，有疏有密巧安排"强调了章法中的形态变化、疏密变化；又如墨画《小金鱼图》作品"金鱼摆尾水中游，姿态疏密各不同。细笔水草巧添写，画面布局有层次"能表现出粗笔金鱼与细笔水草的对比变化；再如墨画《小鸟展翅飞》作品"小鸟展翅飞，姿态有变化。添画云或枝，小鸟飞得高"表现出云或枝的衬托作用；以及墨画《小蝌蚪找妈妈》作品"小蝌蚪，真可爱。游啊游，找妈妈。青蛙妈妈乘荷叶，张开双臂来迎接"表现出青蛙妈妈与小蝌蚪的相互呼应。通过这些墨画

[①] 中华人民共和国教育部. 义务教育艺术课程标准（2022年版）[S]. 北京：北京师范大学出版社，2022：5.

作品的学习与练习，学生能够将"形态变化""疏密变化""粗细的对比变化""衬托""相互呼应"等章法结构知识迁移到书法中，便于理解与掌握。

书画本同源，在书法课中融入绘画的内容，不仅仅是激发了孩子们的兴趣，对于孩子们的长久发展也是非常有意义的，可以潜移默化地培养他们正确的审美情趣，提升他们对于发现美感知美的能力。

中国书法形简意深，在同多学科的互融教学中，学生应是书法教学中"教学相长"的参与者，教师则扮演保护学生学习兴趣的角色；学生通过书法教学得到综合能力的全面提高，而不仅是提高书写技能。教学是相通的，要多借鉴其他学科的优秀经验，将其融会贯通到少儿书法启蒙教学中，集思广益，博采众长。

（撰稿者：沈菊）

教学智慧 6-3

数学实践：让量感在课堂上真实发生

数学为儿童提供了一种认识与探究现实世界的观察方式，数学实践是数学学科的典型实践，运用该学科的概念、思想与工具，整合心理过程与操控技能，解决真实情境中的问题的一套典型做法。将熟悉的事件与量感发生关联，通过参照身边熟悉物体，对生活中未知的事物进行估测；让生活经验丰富量感体验，让抽象的数学知识在学习中变得鲜活、充满活力；将数学活动介入量感培育，将知识与量的估测联系起来，有利于提高儿童的估测技能，使学生在学习中形成良好的量感。

《义务教育数学课程标准（2022年版）》指出："会用数学的眼光观察现实世界。"[1] 数学为人们提供了一种认识与探究现实世界的观察方式。数学实践是数学学科的典型实践，运用该学科的概念、思想与工具，整合心理过程与操控技能，解决真实情境中的问题的一套典型做法，是以复杂情境创设和多维实践活动为依托，通过学科问题解决，指向学科素养发展的一种学科学习方式，是"自主、合作、探究"的迭代升级，超越程式化的探究活动，是一种强调学科典型的、真实的新型探究。究其本质，学科成于专业的实践，学科在实践中得以发展，且致力于人类实践的改善。就其特征而言，学科实践要求学生像学

---

[1] 中华人民共和国教育部. 义务教育数学课程标准（2022年版）[S]. 北京：北京师范大学出版社，2022：5.

科专家一样思考与行动,用"学科的方法"获得并实践"学科知识"。《义务教育数学课程标准(2022年版)》指出:"量感主要是指对事物的可测量属性及大小关系的直观感知。"① 采用多样化的数学课程设计,结合实际的生活经历,让学生更深入地了解单位的含义,不仅可以增强他们的量感能力,还能够激发他们的创新思维,培养他们的核心素养。

一、将熟悉的事件与量感发生关联

《义务教育数学课程标准(2022年版)》指出:"会用数学的眼光观察现实世界。"② 数学的眼光,可以帮助儿童从客观现象中发现数量关系和空间形式,从而提出有意义的数学问题;可以帮助儿童抽象出数学研究对象及其属性,形成概念、关系和结构;可以帮助儿童理解自然现象背后的数学原理,感悟数学的审美价值,激发儿童的好奇心和想象力,并且鼓励儿童主动参与数学探究活动,发展创新意识。

在义务教育阶段,数学学习的重点是培养学生的抽象思维能力、几何感知能力、空间概念以及创造性思维。这些能力可以帮助学生更好地理解所学的数学概念,并能够将它们应用到日常生活中。此外,这些能力还可以帮助学生更好地探索数学的真正含义,并能够从实际应用中发掘出更多的信息,从而更好地应用到日常生活当中。学生通过深入的数学研究,培养出以数学视角洞悉客观事物的能力,激发出求知欲望、思维灵活性以及创造性思维。

量感是一种直觉认识,它涉及对客观现象的评价、衡量标准以及其他相关因素。它包括认识统一度量单位的重要性,以及根据实际情况选择最佳的度量标准,以便更准确地衡量出客观现象;它还包括认识使用某种度量工具和方法时所产生的偏差,以便更好地预测出最终的结果。培养学生的量化思维,可以让他们学会使用定量的方式来理解和处理问题,这也是培养学生抽象思维能力和实践意识的重要基础。

例如,在学习数学"长度单位"时,通过使用仪器和其他工具,我们可以

---

① 中华人民共和国教育部. 义务教育数学课程标准(2022年版)[S]. 北京:北京师范大学出版社,2022:7.
② 中华人民共和国教育部. 义务教育数学课程标准(2022年版)[S]. 北京:北京师范大学出版社,2022:5.

帮助学生在初步掌握计量单位的基础上，更加深入地认识和记住常见物体的"量"，从而培养良好的"量"感知能力。在课堂上，我们要求学生认真观察"1毫米"和"1分米"的刻度，并且比较它们之间的差异；然后，通过小组讨论的方式，让学生测量书桌、书本、铅笔、橡皮等物品的大小；课后，我们还要求学生去户外测量走廊的宽度、饮水机的高度和宽度，并且要求他们根据自己的需要，选择一个合适的计量单位来记录。通过针对"量感"的测量活动，我们发现，即使是最精确的短尺和卷尺也会产生误差，这就需要我们引导学生去探究这些误差发生的根源，并且让他们在实际操作和观察的过程中，不断增强自己的量感知识，从而为接下来的个性化教学打下坚实的基础。

学生在掌握基本的量感技巧后，可以利用这些技巧来估算日常生活中的实际情况。这样，他们就可以不再受限于测量仪器，而是可以根据周围的环境和实际情况，来估算出未知的东西，从而更好地理解"量感"。通过关于"测量"的教学，我们可以根据学生的个性和需求，探索"找一找身上的尺"的更多可能性。通过多种活动，学生可以从日常生活中发现和提出数学问题，并尝试分析和解决这些问题。他们可以独立思考，并与他人合作交流，以解决问题。此外，他们还可以运用常见的数量关系和其他学科的知识与方法来判断结果的合理性，并形成初步的模型意识、几何直观和应用意识。

经过多次实践，学生已经掌握了估测物体的各种参考，如庹、拃、指，以及它们的长度和宽度。为了进一步巩固这些知识，我们还设计了一系列有趣的数学游戏，让学生利用自己的双手和多种感官，模拟各种物体的运动，从而更好地理解和掌握物体的各种参数。

通过学习数学，学生能够将物体的大小、长度与其他因素联系起来，并且能够感受到数学与日常生活之间的关联。此外，学生还能够理解选择合适的工具和单位的重要性，并且能够更好地运用数学来描述现实世界。学生们开始意识到数学与现实世界之间的联系，并且能够有意识地运用数学语言来描述现实生活中的事物，探究它们之间的性质、关系和规律，并且能够解释这些表达的合理性。

通过深入探索，我们可以更好地理解并运用数学来解决各种问题，并且培养出对几何的直观理解以及对它们的应用的意识。然而，这仅仅停留在表面上，学生还没有真正掌握量的概念。理解度量的重要性，并能够正确使用统一的度量单位，是培养定量思维能力、形成抽象思维能力以及培养实践意识的基础。因此，学生需要通过实践来深刻理解并运用量化的方法解决问题。随着对克、千克的深入理解，我们正在努力满足理解量感的更多需求。

二、让生活经验丰富量感体验

《义务教育数学课程标准（2022年版）》指出："小学阶段综合与实践领域，主要是以主题式学习的形式，让学生感悟自然界和生活中的数学，在获取知识的同时，激发学习数学的兴趣。"[①] 生活无处不在，它给予了数学一种无穷的灵性，使其能够更好地被人类所接受。尤其是在小学阶段，由于孩子的年龄特点和认知能力的限制，他们更容易被抽象的数学知识所吸引，这也就意味着，他们更容易把握单位的概念，并且更容易把它们融入自己的日常生活，这能够帮助他们更好地理解数学，并且为他们的量化能力的发展奠定良好的基础。

学生学习"毫升"时，可以发现1毫升中大约含有10滴水，但想要了解更多的量，比如几十毫升、几百毫升，还需要更多的实践经验。比如，我们日常生活中的药水和可乐，都能让他们更好地理解和掌握"毫升"的概念。当我们生病时，我们需要服用药物，每次的用量大约在十几毫升，一天的服用量大约在几十毫升。而当我们口渴难耐时，一罐可乐的容量大约在几百毫升，一大瓶可乐的容量大约在几千毫升，也就是几升。通过这种生活经历，我们可以更好地理解"升"的概念，从而更好地学习和掌握相关的知识。

通过生活情景教学，学生可以更加深入地理解课程内容，并且能够运用所学知识解决实际问题。这种方式不仅能够拓展学生的视野，增强他们的实践能力，还能培养他们的综合思维能力。特别是对于小学生来说，量感学习能够帮助他们更好地应用数学知识。小学生正处于学习的关键阶段，良好的数学量感思维有助于他们在初中和高中的学习和发展。由此，数学教师在教学中可以创设生活情景，加强数学课堂与现实生活之间的联系，以帮助学生逐步发展量感

[①] 中华人民共和国教育部. 义务教育数学课程标准（2022年版）[S]. 北京：北京师范大学出版社，2022：77.

学习的思维。

三、将数学活动介入量感培育

《义务教育数学课程标准（2022年版）》指出："通过操作、游戏、制作等丰富多彩的活动，对数学产生一定的好奇心，形成学习数学的兴趣和初步的合作交流意识与独立思考的学习习惯。"①

杜威曾说过："情境能引发学生的思维，思维就是发展中的学生经验。"为了培养学生的量感能力，教师应该以日常生活为基础，通过提供可视化的素材和实际场景，激发他们的认知需求和探索热情，让他们通过实际体验来培养量感，并逐渐建立起对量的基本理解。

例如，在《体积》一课中，通过对《乌鸦喝水》一文中"乌鸦为什么能喝到水"进行探究、讨论，学生们能够在活动中理解物体在空间中所占的大小就是物体的体积这一概念，从而更好地理解正方体和长方体的特征。

在《立方厘米、立方分米、立方米》的教学中，通过丰富的体验活动，如做一做（做出1平方厘米、1平方分米、1平方米）、比一比（将自己做的和标准的进行对比）、看一看、摸一摸等，有层次、循序渐进地调动学生多种感官参与、亲历量的形成过程，能使学生更好地形成清晰的计量单位表象，从而发展量感。课程先是给学生建立了"量"的表象，之后要求学生以具体生活感知"量"，逐步增强学生量感。估测和比较在培养学生量感中发挥不可替代的作用。小学数学教学中绝大部分知识与量的估测有着密切的联系，教师应提高对教学中量的估测的重视，使学生在接受针对性指导中逐步提高自身估测技能，使学生在学习中形成良好的量感。

一旦我们能够构建出一个准确的度量概念，就能够将它们融入我们的日常生活。例如，让每位学生去看、摸1立方厘米的小正方体教具，并将其与生活中的实际物体进行大小比较，学生能立刻领悟，1立方厘米相当于1粒黄豆的大小，甚至更接近一颗骰子的大小。再利用1立方米的正方体框架，让学生们一个一个进入正方体内并蹲下，感受1立方米的大小。学生们发现蹲下后能容

---

① 中华人民共和国教育部. 义务教育数学课程标准（2022年版）[S]. 北京：北京师范大学出版社，2022：81.

纳 7 位同学，所以得出 1 立方米的正方体框架内能容纳大约 14 位蹲下的同学。想象力是一种独特的思考方法，它能够帮助我们将书本知识转化为生动的记忆。

《义务教育数学课程标准（2022 年版）》指出："通过丰富的教学方式，让学生在实践、探究、体验、反思、合作、交流等学习过程中感悟基本思想、积累基本活动经验，发挥每一种教学方式的育人价值，促进学生核心素养发展。"[1] 通过观察日常生活中的物体，学生可以建立量感，这也是新课标中所要求的，用数学的眼光去观察现实世界。我们应该将知识融入日常生活，让学生感受到数学的重要性，并将其应用于实际生活中，从而促进他们数学思维的发展。

课标中的核心词虽然抽象，但它们提供了一个方向，来帮助学生更好地理解和掌握知识。随着学习的深入，学生的量感也会逐渐形成。从低年级到高年级，通过不断地体验、感悟和回想，学生的量感能够得到更好的发展。在实际情境中，通过选择合适的度量单位，学生可以获得量感的体验。

（撰稿者：盛云涛）

---

[1] 中华人民共和国教育部. 义务教育数学课程标准（2022 年版）[S]. 北京：北京师范大学出版社，2022：86.

教学智慧 6-4

图景式学习：语文阅读能力培养的秘密

　　图景是描述的或想象中的景象，形成图景的过程是发挥想象力和创造力的过程。"图景式学习"是学生在多种感官的刺激下，通过想象将语言文字转化为画面，继而促进理解和表达的一种精细加工认知策略。结合低年级学生的学习特点，从创设恰当的情境、借助思维导图、文本插图、多媒体影像等方面入手展开教学，可以变抽象为形象，化单调为生动，激起学生的阅读兴趣，提升学生的阅读理解能力。

　　《义务教育语文课程标准（2022年版）》指出：义务教育语文课程实施要倡导少做题、多读书、好读书、读好书、读整本书，注重阅读引导，培养读书兴趣，提高读书品味。[1] 会阅读对于学生来讲意义重大。小学低年级学生由于年龄特点、思维特性等因素，阅读时总会遇到各种困难，许多学生不想阅读，甚至逃避阅读，难以形成良好的阅读习惯。现今的语文课堂，充斥着所谓的师生对话，有的老师片面地进行蜻蜓点水般的阅读指导，忽视了学生自身的情感体验，强加了很多成人的思维。而图景式阅读教学密切结合了低年级学生的学习特征、心理特征，化抽象为形象，引导学生驰骋想象，透过文字看到画面，既有利于激发学生的创造力和想象力，又有助于学生理解文本内容，进而引导

---

[1] 中华人民共和国教育部. 义务教育语文课程标准（2022年版）[S]. 北京：北京师范大学出版社，2022：3.

学生在理解的基础上进行朗读和表达，通过点滴积累，进而提高学生的阅读能力和语言表达能力。

一、"图景式学习"的内涵与价值

心理学认为，阅读是一种复杂的个体心智活动，需要多种心理功能有效协调。在阅读过程中，通过读者多种心理功能的解读，文字被转化为读者脑海中的画面，成为读者理解的过程。图景，在现代汉语词典中的解释为"描述的或想象中的景象"。图景式学习则指学生在多种感官的刺激下，通过想象将语言文字转化为画面，继而促进理解和表达的一种精细加工认知策略。

学龄期儿童，尤其是低年级孩子，思维的特性是图景式思维，即我们常说的形象思维，孩子不宜进行过多的抽象思维训练。在小学低年级语文教学中，引导学生通过自主阅读增长见识、开启想象、提升创新思维，对于培养小学生的核心素养、提高知识积累、提升文化知识水平等方面都具有十分重要的价值。[1]

会阅读对于学生来讲，意义重大。如果教材是一行行文字，教师不加以正确指导，那么出现在孩子头脑中的可能只是文字所代表的抽象概念，而无表象组成的生动画面，不利于学生的学习与理解。因此，教师在进行低年级阅读教学任务时应该注重小学生图景式阅读能力的培养。

二、图景式学习的教学策略

图景式学习紧密结合低年级学生的学习特点与心理特征，从创设恰当的情境、借助思维导图、文本插图、多媒体影像四个方面展开教学，帮助学生在多种感官的刺激下，通过图景将语言文字转化为画面，化抽象为形象，促进学生的理解和表达。

1. 创设恰当的情境，激发学生构建图景

情境教学法是指在教学过程中，教师有目的地引入或创设具有一定情绪色彩的、以形象为主体的生动具体的场景，引发学生一定的体验，从而帮助他们理解教材，并使学生的心理机能得到发展的教学方法。情境教学可以为学生提

---

[1] 王锡忠. 小学语文教学中如何提高学生的阅读能力——以低年级语文课程为例 [J]. 基础学科，2021，(31)：133—135.

供良好的暗示或启迪，有利于锻炼学生的创造性思维，培养学生的适应能力。

　　夸美纽斯在《大教学论》中写道："一切知识都是从感官开始的。"也就是说，世界是通过形象进入儿童意识的。由于低年级学生以形象思维为主，侧重直观事物，好奇心强，注意力持续时间短，低年级的阅读教学需要利用教材情境，将语言知识转化为特定的形象，培养学生的文本阅读能力，通过语文情境中的听说读写去训练学生的语言表达能力；通过各种课堂情境调动学生的创造力，使学生掌握阅读方法，促进人文素养的全面发展。[1] 此外，小学生的年龄特点决定了他们乐意且善于作种种幼稚的假设。因此，在阅读教学中应充分利用这一点，引导学生跳出课文限定的框架和思路，改变条件，进行假设想象，以培养学生创造想象品质。[2]

　　以统编版语文一年级下册《小壁虎借尾巴》为例，小壁虎的尾巴断了，他会怎么想呢？在这一环节，请学生与同桌讨论，有的学生说："尾巴断了，真难看！"有的学生说："小壁虎很难过，也很着急。"

　　师：是啊，难看、着急的小壁虎接下来会怎么做呢？

　　生（异口同声地说）：借尾巴！

　　师：小壁虎借尾巴，向谁借呢？

　　教师范读小壁虎向小鱼、老黄牛和燕子借尾巴这部分课文。学生结合文本插图，听后完成填空。

　　师：小壁虎借到尾巴了吗？

　　生：没有。

　　师：是因为小壁虎不礼貌吗？

　　生：不是。

　　师：是因为小鱼不热情吗？

　　生：不是。

　　生：那小壁虎为什么会借不到尾巴呢？

---

[1] 何海祝. 基于多元智能理论的小学低年级阅读——情境教学［D］. 广州：广州大学. 教育硕士学位论文，2019：19.

[2] 陆秀芹，侯凤荣. 在小学阅读教学中启发学生想象力的策略［J］. 现代中小学教育，1996，(1)：43.

在这一环节中,我通过一系列追问,引导学生思考,同时请学生进行假设性想象说话练习:如果小鱼把尾巴借给了小壁虎,会怎么样?小鱼会对壁虎说些什么呢?学生们在讨论交流、思考想象中理解了尾巴的作用,也就自然明白了小壁虎借不到尾巴的原因。

"学起于思,思源于疑。"对问题的疑问,是思维活动的开始,是打开知识大门的钥匙。而小学低年级学生正是好奇心旺盛的时候,在语文阅读课堂教学中,教师要善于不断地创设阅读问题的情境,引起学生们的好奇心,诱发他们动脑思考,让学生们带着问题去探索问题,思考问题,这样就为学生们创造了一个良好的自主学习的氛围。① 在轻松愉悦的课堂氛围中,学生们尽情地驰骋想象,通过情境体验构建了图景。因此,如果想真正让语文教学传承人文之道,那么针对小学生善于形象思维的认知特点,结合现实,开展情景式教学可以收到良好的效果。

2. 巧借思维导图,引导学生构建图景

小学生的思维方式通常比较简单,尤其是对于低年级的小学生而言,思维方式是基于具体的形象思维。对于一些主题比较抽象的阅读文本,他们往往缺乏相应的可以帮助理解的知识储备和经验,很难把握好文章的脉络层次。而思维导图因其具有色彩鲜明的特点和形象生动的表现形式,更容易增强学生的阅读兴趣,提高学生的阅读专注力。此外,思维导图能将文本的主要内容以简单的结构图的形式展现出来,通俗易懂,既方便学生根据思维导图生动形象地理解文本内容,又有助于学生自由发散思维,激发思维的创造性,进一步加深对文章主题的感悟和体会。在阅读过程中,学生联系前后学习的知识,根据图景式不断修改完善自己绘制的思维导图,很有趣味性。

由于低年级学生的学习特点,在统编版语文低年级阅读教学中会运用到不同的思维导图,现以流程图为例进行说明(见图 6-1)。

流程图本意是流经一个系统的信息流、观点流或部件流的图形代表。在企业中,这种过程既可以是生产线上的工艺流程,也可以是完成一项任务必需的

---

① 于莉. 小学低年级情境教学策略研究——基于阅读教学的研究 [D]. 长春:东北师范大学,2011.

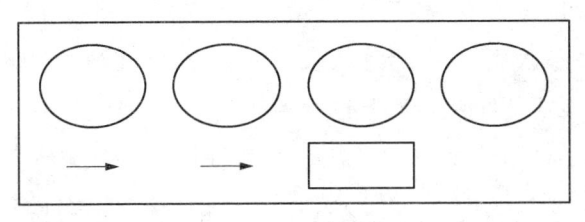

图6-1 流程图模型

管理过程。在语文阅读教学中，流程图按照一定的顺序分解人或物的动作，可以帮助学生找到抓手，借助关键字词将文本内容理解清楚。

以统编版语文教材二年级上册第一单元第一课《小蝌蚪找妈妈》这篇童话故事为例，课文生动形象地写了小蝌蚪是怎样找到妈妈以及小蝌蚪在找妈妈的过程中，身体发生了哪些变化，最后小蝌蚪变成了小青蛙和妈妈一起捉害虫的事。故事生动有趣，深得学生的喜欢。其中，在找妈妈的过程中，小蝌蚪身体是如何变化的，是学习重点也是难点。

考虑到二年级小朋友的学习特点与思维特性，教师可以借助流程图，将小蝌蚪每个阶段身体变化的样子直观形象地呈现在学生面前。学生可以在老师提供的流程图上涂一涂颜色，或者是学着流程图的样子跟着画一画，在此基础上引导学生想象小蝌蚪身体的变化过程，就变得容易了（见图6-2）。

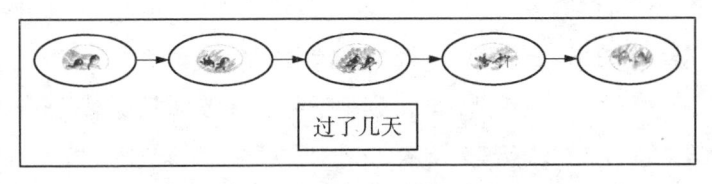

图6-2 小蝌蚪身体变化流程图

低年级学生由于年龄特点和已有知识的局限性，想象范围受到很大限制。但是涂涂画画是小学生的天性，教师可以借助思维导图这一清晰明了的工具，让学生在涂一涂、画一画思维导图的过程中展开想象的空间，在想象中理解文本内容，其阅读能力也在潜移默化中得以提高。

3. 借助文本插图，学生自主构建图景

文本不仅仅是课文教材中的文字，也可以是语言文字塑造的形象以及有关图像等，课文中的有关插图也是文本。教材中的插图是静态的，反映的是某个瞬间的形象。要使画面"活"起来，教师必须指导学生通过观察图画，进行再造想象和创造想象，以补充画面上的形象和情节。

小学语文教材，尤其是低年级语文教材，几乎每一课都配有一幅或多幅插图。这些插图紧扣课文内容，色彩鲜艳、生动有趣，非常符合儿童的心理特点，极易引起低年级学生的兴趣。我们常常发现，低年级学生拿到语文课本后的第一件事就是去翻看里面的图片，觉得感兴趣才去读读文字。孩子对直观形象这种与生俱来的喜爱，值得教师重视。因此，教师应充分利用插图资源，促进阅读感知，引导文本阅读，引发阅读想象，使学生全面把握文本语言和文本内涵，以此打造出高效的阅读课堂。[1]

在部编版语文二年级上册《我要的是葫芦》一课中，"种葫芦的人看到小葫芦都落了，会想些什么呢？"这个问题就是引导学生对画面内容进行再想象。因此，根据这一问题，引导学生先观察插图中种葫芦人的表情，想象种葫芦人的动作和心理活动，引导学生根据"吃惊、不明白"对图中人物的内心进行解读，从而让一幅静态的插图有了内心语言的补充，种葫芦人的形象丰满起来。学生眼观画面，被图中人物形象、背景场面所感染，再想象人物的动作、神态、语言等，加深了对课文的理解，从而达到了良好的阅读效果。

课文的插图符合低年段学生的思维发展水平，因此语文教师在进行阅读教学时，可以充分发挥插图的作用，而学生的理解力、想象力以及表达力也能在阅读教学中有所提高。[2] 因此，在阅读教学中，借助插图，有助于引导学生自主构建图景，是一种有助于理解文本，进而提升学生思维品质的好方法。

4. 借助多媒体影像，丰富学生的图景

除了借助课文插图，巧妙运用多媒体影像也是丰富学生图景的好方法。心理学表明，低年级学生对直观形象的图画比较感兴趣，生动活泼、形象新颖、色彩鲜艳的刺激物最容易成为他们注意的对象。多媒体教学影像图文并茂、声形兼备，同时具有超越有限的教学时空的特点。在阅读教学中恰当地利用多媒

---

[1] 韦玲. 插图在低年级阅读教学中的有效运用 [J]. 小学教学参考，2018（30）：11—12.
[2] 杨可. 浅谈插图在中高年级阅读教学中的运用 [J]. 小学教学参考，2018（4）：65.

体影像，仿佛给教学插上了灵动的翅膀。课堂中的情景想象需要有所依托，需要不断地刺激，而多媒体影像的运用，可以更有效地训练学生的想象能力。教育学家告诉我们：人们通过听说获得的信息能够记住的约占25%。如同时调动听觉、视觉，就能接受信息的65%。教师在教学中可以巧妙运用多媒体影像的优势，与讲授有机结合，形成立体教学氛围，可以大大丰富学生的想象空间。

如在教学统编版语文二年级下册《小毛虫》一课时，多媒体课件的使用，一方面可以引起学生的兴趣，另一方面直观形象的画面也有利于帮助学生理解文本中词句的意思。"小毛虫既不会跑，也不会飞，又可怜又笨拙。但是它最终可以变成一只美丽灵巧的蝴蝶。小毛虫到底是怎样变成一只美丽轻巧的蝴蝶的？"对于这一问题，学生好奇心很强。但如果只是让学生凭空想象小毛虫最终破茧成蝶的过程，是非常困难的。

为此，教师运用了两个小视频：一段是小毛虫缓慢爬行时的视频，一段是小毛虫破茧而出成为五彩斑斓的蝴蝶时的视频。这两段视频加起来总共不到两分钟，却让学生把看到的影像与所学的语言文字结合起来，小毛虫变成蝴蝶的过程形象地呈现在学生眼前，不仅激起了学生强烈的学习兴趣，还丰富了学生的想象空间。这样，学生会情不自禁地想象与理解小毛虫破茧成蝶的过程，理解可怜、笨拙的小毛虫为什么不悲观、不失望，而是在尽心竭力地做好自己该做的事情，因为只有这样，才能感受生活的快乐和美好，才能羽化成蝶。

多媒体影像因其鲜明的特点，有助于学生理解文本内容，丰富对特定环境中的人、事、物、情等进行的自主想象，这些都是教师语言无法替代的。因此，在阅读教学时，教师需要充分借助这些宝贵的资源。

三、 图景式学习的成效与反思

小学语文低年级图景式学习充分考虑了低年段学生的学习与心理特点，变抽象为形象，化单调为生动，容易激起学生的阅读兴趣，让学生慢慢地不再害怕阅读，成为阅读的小主人。

此外，在阅读教学中通过多种方法帮助和引导学生构建图景，在有助于学生创造性想象能力的发展和提高的同时，又能帮助学生更直观地理解文本内容，进一步领悟文章的主题思想和作者的创作意图，提升阅读理解能力。

图景式学习促使语文教师努力钻研教材和研究学生，积极发挥教师的主导作用，利用图景式进行阅读教学研究的过程，有助于教师专业水平的提升。

小学低年级是学生语言发展最迅速的时期，但由于语言能力有限，表达时往往会过于简单或杂乱无序。这就要求教师在引导学生构建图景理解文本内容的同时，想办法巧妙地引导学生把想象的画面描述成文字，并能正确有序地进行表达，乐于分享、乐于表达。同时，教师在通过各种方法引导学生构建图景的同时，要学会由"扶"到"放"，帮助学生习得方法后，引导学生在以后的阅读过程中也慢慢地学会自主构建图景，不断地加以实践，在阅读实践中不断提高阅读能力与语言表达能力，进而健全思维品质。

此外，在语文课堂中，教师的评价及灵活引导是关键。在引导学生构建图景时，展开合理想象是非常关键的。引导学生敢于想象，进行合理的想象，不仅需要教师的认真备课与研究，还需要学生的积极配合。为了提高学生的积极性，教师要善于发现学生的个体差异，注重小组讨论、代表发言、师生互评等多种方式，让每个学生以轻松愉快的心态投入阅读，有所阅读有所想象，有所感悟有所发言，有所成长。这也是在今后的阅读教学实践中需要长期坚持和探索的。

（撰稿者：傅玉珍）

教学智慧6-5

激趣教学：提升体育学习积极性的策略

兴趣是最好的老师，在小学体育课堂教学中，通过分析学情可以了解学生的学习基础，教材的趣味化加工能激发学生的课堂活力，多学科的融合能开拓学生的思维，信息技术的辅助能高效引导学生参与，多元化评价有助于提升学生的综合素养。合理运用以上教学策略能够有效激发学生参与体育锻炼的热情，从而实现提升学生体育核心素养的教学目标。

《义务教育体育与健康课程标准（2022年版）》在课程理念中指出，体育与健康课程在高度关注对所有学生进行激励与指导的基础上，针对不同身体条件、运动基础和兴趣爱好的学生因材施教；提出不同的学习目标，选择适宜的教学内容，采用多样的教学方法与学习评价方式，为学生创造公平的学习机会，促进每一位学生产生良好的学练体验，增强学习的自信心，在原有的基础上获得更好发展。① 体育课与其他学科不同，它是以身体练习为主要手段，以体育与健康知识技能和方法为主要学习内容的教学活动。当前，交通的高度便利、饮食的多元化、电子设备的普及、学业压力过大，间接导致在城市学习和生活的儿童运动时间、运动参与积极性、体质健康水平受到影响。因此，如何激发学生参与体育课堂锻炼的积极性，帮助学生养成良好的体育锻炼行为习

---

① 中华人民共和国教育部. 义务教育体育与健康课程标准（2022年版）[S]. 北京：北京师范大学出版社，2022：4.

惯，成为迫切需要解决的问题。

一、学情立趣，看见儿童基础

《义务教育课堂方案（2022年版）》中提到"凸显学生主体地位，关注学生个性化、多样化的学习和发展需求，增强课程适宜性"。[①] 随着社会的不断进步和发展，小学生个性化和多样化的学习需求日益显现。只有在对学生的学习基础、身心特点、能力水平有了一个全方位的了解以后，教师才能有针对性地设计符合学生学情的教学内容、教学手段，最终达到预期的教学效果。

例如，四年级"远撑前滚翻"对学生的上肢和腰腹力量要求比较高，对学生而言有一定的难度。如何帮助学生掌握该学习内容呢？教师首先通过分析学情了解到，在学习基础方面，四年级学生学习过前滚翻和连续前滚翻，已经有一定滚翻基础；在身心特点方面，他们喜欢比赛、喜欢在同学面前展示自我，有很强的自尊心；在能力水平方面，部分学生的上肢力量和腰腹力量较弱，难以支撑在滚翻中自身的体重。教师根据学情，在教学策略的选择上采用分层教学，首先，用彩色胶带在体操垫上标记不同的距离，鼓励学生根据自己的能力，做到手臂积极远撑以挑战不同的远度。在练习过程中，如果有学生远撑的距离被其他学生超越，他们在羡慕的同时，也会激励自己。此时同学们练习的积极性非常高，甚至有同学还想和老师比赛，以超越老师为傲。其次，能力水平较弱的同学需要教师个别指导，教师将完整的远撑前滚翻动作进行分解，由易到难，逐步帮助他们完成整套动作。例如针对胆子比较小的学生，首先要帮助其克服身体由半蹲状态到俯身撑垫这个过程的恐惧心理，然后再进行俯身撑垫蹬腿的练习，最后进行整套动作的完整练习。在整个教学过程中，教师关注到了不同能力水平的学生，帮助他们根据自己的能力完成了相应的练习。

二、教材融趣，激起儿童活力

《义务教育体育与健康课程标准（2022年版）》中提到："创设和选择丰富多彩的内容与方法，如趣味性体能练习和游戏、多种形式的比赛等，提高课堂

[①] 中华人民共和国教育部. 义务教育课程方案（2022年版）[S]. 北京：北京师范大学出版社，2022：2—3.

运动密度和强度，引导学生体验所学田径类运动项目的乐趣。"[1] 小学体育兴趣化也是上海市体育教学改革中的一个重要教学理念。儿童的天性决定了他们喜欢玩耍、喜欢有趣味性的游戏，那么如何将我们的教材内容进行趣味化处理，做到在玩中学、在玩中练呢？

例如，一年级"自然地形跑"主要教学目标是增强学生的心肺功能和提高耐久跑的兴趣，以适应不同的地形。教师利用学校现有的体操垫、小跳箱、小跨栏、标志桶、平衡木在操场上创设出小河、小山、独木桥、小池塘、小山洞等场景，然后借助学校操场上的大屏幕播放相应音乐，创设了一个森林大冒险的情境。一年级学生在听到今天要进行森林大冒险后都非常兴奋，在教师进行路线的示范后，同学们都积极举手表示自己也可以给同学们做示范。经过一节课的学练，学生虽然都已满头大汗，但丝毫没有表现出疲惫和厌倦的情绪，他们边练习边向同学展示自己创想的路线和动作，每个人的脸上都洋溢着蓬勃的活力。

三、学科生趣，开拓儿童思维

《义务教育体育与健康课程标准（2022年版）》指出："体育与健康课程的跨学科主题学习部分主要立足于核心素养，结合课程的目标体系，设置有助于实现体育与德育、智育、美育、劳动教育和国防教育相结合的多学科交叉融合的教学内容。"[2]

在体育课堂中，将其他学科的知识融入教学一方面可以激发学生好奇心，提高学生的学练兴趣，另一方面可以培养学生的知识整合能力和综合运用能力。虽然在教学中学科和学科之间是相互独立的，但在实际生活中则是相互交叉和融合的。

在教学中，教师要运用儿童心理学、教育学、生理学、训练学等多学科的知识。因此，跨学科融合能够提高学生运用多学科知识与技能解决实际问题的

---

[1] 中华人民共和国教育部. 义务教育体育与健康课程标准（2022年版）[S]. 北京：北京师范大学出版社，2022：50.
[2] 中华人民共和国教育部. 义务教育体育与健康课程标准（2022年版）[S]. 北京：北京师范大学出版社，2022：101.

能力。例如，教师在一年级"模仿动物爬行"的教学中，通过问题引领的形式让学生在提升模仿能力的同时学会应急自救的本领。以下是师生问答片段：

> 师：有哪位同学去过动物园？你见过哪些动物？
> 生1：我见过老虎和狮子。
> 生2：我见过鳄鱼、大象，还有海狮。
> 师：那它们都是怎么爬行的，你们能模仿一下吗？

通过刚才问题的引导，每位学生都在模仿展示自己见过的动物爬行姿势，通过观察，即使是同一种动物，同学们模仿的行走姿势也是各式各样的。

> 师：同学们，老师有一个问题，假如发生火灾了，我们的形体教室弥漫了大量的烟雾，你们会选择模仿哪种动物爬出教室呢？一起来展示一下吧。
> 师：生3，你为什么选择鳄鱼的爬行姿势出教室呢？
> 生3：因为烟雾是往上面飘的，用鳄鱼的爬行姿势不仅能躲避烟雾，还能快速爬出教室。
> 师：这位同学有非常好的安全常识。当发生火灾时烟雾是向上飘起的，我们要尽量降低身体姿态，选择鳄鱼爬行方式是非常正确的。如果烟雾距离地面比较高的话，我们还可以运用大象爬行的方式，弯腰快速撤离。

在本节课的学练过程中，学生在老师问题的引领下积极动脑思考，不仅学会了各种形式的动物爬行，也学会了在火灾发生后通过采用不同的行走姿态避免自己吸入过量烟雾，实现安全自救。

四、技术辅趣，引导儿童参与

《义务教育体育与健康课程标准（2022年版）》在教材的编写与建议中谈到"充分利用现代信息技术，重视纸质教材与数字资源优势互补"。[①] 教育的发展要符合时代发展的需要，同样地，教学策略和教学方法也要与时俱进。例如在体操类的教学过程中，部分动作是无法进行暂停给学生展示的，但是我们可以借助多媒体资源对动作进行慢速播放、暂停，以及用颜色和文字标注等形式进行展示。以下是分小组利用iPad进行远撑前滚翻合作学练的片段。

生1：我们4人1组，你们依次练习，我将你们的动作用慢动作的形式录制视频，等你们都完成一遍以后，我们一起来看视频，看看哪些地方可以改进。

生2：我来看一下我的动作，我在蹬地后，两腿没有及时并拢，下次我要注意了，生1你来练习一下，避免出现和我一样的错误。

生3：我的低头含胸不够及时，导致我是头顶着垫子的。你们知道头部正确的着垫部位吗？

生2：头部正确的着垫位置应该是后脑勺部位。

生1：我们用iPad搜索一下标准动作。你们来看一下，我在头部着垫的同时暂停一下，标准动作是后脑勺部位着垫，所以生3，你刚才的错误应该是低头不及时。

生2：现在我来负责录制，大家依次再练习一次，我们看动作是否有改进。

在整个小组合作学练过程中，同学们的讨论和练习都很积极，都希望同伴能将自己最完美的动作用iPad记录下来。在数字技术的辅助下，创新的学练形

[①] 中华人民共和国教育部. 义务教育体育与健康课程标准（2022年版）[S]. 北京：北京师范大学出版社，2022：129.

式不仅让学生对动作有了一个更直观清晰的了解，也激发了学生参与的积极性。

五、评价展趣，提升儿童素养

《义务教育体育与健康课程标准（2022年版）》强调"体育与健康课程重视学习评价的激励和反馈功能，注重构建评价内容多维、评价方法多样、评价主体多元的评价体系"。① 多元化、多维度、多形式的趣味化评价可以提升学生的体育核心素养。

例如，在一年级的前滚翻教学中，教师通过创设体操比赛的情景，引导学生分小组进行学练。学生在小组合作学练中相互评价，分析动作有没有做到位，有没有遵守规则。教师在巡视指导中观察学生之间有没有相互交流，有没有相互鼓励等行为，并运用卡通贴纸小星星将评价显现化，引导学生之间相互评价奖励。可以将自己的星星奖励给小伙伴，同时也可以给表现好的同学奖励小星星。通过评价激励，一年级的同学们学练更加认真，相互交流，有讨论，也有争论。整节课上同学们不再仅仅关注动作是否到位，而是围绕滚翻的知识技能、展示比赛、情绪变化、学练规则、团队合作多方面进行评价，充分体现了体育与健康课程中的育人目标。

综上所述，在小学体育教学过程中，教师要以培养学生体育核心素养为导向，通过切实的学情分析，精准把握教材、开展趣味教学设计，激发学生参与体育练习的热情，提升学生的运动能力，实现体育与健康课程要培养的核心素养。

（撰稿者：郭二魁）

---

① 中华人民共和国教育部. 义务教育体育与健康课程标准（2022年版）[S]. 北京：北京师范大学出版社，2022：3.

后记

七月，骄阳似火，万物蓬勃，《课堂教学的智慧属性与意义增值——"灵动课堂"的六个关键词》一书终于完稿。回首过往，我感慨良多。南翔小学关于"灵动课堂"的研究已经走过了整整十个年头，全体教师共同探索"灵动课堂"的奥秘，并不断丰富对"活真趣精"的内涵诠释。

自 2021 年 5 月我校龙头课题《指向小学生"学习品质"提升的"灵动课堂"深化研究》被立项为区级重点课题以来，"灵动课堂"在各学科工作坊内实践已有两年多。通过课题组成员的示范引领及全校所有教师的实践研究，在学生学习品质提升方面发挥了积极的推动作用。乘着《义务教育课程方案和课程标准（2022 年版）》出台这一东风，全校教师积极探索，赋予"灵动课堂"核心要素新的内涵。

本书从"灵动课堂"的六个关键词出发，展示了教师们在深化研究的过程中最新的成果与思考。第一章"灵"——聚焦核心素养，从目标上指向人的灵性生长。第二章"真"——面向生活世界，在内容上注重其真实性和科学性。第三章"动"——丰富学习经历，在过程上强调学科实践及立体学习。第四章"活"——迈向境脉学习，在方法上强调多样性以及灵活运用。第五章"精"——实现意义增值，强调评价的发展意义、作业设计的精要性和增值性。第六章"趣"——激活主体参与，在文化上强调氛围的活跃、整体涌现的趣味性以及主体参与的积极性。

"灵动课堂"的六个关键词是对学校办学思想的践行、对教程改革的探索，亦是对课堂教学未来发展的展望。在此要感谢全体南翔小学教师在教坛的耕耘与实践，尤其这 34 篇课例的撰稿者，不断实践、反思，并将自己的教学经验进行提炼总结；感谢学校多位教师对各章节内容的反复修改审核。特别要感谢上海市教育科学研究院杨四耕教授，他不仅整体架构本书，还对每位老师的课例进行逐一细致的指导,渊博的学识以及严谨的态度让每一位老师印象深刻!

南翔小学是一所具有深厚文化底蕴的百年老校。百十年来,一代代翔小人坚守教育初心,秉承"志存高远,自强不息"的学校精神,勤奋耕耘、开拓创新,办学成果显著。我们也将不断提升学校"灵动课堂"的质量,丰厚阶段性成果、擦亮教改名片,在深化研究的过程中进一步坚定课堂教学改革的方向,为嘉定区推进小学生"学习品质"提升行动贡献翔小智慧。

上海市嘉定区南翔小学校长　王琦
2023 年 7 月

"品质课程"阅读书目

学校整体课程规划
学校整体课程规划的七个关键
教学诠释学

📖 特色学校聚焦丛书

让个性自然发荣滋长："引发教育"的理论寻源与实践探索
面向每一个生命的教育
让每一个生命澄澈明亮："小水滴"课程的旨趣与创意
新劳动教育：时代意蕴与实践创新
自信教育与个性生长
好学校的精神特质

📖 跨学科课程丛书

像博士一样探究：PHD课程的创意与探索

📖 核心素养导向的课堂教学丛书

深度教学的内在维度：数学反思性学习的六个策略
具身学习的18种实践范式
课堂是照亮彼此的地方
以学习为中心的课堂范型
简练语文：教学主张与实践智慧
课堂核心素养

📖 特色课程建设丛书

幼儿园特色课程的框架与实施
课程是鲜活的："大视野课程"的旨趣与活性
指向核心素养培育的学校课程图谱
让儿童生活在美的世界里：幼儿园全景美育的课程探索
核心素养与学习需求：学校课程建设导引
儿童自然探索课程

📖 课堂教学新样态丛书

课堂，与美最近的距离：基于学科核心素养的课堂教学变革
协同教学：意蕴与智慧
决胜课堂28招

一百个孩子，一百个世界：基于差异的教学变革
课堂如诗："雅美课堂"的姿态
在教室里眺望世界：基于 BYOD 的教学方式变革
课堂教学的资源设计与方式变革
境脉教学的实践范式与创意设计
任务驱动与学科实践
课堂教学的智慧属性与意义增值："灵动课堂"的六个关键词

📖 学校课程变革新取向丛书

平衡性变革：学校课程建设新取向
解构性变革：学校课程发展的突破口
赋权性变革：提升学科领导力
整合性变革：特色学科的内在生长
内生性变革：学科课程的生成机理
审美性变革：学校课程的诗意境界
协商性变革：基于集体审议的课程变革
扎根性变革：学校课程发展的文化路径

📖 课程育人新坐标丛书

学校课程的统整之道
教室里的课程
儿童立场的课程探索
童味园课程：这里有最难忘的童年
具身课程：语文学科课程新样态
让每一个孩子体验创新的激情："智慧树课程"的探索与实践
境脉学习：英语课程实施新取向
美学取向的课程探究
学科实践：语文素养的致获
全景化劳动：面向儿童的劳动课程
在结构与解构之间：数学学科课程设计
特需课程：个性化学科课程设计

📖 学校整体课程探索丛书

学校整体课程的文化逻辑
学校整体课程的深度实施
学校整体课程的系统设计

📖 课程治理新范式丛书

以学生为中心的教育治理